PANORAMA
DE LAS
AMÉRICAS

PANORAMA DE LAS AMÉRICAS

Seventh Edition

JOHN A. CROW
University of California at Los Angeles

GEORGE D. CROW
Francis Marion College

HOLT, RINEHART AND WINSTON, INC.
Fort Worth   Chicago   San Francisco   Philadelphia   Montreal   Toronto
London   Sydney   Tokyo

Publisher Vincent Duggan
Associate Publisher Marilyn Pérez-Abreu
Developmental Editor Kathleen Di Nuzzo Ossip
Project Editor Julia Mikulsky Price
Project Manager Françoise Leffler
Production Manager Priscilla Taguer
Design Supervisor Kathie Vaccaro
Text and Cover Design Grafica
Drawings Savio Mizzi
Photo Research Rona Tuccillo

Photo credits appears at the end of the book.

Library of Congress Cataloging-in-Publication Data

Crow, John Armstrong.
    Panorama de las Américas / John A. Crow, George D. Crow.—7th
ed.
      p. cm.
    ISBN 0-03-013459-5 (pbk.)
      1. Spanish language—Readers—Latin America. 2. Spanish language—
Composition and exercises. 3. Latin America. I. Crow, G. D.
    II. Title.
    PC4127.L34C7 1989
    468.2'421—dc19   88-19075
                                                                CIP

ISBN 0-03-013459-5

0 1 2 039 9 8 7 6 5 4 3

Holt, Rinehart and Winston, Inc.
The Dryden Press
Saunders College Publishing

Preface

Panorama de las Américas may be used in the first weeks of beginning Spanish courses. Initially, only very basic vocabulary and the present tense have been used. A special effort has been made to grade the readings so that they progress from the simple and basic to the more complex, while, at the same time, keeping them as interesting and lively as possible. The exercises, which follow the same pattern, are varied and are designed to encourage the student to think in Spanish.

We are especially grateful for the numerous readings of the text by our professional colleagues whose native language is Spanish. Their suggestions have given unusual authenticity and color to the language. It is hoped that the three major divisions of the book, *Tierras y pueblos*, *Panoramas de desarrollo nacional*, and *Viñetas de la vida latinoamericana*, will offer a stimulating introduction to the life and history of our southern neighbors.

THE SEVENTH EDITION

This seventh edition of *Panorama de las Américas* has been completely revised and updated. A considerable part of the book has been rewritten and much new material has been added, including the addition of two countries, Honduras and El Salvador. New exercises are designed to interest and challenge the student, and new photographs and maps add a graphic visual effect.

Parts I and II have been carefully revised and updated in order to make these lessons as current as possible. Particular attention has been paid to relations between Latin America and the United States. There has been a considerable rearrangement of content, as suggested by many users of the text. Lesson vocabularies and reading aids now precede rather than follow the readings, and the new multiple choice exercises, role-playing *Diálogos* and thought-provoking *Temas de investigación* require students to do some research and to express themselves in Spanish. The cast of characters (*personajes*) suggested for these dialogues may be altered at the teacher's discretion. *Personajes* may be either male or female to fit in with the makeup of the class. Suitable props may be used in the dialogues, and a large map of the country or area under discussion should be placed on the wall. *Panorama de las Américas* is a stimulating introduction to Latin American civilization, linking language, people and culture in natural union.

J.A.C.
G.D.C.

v

Índice

III   VIÑETAS DE LA VIDA LATINOAMERICANA

APÉNDICES

MAPAS

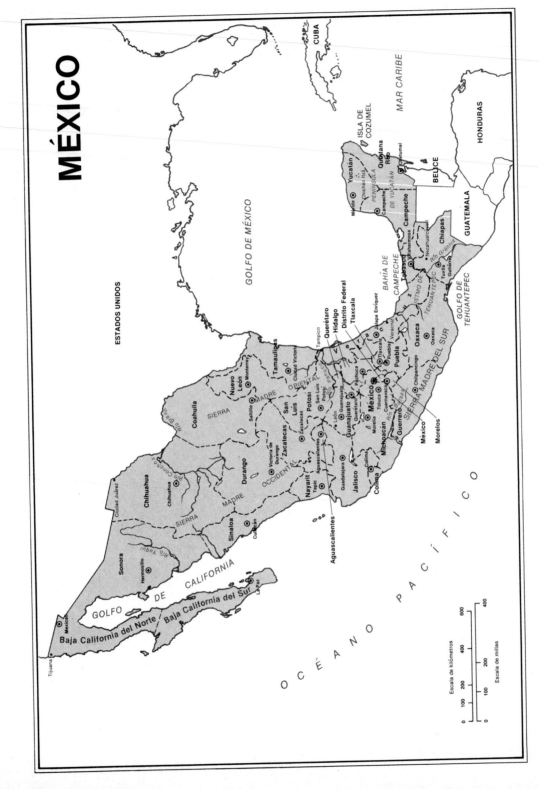

MÉXICO

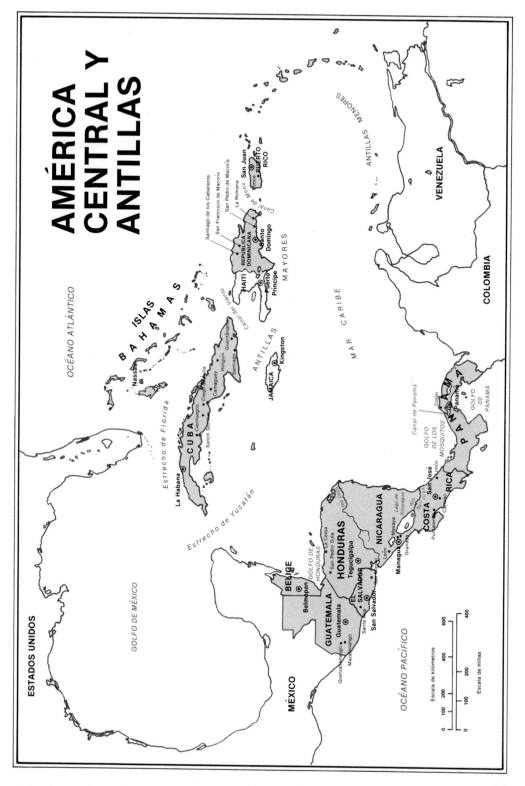

AMÉRICA CENTRAL Y ANTILLAS

ESTADOS UNIDOS

OCÉANO ATLÁNTICO

GOLFO DE MÉXICO

MÉXICO

ISLAS BAHAMAS

Nassau

Estrecho de Florida

CUBA

La Habana

Cienfuegos
Sancti Spíritus
Camagüey
Holguín
Santiago

Estrecho de Yucatán

Canal de Viento

Canal del Viento

HAITÍ

Puerto Príncipe

REPÚBLICA DOMINICANA

Santo Domingo

Santiago de los Caballeros
San Francisco de Macorís
San Pedro de Macorís
La Romana
San Juan

PUERTO RICO

Ponce

Canal de la Mona

ANTILLAS MAYORES

JAMAICA

Kingston

ANTILLAS

MAR CARIBE

ANTILLAS MENORES

VENEZUELA

COLOMBIA

BELICE

Belmopán

GOLFO DE HONDURAS

GUATEMALA

Guatemala

Quetzaltenango
Mazatenango

Santa Ana

EL SALVADOR

San Salvador

HONDURAS

Tegucigalpa

San Pedro Sula
La Ceiba

NICARAGUA

Managua

León
Masaya
Granada

Lago de Managua
Lago de Nicaragua

COSTA RICA

San José

Puntarenas
Limón

PANAMÁ

Panamá

Colón

Canal de Panamá

GOLFO DE LOS MOSQUITOS

GOLFO DE PANAMÁ

OCÉANO PACÍFICO

Escala de kilómetros
0 100 200 300 400 500 600

Escala de millas
0 100 200 300 400

xi

SUDAMÉRICA

CUBA

REPÚBLICA
DOMINICANA

HAITÍ

JAMAICA

PUERTO RICO

MAR   CARIBE

GOLFO DE VENEZUELA

TOBAGO
TRINIDAD

Barranquilla
Cartagena   Barquisimeto
Maracaibo   Valencia   Caracas

GUAYANA BRITÁNICA

PANAMÁ

Cúcuta

Georgetown   Paramaribo

GUAYANA FRANCESA

Bucaramanga

Río Orinoco

VENEZUELA

Cayena

Medellín

LLANOS

SURINAM

Manizales

Bogotá

Ibagué

COLOMBIA

Cali

Río Negro

Pasto

CORDILLERA DE LOS ANDES

Río Amazonas

Belém

ECUADOR

ECUADOR

ECUADOR

Quito

Guayaquil

Fortaleza

GOLFO DE GUAYAQUIL

Río Marañón

B R A S I L

Recife

Maceió

Río Madeira

P
E
R
Ú

Lima

Callao

Salvador

**MESETA
DEL
MATO GROSSO**

Machu Picchu

BOLIVIA

Lago Titicaca

La Paz

Brasilia

O
C
É
A
N
O

Arequipa

Cochabamba

Lago Poopó

Belo Horizonte

DESIERTO DE ATACAMA

Sucre

Río Pilcomayo

GRAN   CHACO

Campinas

Niterói

São Paulo

Río de Janeiro

PARAGUAY

Santos

Concepción

Coritiba

P
A
C
Í
F
I
C
O

C
O
R
D
I
L
L
E
R
A

D
E

L
O
S

A
N
D
E
S

San Miguel
de Tucumán

Río Paraguay

Asunción

Cataratas
del
Iguazú

Villarica

Río Paraná

Río Uruguay

Pôrto Alegre

Córdoba

O
C
É
A
N
O

Valparaíso

Mendoza

Santa Fe

ARGENTINA

URUGUAY

Santiago

PAMPA

Buenos
Aires

Montevideo

C
H
I
L
E

La Plata

RÍO DE LA PLATA

Río Limay

Mar del Plata

A
T
L
Á
N
T
I
C
O

Bahía Blanca

**MAR
ARGENTINO**

CORDILLERA
PATAGONIA

REPÚBLICA

BAHÍA GRANDE

Estrecho
de Magallanes

ISLAS MALVINAS

ISLA GRANDE DE TIERRA DEL FUEGO

GEORGIAS DEL SUR

Cabo de Hornos

Escala de kilómetros

0 100 300 500 700 900 1100

0   100   300   500   700

Escala de millas

PANORAMA
DE LAS
AMÉRICAS

1

La geografía de Latinoamérica

El lago Atitlán, Guatemala

Primera parte

READING PREPARATION

It will be much easier to read the Spanish text if you first go over the vocabulary and the difficult phrases that precede each lesson. Chapters 1 and 2 are divided into two parts, with separate exercises for each part.

A. Recognizing cognates. A cognate is a word that is the same or almost the same in both English and Spanish.

Many English words ending in *-tion* end in **-ción** in Spanish. Examples:

ENGLISH	SPANISH
nation	**nación**
elevation	**elevación**
cultivation	**cultivación**
production	**producción**
intention	**intención**

Many English words ending in -ty have the ending **-dad** or **-tad** in Spanish. Examples:

humanity	**humanidad**
humility	**humildad**
publicity	**publicidad**
fraternity	**fraternidad**
difficulty	**dificultad**

The Spanish ending **-mente** is equivalent to the English adverbial ending -ly. Examples:

intensely	**intensamente**
simply	**simplemente**
completely	**completamente**
publicly	**públicamente**
practically	**prácticamente**

The following cognates occur in this first chapter. Guess their proper meanings. Find the corresponding English word in the second column.

SPANISH	ENGLISH
geografía	zone
zona	immense
climático	geography
trópicos	inhabitant
habitante	temperature
inmenso	climatic
temperatura	tropics
extremadamente	intensely
continente	extremely
intensamente	continent

B. Difficult phrases

1. La mayor parte de Sudamérica. *The greater part of South America.*   **2.** Las partes más frías están en el extremo sur. *The coldest parts (places) are in the extreme south.*   **3.** La parte sur del Brasil. *The southern part of Brazil.*   **4.** El clima es parecido al clima de los Estados Unidos. *The climate is similar to that of the United States.*   **5.** El verano incluye los meses de diciembre, enero y febrero. *The summer includes the months of December, January, and February.* **6.** En medio del verano. *In the middle of the summer.*   **7.** Debido a las montañas. *Due to the mountains.*   **8.** La temperatura depende casi completamente de la elevación. *The temperature depends almost completely on the elevation.* **9.** Durante todo el año. *During the entire year.*   **10.** Vamos a comenzar con México. *We are going to begin with México.*   **11.** Al cruzar la frontera. *On crossing the border.*   **12.** Si estamos viajando en avión. *If we are traveling by plane.* **13.** Lo que vemos. *What we see.*   **14.** Las montañas mexicanas son mucho más altas que las de los Estados Unidos. *The Mexican mountains are much higher than those of the United States.*   **15.** La ciudad está cerca de este lago. *The city is near this lake.*

Vocabulario

alto,-a	high, tall	**mismo,-a**	same
antiguo,-a	former; old	**montaña**	mountain
año	year	**montañoso,-a**	mountainous
cada uno,-a	each one	**mucho,-a**	much, a great deal
caer	to fall	**el norte**	north
casi	almost	**número**	number
el clima	climate	**otro,-a**	other, another
continuar	to continue	**el país**	country
¿cuál?	what?, which?	**para**	in order to, for
el día	day	**poco,-a**	little; **pocos,-as** few
difícil	difficult	**por**	through
durante	during	**pueblo**	town
examinando	examining	**si**	if
extremo,-a	extreme	**siempre**	always
frío,-a	cold	**situado,-a**	situated, located
gran, grande	big, large, great	**también**	also
hacer	to make; to do	**tan**	as, so
hay	there is, there are	**tienen** (*from* **tener**)	they have
hermoso,-a	beautiful	**tierra**	land; soil; earth
incluye (*from* **incluir**)	it includes	**todo,-a**	all
ir	to go	**vamos** (*from* **ir**)	we are going
lago	lake	**vemos** (*from* **ver**)	we see

EXPRESIONES ÚTILES

al cruzar la frontera	on crossing the border
debido a las montañas	due to the mountains
de modo que	so, consequently
durante todo el año	throughout the year
el clima depende de	the climate depends on
en medio del verano	in the middle of the summer
es parecido a	is similar to
la mayor parte del país	most of the country

LOS NÚMEROS NUMBERS

uno,-a	one
dos	two
tres	three
cuatro	four
cinco	five
seis	six
siete	seven
ocho	eight
nueve	nine
diez	ten

LOS MESES MONTHS

enero	January
febrero	February
marzo	March
abril	April
mayo	May
junio	June
julio	July
agosto	August
septiembre	September
octubre	October
noviembre	November
diciembre	December

LAS ESTACIONES SEASONS

la primavera	spring
el verano	summer
el otoño	autumn
el invierno	winter

Martha
817-560-8928
560-8928

Richard
here.

Luzalwina

Travel Associates
213-933-7388   N/A

310-822-5122 - 310-2406
e/w
Mexico $99 RT.
818-713-9700

Concord Air 213.937-0202
N/A
310-854-8854 ?

310·546·2577   N/A

Latinoamérica es una tierra de grandes contrastes geográficos. Los países latinos están en todas las zonas climáticas y tienen todas las variaciones geográficas posibles. La mayor parte de Sudamérica está situada al sur del ecuador (*equator*), de modo que (*so*) las estaciones del año (*seasons*) de toda esta región no corresponden a las estaciones de los Estados Unidos.

En el extremo sur del continente están la zona antártica y Tierra del Fuego, las partes más frías. Hacia (*Toward*) el norte, está la zona templada (*temperate*), que incluye la Argentina, Chile, el Uruguay y el sur del Brasil. El clima de esta región es parecido al de (*similar to that of*) los Estados Unidos. El invierno de esta región cae (*falls*) en los meses de junio, julio y agosto, y el verano en los meses de diciembre, enero y febrero. Los habitantes de esta zona celebran el día de la Navidad (*Christmas Day*) en medio del verano.

La zona tropical es la inmensa región situada al norte y al sur del río Amazonas. Incluye el Brasil, Venezuela, el Ecuador, el Perú, Bolivia, Colombia y toda la América Central. El clima de estos países es muy variado, debido a (*due to*) las montañas. El clima y la temperatura dependen casi completamente de la elevación. Muchas ciudades, como Quito, La Paz y Bogotá, tienen un clima fresco (*cool*) durante todo el año. Otras ciudades de la misma zona que no están en las montanas, como Guayaquil y Cartagena, tienen un clima tropical.

Para tener una idea más concreta de la geografía de Latinoamérica, vamos a comenzar (*begin*) con México y luego (*then*) ir hacia el sur, examinando cada una de las regiones geográficas. Al cruzar (*On crossing*) la frontera (*border*) mexicana vemos que esta parte de México no está tan intensamente cultivada como la parte sur de los Estados Unidos. Si viajamos (*If we travel*) en avión (*by plane*) vemos muy pocos pueblos o ciudades. Lo que (*What*) vemos es la fantástica geografía de México: el gran desierto, las montañas, los valles, los ríos, más montañas y, por fin (*finally*), la selva (*jungle*) tropical de la parte sur del país. Casi la mitad (*half*) de México es montañosa, y las montañas mexicanas son mucho más altas que las de (*than those of*) los Estados Unidos. Hacen muy difíciles la agricultura y las comunicaciones de una región con otra.

La selva tropical del sur de México continúa por la América Central, donde hay regiones extremadamente (*extremely*) hermosas, por ejemplo (*for example*), el lago de Atitlán en Guatemala. Antigua, la primera capital de Guatemala, está cerca de este lago. Antigua es una ciudad colonial muy pintoresca (*picturesque*).

Note: Reading these lessons will be much easier if you will first look over the Reading Preparation sections that precede each lesson.

EJERCICIOS

A. Preguntas. Answer the following questions using the maps on pages x–xii.

1. ¿Dónde está situada la mayor parte de Sudamérica? **2.** ¿Cuáles son las zonas más frías? **3.** ¿En qué región es el clima parecido al de los Estados Unidos? **4.** ¿Para los habitantes de esta región, el día de la Navidad cae en el invierno o en el verano? **5.** ¿Qué países están en la zona tropical? **6.** ¿Qué causa la variación del clima y de la temperatura en esta región? **7.** ¿Cuál es el río más largo de Sudamérica? **8.** ¿Cómo son las montañas mexicanas? **9.** ¿Dónde está la selva tropical? **10.** ¿En qué país está el lago de Atitlán? **11.** ¿Dónde está situada la América Central? **12.** ¿En qué parte de Sudamérica está la Argentina? **13.** ¿Dónde está México? **14.** ¿Cuál es la capital de Venezuela? **15.** ¿En qué país están las ciudades de Guadalajara y Veracruz? **16.** ¿En qué país están Córdoba y Mendoza? **17.** ¿Cuál es la capital de Colombia?

B. Diga en inglés. Guess the meaning of the following cognates.

1. productivo **2.** moderno **3.** agricultura **4.** importante **5.** territorio
6. geografía **7.** centro **8.** principalmente **9.** variación **10.** fértil
11. región **12.** dificultad

C. Frases originales. Use the suggested expressions in sentences.

MODELO: la Tierra del Fuego y la zona antártica
La Tierra del Fuego y la zona antártica **están en el extremo sur de Sudamérica.**

1. la selva tropical **2.** la geografía de Latinoamérica **3.** el clima de la Argentina **4.** al sur del ecuador **5.** el río Amazonas **6.** la ciudad de Antigua **7.** la zona templada **8.** las montañas de México

D. Llene los espacios en blanco. Fill in the blanks with the proper forms of the adjectives given in parentheses.

MODELO: Esta parte del país es muy _____ (*productivo*).
Esta parte del país es muy **productiva.**

1. Antigua es una ciudad _____ (*pintoresco*). **2.** Los centros _____ (*turístico*) están en las montañas. **3.** Hay grandes ciudades _____ (*moderno*). **4.** Los Andes son las montañas más _____ (*alto*) del hemisferio. **5.** Estas lecciones son muy _____ (*difícil*). **6.** María y Beatriz son _____ (*hermoso*). **7.** Juan y Carmen son _____ (*rico*). **8.** En casi todos los países hay variaciones _____ (*geográfico*). **9.** La Argentina es una de las repúblicas más _____ (*avanzado*). **10.** La señora de Castillo dice cosas _____ (*concreto*). **11.** Las alumnas son muy _____ (*bueno*). **12.** La selva del Amazonas es _____ (*inmenso*). **13.** Los lagos de Chile son _____ (*hermoso*). **14.** La montaña es _____ (*magnífico*).

Llamas y alpacas en los Andes cerca de Cuzco, Perú

Segunda parte

READING PREPARATION

A. Vocabulary drill. The Spanish words listed below are used in Part II of Chapter 1. Guess the meaning of each. If you are not certain, check your meanings with the ones in the English column. Then drill yourself by looking at the English words and trying to recall the Spanish.

SPANISH WORDS		ENGLISH MEANINGS	
1. continente	13. dificultad	1. continent	13. difficulty
2. contraste	14. dividir	2. contrast	14. to divide
3. descendiente	15. exorbitante	3. descendant	15. exorbitant
4. centro	16. futuro	4. center	16. future
5. Atlántico	17. producir	5. Atlantic	17. to produce
6. Pacífico	18. millón	6. Pacific	18. million
7. principalmente	19. brasileño	7. principally	19. Brazilian
8. sudamericano	20. territorio	8. South American	20. territory
9. obstáculo	21. separar	9. obstacle	21. to separate
10. famoso	22. desierto	10. famous	22. desert
11. boliviano	23. sistema	11. Bolivian	23. system
12. chileno		12. Chilean	

B. Difficult phrases

1. En Sudamérica los contrastes son aun más formidables. *In South America the contrasts are even more formidable.*   **2.** Antes de la época de las communicaciones aéreas. *Before the era of air communications.*   **3.** Participan poco en la vida nacional. *They take little part in national life.*   **4.** Los Andes son las montañas más altas de las Américas. *The Andes are the highest mountains of the Americas.*   **5.** La selva más grande del mundo. *The largest jungle in the world.*   **6.** Es decir, la región del río Amazonas. *That is to say, the region of the Amazon River.*   **7.** El avión pasa por estas montañas. *The plane passes through these mountains.*   **8.** Llegan a más de veinte mil pies. *They reach more than twenty thousand feet (in height).*   **9.** Este valle no es tan extenso como el otro. *This valley is not as extensive as the other one.*   **10.** El futuro depende de este sistema de transporte. *The future depends on this system of transportation.*   **11.** El latino está acostumbrado a viajar en avión. *The Latin is accustomed to traveling by air.*   **12.** Por consiguiente, no hay muchos buenos caminos. *Consequently, there are not many good roads.*   **13.** Cruzan las montañas a más de seiscientas millas por hora. *They cross the mountains at more than six hundred miles per hour.*   **14.** El mejor sistema del mundo. *The best system in the world.*

Vocabulario

aéreo,-a	air	**milla**	mile
altiplano	plateau	**mundo**	world
antes de	before	**ni**	nor
Atacama	Atacama Desert	**nuevo,-a**	new
campo	field	**el oeste**	west
casa	house	**pampa**	pampas, prairie, plain
construir	to construct		
costa	coast	**participar**	to take part
cubierto,-a de	covered with	**pasar por**	to pass through
dar	to give	**el pie**	foot
dice (*from* **decir**)	he/she says	**pino**	pine tree
época	period, era	**rico,-a**	rich
ganado	cattle	**riqueza**	wealth
geógrafo	geographer	**seiscientos,-as**	six hundred
hora	hour; **por hora** per hour	**sin**	without
		el transporte	transportation
inca	Inca	**varios,-as**	several, various
indio,-a	Indian	**la verdad**	true, truth
la lección	lesson	**verde**	green
magnífico,-a	magnificent	**vida**	life
mejor	better, best	**vivir**	to live
mil	a thousand		

EXPRESIONES ÚTILES

ambos lados	both sides	**en cambio**	on the other hand
antes de	before	**es decir**	that is to say
aun más	even more	**se encuentra**	it is located
cerca de	near	**sin embargo**	nevertheless

LOS NÚMEROS

once	eleven	**dieciséis (diez y seis)**	sixteen
doce	twelve	**diecisiete (diez y siete)**	seventeen
trece	thirteen	**dieciocho (diez y ocho)**	eighteen
catorce	fourteen	**diecinueve (diez y nueve)**	nineteen
quince	fifteen	**veinte**	twenty

En el continente sudamericano los contrastes geográficos son aun (*even*) más formidables. Las montañas de los Andes, las más altas de las Américas, dividen al continente en dos partes. Antes de la época de las comunicaciones aéreas era (*it was*) muy difícil cruzar el continente del Atlántico al Pacífico. En la región andina (*Andean*) viven varios millones de indios, descendientes de los incas. Estos indios, que viven principalmente en el Ecuador, Bolivia y el Perú,* participan poco en la vida nacional. En Bolivia, que ocupa el centro del continente sudamericano, hay un gran altiplano (*plateau*) central, a una elevación de doce mil pies, donde vive la mayor parte de los bolivianos. El clima es frío y desagradable (*unpleasant*).

Otra importante región geográfica de Sudamérica es la inmensa selva tropical del Brasil, la selva más grande del mundo. Esta selva ocupa la parte norte del país, es decir, la región del río Amazonas. Es una región casi sin ciudades, sin carreteras (*roads*), sin casas. «Islas de hombres en un gran mar de bosques» (*Islands of men in a great sea of forest*) es lo que dice un autor brasileño de su país, y es verdad.

Las grandes ciudades del Brasil están todas en la costa, o muy cerca de la costa: Bahía, Recife, Río, São Paulo, Porto Alegre. Al sur de la gran selva tropical, y al oeste de la ciudad de São Paulo, el centro industrial del país, hay un territorio extenso de tierra fértil y de clima templado. Esta región es el corazón agrícola (*agricultural heart*) del país.

Otra región agrícola, la más importante de todo Latinoamérica, es la pampa argentina, una de las regiones más productivas del mundo, donde hay estancias (*ranches*) magníficas con grandes campos de cereales (*grains*) y millones de cabezas de ganado y caballos (*horses*). Este inmenso territorio de «paja y cielo» (*grassland and sky*), donde las comunicaciones son muy fáciles, produce la más grande riqueza de la Argentina, el país más avanzado (*advanced*) de Latinoamérica.

Al oeste de la pampa están los picos (*peaks*) más altos de los Andes, que separan la Argentina de Chile. El avión pasa por estas montañas a una elevación de quince mil pies, pero los picos por ambos lados (*on both sides*) llegan a más de (*rise to more than*) veinte mil pies. Al otro lado de los Andes está el gran desierto de La Atacama, y al sur de este desierto está el famoso valle central de Chile, donde vive la mayor parte de los chilenos. Este valle

---

*Use of the article with the names of countries (**el Ecuador, el Perú**) is becoming less common because of the pressure for brevity, but is still very much accepted usage. The same thing applies to some cities (**el Cuzco,** for example).

La pampa, Argentina

no es tan extenso como la pampa argentina, pero es la parte más rica de Chile. Santiago, la capital del país, está en el centro de este valle verde y fértil.

En el sur de Chile y de la Argentina está la región de los lagos hermosos, donde hay varios parques (*parks*) nacionales. Estos parques son los grandes centros turísticos del sur. Algunos geógrafos llaman a (*call*) esta parte del continente «la Suiza del sur» (the Switzerland of the South), porque el paisaje (*landscape*), con sus lagos hermosos, sus pinos verdes y sus picos cubiertos de nieve (*snow-capped*), es magnífico.

Las fotografías en este libro dan una idea de las dificultades de construir caminos o ferrocarriles en Latinoamérica. Hay formidables obstáculos geográficos, los habitantes son pocos y el costo es exorbitante. Por consiguiente, no hay buenos ferrocarriles ni caminos en algunos de los países latinos. En cambio, Latinoamérica tiene uno de los mejores sistemas aéreos del mundo. Grandes aviones de cuatro motores cruzan las montañas y las selvas a más de seiscientas millas por hora. Todas las ciudades importantes tienen aeropuertos modernos. El ciudadano latino está tan acostumbrado a viajar en avión como el ciudadano de los Estados Unidos. El futuro de los países del sur depende en gran parte de este magnífico sistema de transporte, pero también es muy popular el transporte colectivo (*transportation by bus*), que en algunos países (Chile, la Argentina, el Brasil y México) ha alcanzado (*has reached*) un gran desarrollo, y su precio es relativamente barato.

EJERCICIOS

A. Preguntas

1. ¿Dónde están los Andes?   **2.** ¿En qué país está el altiplano?   **3.** ¿Cómo es el clima del altiplano?   **4.** ¿Por qué es tan importante la pampa?   **5.** ¿Dónde está el corazón industrial del Brasil?   **6.** ¿En qué parte de Chile está Santiago? **7.** ¿Cómo se llama la parte sur de la Argentina?   **8.** ¿En qué países viven los indios descendientes de los incas?   **9.** ¿Cómo se llama la parte central de la Argentina?   **10.** ¿Qué características geográficas tiene el sur de Chile? **11.** ¿Cómo se llama el gran desierto del norte de Chile?   **12.** ¿En qué país está la selva más grande del mundo?   **13.** ¿En qué parte de Chile y de la Argentina están los lagos?   **14.** ¿Dónde están los grandes centros turísticos de Sudamérica?   **15.** ¿Qué parte de Sudamérica se llama «la Suiza del sur»?

B. Frases originales.   Form sentences of your own in Spanish based on each of the following phrases.

1. el valle central de Chile
2. los lagos de la Argentina
3. las montañas más altas del Perú
4. el transporte aéreo
5. la selva tropical
6. la pampa argentina
7. los centros turísticos de Chile
8. el gran altiplano

C. Diga en español.   Say or write in Spanish.

1. the largest cities of Brazil
2. the richest part of Chile
3. the most advanced country in South America
4. the mountains reach 20,000 feet
5. the largest jungle in the world
6. consequently, there are few roads

D. Frases incompletas.   Complete the following statements in Spanish.

1. Hay una gran concentración de indios en _____.   **2.** El altiplano se encuentra en _____.   **3.** Las montañas más altas del hemisferio están en _____.   **4.** El clima del altiplano es _____.   **5.** La selva tropical más grande del mundo se encuentra en _____.   **6.** Casi todas las ciudades del Brasil están _____.   **7.** La mayor parte de los chilenos viven en _____. **8.** La región agrícola más importante de Latinoamérica es _____.   **9.** «La Suiza del sur» es una región de montañas y lagos situada _____.   **10.** La capital de Chile es _____.   **11.** Los grandes centros turísticos de la Argentina y Chile están _____.   **12.** El gran desierto de Chile se llama _____.

2

Las civilizaciones indígenas

Chichén Itzá, México

Primera parte

READING PREPARATION

A. Vocabulary drill. Below are more cognates. Drill yourself on their meanings by covering first the English column, then the Spanish. Check the meanings only when you are not certain that you know them.

SPANISH WORDS		ENGLISH MEANINGS	
1. historia	6. interés	1. history	6. interest
2. cultura	7. fenómeno	2. culture	7. phenomenon
3. composición	8. plantar	3. composition	8. to plant
4. cultivo	9. cultivar	4. cultivation	9. to cultivate
5. centro permanente	10. observatorio astronómico	5. permanent center	10. astronomical observatory

11. inventar	21. centros	11. to invent	21. ceremonial
12. calendario	ceremoniales	12. calendar	centers
13. matemáticas	22. influencia	13. mathematics	22. influence
14. templos	23. turista	14. temples	23. tourist
15. dedicados	24. religioso,-a	15. dedicated	24. religious
16. arquitectura	25. pintura mural	16. architecture	25. mural painting
17. ciencia	26. exacto,-a	17. science	26. accurate, exact
18. las artes	27. ruinas	18. the decorative	27. ruins
decorativas	28. representar	arts	28. to represent
19. basado	29. visitar	19. based	29. to visit
20. refinado,-a	30. excelente	20. refined	30. excellent

B. Difficult phrases

1. Muchos siglos antes de la conquista. *Many centuries before the conquest.*
2. Para plantar la tierra a su tiempo debido. *In order to plant the land at the right time.*   **3.** Por fin el indio construye templos. *Finally, the Indian builds temples.*
4. Así nacen la arquitectura y las artes. *That's the way architecture and the arts are born.*   **5.** De modo que las culturas indias están basadas en el maíz. *So the Indian cultures are based on corn.*   **6.** La primera cultura es la de los mayas. *The first culture is that of the Mayas.*   **7.** Su calendario es más exacto que el de Roma. *Their calendar is more accurate than that of Rome.*   **8.** Los mayas de hoy día hablan la lengua de sus abuelos. *The Mayas of today speak the language of their ancestors.*   **9.** Viven en casas pequeñas como las de sus abuelos. *They live in small houses like those of their ancestors.*   **10.** Las ruinas de Chichén Itzá son las más famosas. *The ruins of Chichén Itzá are the most famous.*

Vocabulario

abuelos	ancestors	**limpio,-a**	clean
antes (de)	before	**luna**	moon
el arte (las artes)	art (the arts)	**llevar**	to wear
así	in this way, thus	**lluvia**	rain
aun	even	**el maíz**	corn
blanco,-a	white	**medio**	middle
casa	house	**el mes**	month
la clase	kind; class	**modo: de modo que**	so, so that
cosa	thing	**nacer**	to be born
cultivo	cultivation (*of soil*)	**pequeño,-a**	small
debido,-a	right, proper	**pintura**	painting
descubierto,-a	discovered	**primero,-a**	first
escultura	sculpture	**puro,-a**	pure
estado	state	**Roma**	Rome
estilo	style	**ropa**	clothes
estrella	star	**ruina**	ruin
estudiar	to study	**sobre**	on
Grecia	Greece	**el sol**	sun
hablar	to speak	**tiempo**	time
lengua	language	**tienen** (*from* **tener**)	they have
libro	book	**viene** (*from* **venir**)	he/she/it comes

EXPRESIONES ÚTILES

además	besides	**estar basado en**	to be based on
así es	that's the way it is	**hace posible**	it makes possible
a su debido tiempo	at the right time	**por fin**	finally
de modo que	so that; and so		

LOS NÚMEROS

treinta	thirty	**trescientos,-as**	three hundred
cuarenta	forty	**cuatrocientos,-as**	four hundred
cincuenta	fifty	**quinientos,-as**	five hundred
sesenta	sixty	**seiscientos,-as**	six hundred
setenta	seventy	**setecientos,-as**	seven hundred
ochenta	eighty	**ochocientos,-as**	eight hundred
noventa	ninety	**novecientos,-as**	nine hundred
cien(to)	one hundred	**mil**	one thousand
doscientos,-as	two hundred		
mil cuatrocientos noventa y dos	fourteen hundred and nine-two		

El cultivo del maíz (*corn*) hace posible para el indio la vida en centros permanentes, y con la agricultura viene (*comes*) el interés en los fenómenos naturales: las estaciones del año, las lluvias, el sol, la luna, las estrellas, etcétera. Para plantar y cultivar la tierra a su debido tiempo (*at the right time*), el indio estudia estas cosas, construye observatorios astronómicos, inventa un calendario, inventa también un sistema de matemáticas y por fin construye templos dedicados a los grandes fenómenos naturales y los embellece (*beautifies them*). Así nacen (*In this way are born*) la arquitectura, las ciencias y las artes decorativas.* De modo que las civilizaciones indias de Latinoamérica están basadas en el cultivo del maíz.

La primera cultura india que vamos a estudiar es la (*that*) de los mayas de la América Central y Yucatán, México. La arquitectura maya es la más refinada del Nuevo Mundo antes de la conquista española. Los mayas construyen varios centros religiosos o ceremoniales: Copán (Honduras), Tikal (Guatemala), Palenque y Bonampak (México), Chichén Itzá y Uxmal (Yucatán), y varios otros. La escultura (*sculpture*) y las pinturas murales de los mayas son muy hermosas. Su calendario es más exacto que el de Grecia o Roma.

Las ruinas mayas de Chichén Itzá son probablemente las más famosas, porque esta región es muy accesible para los turistas. Además (*Besides*) hay en Chichén una gran variedad y un gran número de templos de todas clases

---

*Around 1000 B.C. American Indian culture flowered in two widely separated areas. Along Mexico's Gulf coast near Veracruz the Olmecs carved huge stone heads weighing ten to twenty tons and recorded data in crude characters out of which the later, more refined Maya glyphs might have developed. In the northern highlands of Peru the Chavin culture produced great stone buildings and temples. Both groups worshiped a man-jaguar god, which suggests a possible link between them.

Observatorio maya, Yucatán, México

y un observatorio astronómico. En Chichén Itzá hay fuertes (*strong*) influencias de los toltecas del valle central de México.* Las ruinas de Uxmal, también en Yucatán, son aun más antiguas, y representan un estilo (*style*) maya más puro.

Las ruinas de Bonampak, en el estado de Chiapas, México, descubiertas (*discovered*) en al año 1946, tienen las mejores pinturas mayas. Las figuras y los colores de estas pinturas son muy hermosos, pero Bonampak está en medio de la selva en una región poco visitada.

Los mayas de hoy día (*of today*) hablan la lengua de sus abuelos (*ancestors*) y llevan (*wear*) la misma clase de ropa blanca. Viven en cases pequeñas y limpias como las de sus abuelos. Los profesores S. G. Morley y George Brainerd han estudiado a (*have studied*) los mayas, y tienen libros excelentes sobre su cultura.

*Mayas, Toltecs, and Aztecs all believed in Quetzalcoatl, the Fair God of the Plumed Serpent, who predicted that white men from beyond the seas would conquer his people. **Quetzalcoatl** means *bird-serpent* and represented the deific union of the "sky force" and "earth force."

EJERCICIOS

A. Preguntas

1. ¿Cuál es la cultura india presentada en este capítulo? **2.** ¿Cuál de las culturas indias inventa el mejor calendario? **3.** ¿En qué parte de México hay un famoso observatorio astronómico maya? **4.** ¿Por qué es importante la ciudad maya de Uxmal? **5.** ¿Dónde están las mejores pinturas mayas? **6.** ¿Dónde está el centro maya de Chichén Itzá? **7.** ¿En qué parte de México está la península de Yucatán? **8.** ¿Qué ruinas famosas hay en Yucatán? **9.** ¿Dónde está Bonampak? **10.** ¿Por qué es importante Bonampak? **11.** ¿Por qué no van muchos turistas a Bonampak? **12.** ¿Qué clase de ropa llevan los mayas de hoy? **13.** ¿Qué clase de casas tienen los mayas? **14.** ¿Quiénes son los profesores que han estudiado a los mayas?

B. Frases originales. Use the following expressions in sentences.

1. el calendario maya
2. la importancia del maíz
3. las artes indígenas
4. los templos mayas

5. la pintura mural maya
6. los grandes centros mayas
7. los mayas de hoy
8. el cultivo de las artes

C. Escoja. Choose **es, está,** or **hay** to fill in the blanks in the following sentences.

1. ¿Dónde _____ el hotel? **2.** Latinoamérica _____ una tierra de grandes contrastes. **3.** Esta fotografía _____ muy pequeña. **4.** La Tierra del Fuego _____ en el sur. **5.** El agua _____ fría. **6.** ¿Dónde _____ la montaña más alta? **7.** No _____ fruta hoy. **8.** ¿De dónde _____ usted, señor? **9.** El doctor Azuela _____ en La Paz. **10.** _____ países en todas las zonas geográficas. **11.** México _____ muy montañoso. **12.** En el sur de Chile _____ una región de lagos. **13.** Antigua _____ una ciudad colonial. **14.** ¿Dónde _____ mi libro? **15.** La señorita Lira _____ chilena.

D. Diga en español. Read the following sentences and put the English words into Spanish.

1. Chile y el Perú *have high mountains.* **2.** *There are many mountains* en Bolivia. **3.** *Finally* el indio construye templos. **4.** Las culturas antiguas *are based on* el maíz. **5.** Las ruinas mayas *are the most famous.* **6.** *That's the way* nacen las artes. **7.** Viven en casas pequeñas como *those of* sus abuelos. **8.** *The first culture* es la mejor. **9.** Los mayas construyen observatorios muchos siglos *before* la conquista. **10.** Los mayas de *today* hablan la lengua de sus abuelos. **11.** Su calendario *is very good.* **12.** *The tourists have* mucho interés en los mayas.

Pirámide del Sol, Teotihuacán, México

Segunda parte

READING PREPARATION

A. Vocabulary drill. See if you can guess the meaning of the following Spanish words without having to look at the English column.

SPANISH WORDS		ENGLISH MEANINGS	
1. pirámide	12. sacrificio humano	1. pyramid	12. human sacrifice
2. espacio		2. space	
3. Egipto	13. extienden	3. Egypt	13. they extend
4. grupo	14. dominio	4. group	14. dominion
5. tribu	15. sociedad	5. tribe	15. society
6. absorber	16. totalitario,-a	6. to absorb	16. totalitarian
7. fácilmente	17. producto	7. easily	17. product
8. imperialista	18. necesidad	8. imperialist	18. necessity
9. romanos	19. familia	9. Romans	19. family
10. creador	20. libertad	10. creator	20. liberty
11. organizador	21. político,-a	11. organizer	21. political

22. **existir**	28. **jeroglíficos**	22. to exist	28. hieroglyphics
23. **cemento**	29. **caracteres**	23. cement	29. characters
24. **agricultor**	30. **completamente**	24. farmer	30. completely
25. **hemisferio**	31. **especialmente**	25. hemisphere	31. especially
26. **alfabeto**	32. **profundo,-a**	26. alphabet	32. profound, deep
27. **pictórico,-a**	33. **fonético**	27. pictorial	33. phonetic

B. Difficult phrases

1. La cultura latinoamericana de hoy día. *The Latin American culture of today.*
2. Los indios escriben de una manera pictórica. *The Indians write in a pictorial manner.* **3.** Los incas no tienen caracteres escritos de ninguna clase. *The Incas have no written characters of any kind.* **4.** Es decir, no pueden escribir fonéti-camente. *That is to say, they cannot write phonetically.* **5.** La tercera cultura es la de los incas. *The third culture is that of the Incas.* **6.** El gobierno cuida a los viejos. *The government takes care of the old people.* **7.** Extienden su do-minio poco a poco. *They extend their dominion little by little (gradually).* **8.** Distribuyen los productos según las necesidades de las familias. *They distrib-ute the products according to the needs of the families.* **9.** Xochimilco da una idea de lo que era Tenochtitlán. *Xochimilco gives an idea of what Tenochtitlán was like.* **10.** Al llegar los españoles. *When the Spaniards arrived.* **11.** La ciudad tiene canales en lugar de calles. *The city has canals instead of streets.* **12.** Los mayas son más bien como los griegos. *The Mayas are more like the Greeks.* **13.** Por fin los aztecas conquistan a los toltecas. *Finally, the Aztecs conquer the Toltecs.* **14.** Ellos mismos inventan poco. *They themselves invent little.*

Vocabulario

adoptar	to adopt	**hasta (que)**	until
algunos,-as	some, several	**el/la hijo,-a**	child
bajo	under	**incluye** (*from*	he/she/it includes
la calle	street	**incluir**)	
el canal	canal	**el jardín**	garden; yard
canoa	canoe	**Jesucristo**	Christ
carretera	highway	**largo,-a**	long
conquistar	to conquer	**el lugar**	place
construyen (*from*	they build	**llegar**	to come, arrive
construir)		**manera**	manner, way
el creador	creator	**la operación**	operation
cubrir	to cover	**pesado,-a**	heavy
desarrollar	to develop	**piedra**	stone
después (de)	after	**puede** (*from*	he/she/it can
difícil	difficult	**poder**)	
distribuyen (*from*	they distribute	**según**	according to
distribuir)		**segundo,-a**	second
edificio	building	**soldado**	soldier
enfermo,-a	sick; sick person	**tercero,-a**	third
escribir	to write	**trabajo**	work
escrito,-a	written	**usar**	to use
español,-a	Spaniard; Spanish	**viejo,-a**	old; old person

EXPRESIONES ÚTILES

allá por	around	**hoy día**	today, nowadays
¿Cómo se llama?	What is your (his/her/its) name?	**poco a poco**	little by little
		por consiguiente	consequently
en cambio	on the other hand	**¿Qué quiere decir...?**	What is the meaning of . . .?
en vez de	instead of		
es decir	that is to say		

Muros de piedra, construidos por los incas, Cuzco, Perú

En el valle central de México se encuentra la civilización de Teotihuacán,* contemporánea de la maya. En los primeros siglos después de Cristo se construyen (*are built*) grandes templos y pirámides (*pyramids*) en San Juan Teotihuacán, cerca de la presente Ciudad de México. Teotihuacán cae (*falls*) a los salvajes chichimecas (*Chichimecs*) del norte hacia (*around*) el año 700

---

*The Temple of the Sun in Teotihuacán is larger than any pyramid in Egypt. The people who established this civilization are known as **Teotihuacanos.**

(setecientos), y luego hay tres siglos de oscuridad (*darkness*) en el valle de México. Después, en el siglo X (950 [novecientos cincuenta]), llegan los toltecas, quienes establecen su propio centro el Tula. Por fin, hacia el año 1200 (mil doscientos), llegan los aztecas. Los aztecas conquistan a los toltecas y a las otras tribus de la parte central de México, y adoptan la cultura de los indios conquistados. Ellos mismos inventan poco. Los aztecas son los grandes imperialistas de México; los mayas, en cambio, son más bien como los griegos (*Greeks*), es decir, son los grandes creadores del Nuevo Mundo.

Cuando llegan los españoles, encuentran (*they find*) a los aztecas bajo Moctezuma en su gran centro de Tenochtitlán, en el medio de un lago. Tenochtitlán es una ciudad con canales en lugar de (*in place of*) calles. Los habitantes usan canoas (*canoes*) para ir de un lugar a otro. Los jardines de Xochimilco dan una idea de lo que era la ciudad de Tenochtitlán en 1519 (mil quinientos diecinueve) al llegar Cortés con sus soldados (*when Cortés arrived with his soldiers*).

Otra famosa cultura india es la de los incas de los Andes sudamericanos. Los incas, o los hijos del sol (*Children of the Sun*), llegan al hermoso valle del Cuzco en las montañas del Perú allá por (*around*) el año 1100 (mil ciento). Del Cuzco, que es el centro de su civilización, extienden su dominio poco a poco hasta los países del Ecuador y partes de Bolivia, Chile y una pequeña parte del norte de la Argentina.

Los incas tienen un gobierno (*government*) y una sociedad totalitarios. Distribuyen los productos según las necesidades de las familias, y el gobierno cuida a (*takes care of*) los viejos y los enfermos, y también distribuye la tierra y el trabajo.*

Los incas son los grandes ingenieros (*engineers*) y agricultores del hemisferio. Usan piedras pesadas (*heavy*) sin cemento para construir sus edificios, hacen grandes acueductos y terrazas (*terraced farms*) para la agricultura y construyen largas carreteras. También son cirujanos (*surgeons*) buenos y hacen operaciones difíciles en el cerebro (*brain*).

El indio americano no tiene un alfabeto fonético, es decir, no puede escribir su lengua fonéticamente. Pero los mayas, los toltecas y los aztecas escriben de una manera pictórica con caracteres jeroglíficos. Algunos de estos jeroglíficos son muy hermosos. Los incas no tienen caracteres escritos de ninguna clase (*of any kind*). Pero sus carreteras, acueductos, templos y fortalezas (*fortresses*) de piedra son magníficos.

En conclusión, el indio americano, completamente separado de las civilizaciones de Europa y de Asia, desarrolla (*develops*) varias culturas avanzadas que tienen influencias profundas en la cultura latinoamericana de hoy día, especialmente en las regiones que hemos estudiado (*we have studied*) en este capítulo.

*The Incas (1100–1532) owed much to earlier Andean cultures: Chavin (1000–500 B.C.); Mochica, Peru's north coast (A.D. 200–500); Nazca, Peru's south coast (200–500); Tiahuanaco, Lake Titicaca area (600–1000); Chimu, Peru's north coast (1100–1400). For further details consult the first nine chapters of John A. Crow, *The Epic of Latin America* (Berkeley: University of California Press, 1980).

EJERCICIOS

A. Preguntas

1. ¿Dónde está situado Teotihuacán? **2.** ¿Por qué construyen observatorios los indios? **3.** ¿Qué territorio ocupan los aztecas? **4.** ¿Cómo se llama la capital azteca? **5.** ¿Dónde está situado Tenochtitlán? **6.** ¿Cómo distribuyen los incas sus productos? **7.** ¿Cuál es la capital de los incas? **8.** ¿Qué territorio ocupan los incas? **9.** ¿Por qué construyen acueductos los incas? **10.** ¿Qué quiere decir la palabra «jeroglífico»? **11.** ¿Saben los indios pintar? **12.** ¿Por qué usan canoas los aztecas? **13.** ¿Qué clase de sociedad tienen los incas? **14.** ¿Quiénes son los grandes imperialistas de México? **15.** ¿Saben los indios escribir fonéticamente? **16.** ¿Cómo construyen los incas sus edificios?

B. Frases originales. Describe briefly in your own words in Spanish.

1. Tenochtitlán
2. Xochimilco
3. los aztecas
4. los incas

5. la religión de los indios
6. la sociedad de los indios
7. la arquitectura inca
8. la lengua escrita

C. Frases incompletas. Complete the following statements in Spanish.

1. Teotihuacán está cerca de _____. **2.** Los aztecas son los grandes imperialistas de _____. **3.** Tenochtitlán, la capital azteca, está en _____.
4. El hermoso valle del Cuzco está _____. **5.** Los incas tienen una sociedad _____. **6.** Los aztecas ocupan _____. **7.** Los incas ocupan _____. **8.** En lugar de calles los aztecas tienen _____. **9.** En sus construcciones los incas usan _____. **10.** Las culturas indias presentadas en esta lección son _____. **11.** Los incas distribuyen la tierra y _____.
12. Los incas no usan cemento en _____. **13.** El indio americano desarrolla culturas _____. **14.** La arquitectura india más refinada es la de _____.

3

Los productos

Una plantación de café, Colombia

READING PREPARATION

Difficult phrases

1. La industrialización no es tan grande ni tan productiva como la de los Estados Unidos. *The industrialization is not as great nor as productive as that of the United States.* **2.** Cada país depende demasiado de uno o dos productos. *Each country depends too much on one or two products.* **3.** Latinoamérica tiene que exportar estos productos. *Latin America has to export these products.* **4.** Por consiguiente, es imposible separar su economía de la nuestra. *Consequently, it is impossible to separate their economy from ours.* **5.** Los latinos compran la mayor parte de estas cosas en los Estados Unidos. *Latins buy most of these things in the United States.* **6.** Las dos Américas dependen la una de la otra. *The two Americas depend on each other.* **7.** Todo el mundo sabe lo que significa la palabra «hacienda». *Everyone knows what the word "hacienda" means.* **8.** En todas partes hay la misma gran concentración de tierra. *Everywhere there is the same large concentration of land.* **9.** Los ricos llevan una vida agradable. *The wealthy people lead a pleasant life.*

Vocabulario

aproximadamente	approximately	la industrialización	industrialization
el arroz	rice	industrializar	to industrialize
aumento	increase	joya	jewel
el azúcar	sugar	mercado	market
básico,-a	basic	mina	mine
el café	coffee	la mitad	half
la carne	meat	oro	gold
el cereal	cereal, grain	oveja	sheep
el cobre	copper	piedra	stone
comprar	to buy	plata	silver
constituyen (from	they constitute	la población	population
constituir)		pobre	poor
culto,-a	cultured	significar	to mean
el chicle	gum	solo,-a	single, alone, only
demasiado	too much	supermercado	supermarket
educar	to educate	tesoro	treasure
estaño	tin	trigo	wheat
extranjero,-a	foreign	vainilla	vanilla
fábrica	factory	valer	to be worth
gallina	chicken	vino	wine

EXPRESIONES ÚTILES

a pesar de	in spite of	por consiguiente	therefore
aunque	even though	se exportan	are exported
en los últimos años	in recent years	tener que	to have to
en todas partes	everywhere	todo el mundo	everybody
en vez de	instead of	y así sucesivamente	and so on and so forth
la mitad de	half of		

En la época colonial los españoles y los portugueses traen a América el trigo, el arroz, el café, la naranja, la manzana, la pera, la caña de azúcar,* el caballo, la vaca, el cerdo (hog), la oveja y la gallina. Adoptan de los indígenas la quinina, el maíz, la papa (o la patata),† la yerba mate, el cacao (el chocolate), el tomate, el frijol, el tabaco, el pavo (turkey) y las frutas tropicales, como la papaya, la chirimoya, el sapote, el mango, la guanábana, el aguacate (avocado) y otras más.

---

*La naranja... *orange, apple, pear, sugarcane*

†The "Irish" potato, **papa** or **patata** in Spanish, originated in Peru and later became the basic food of Ireland. When a destructive fungus struck the Irish potato crop in the 1840s, a million people died of hunger and disease on the island and 2 million emigrated to the United States. The Duke of Wellington groused: "Rotten potatoes have done it all!" At present 300 million *tons* of potatoes are produced each year in 130 countries. Among the world's basic foods the potato occupies fourth place; only wheat, corn, and rice stand above it. The potato grows almost anywhere, from the cold Andes to the wet tropical lowlands.

El maíz es el cereal básico de la alimentación latinoamericana. En México millones de pobres viven del maíz. Este producto es también fundamental en la América Central y en Sudamérica. A pesar de otros cereales importados, el maíz sigue siendo (*continues to be*) el principal producto agrícola de muchos países latinos. Por consiguiente, podemos decir que el tesoro (*treasure*) más rico de las civilizaciones antiguas de América es el maíz, que vale (*is worth*) mucho más que todas las minas de oro y de plata de los países latinos.

La agricultura es la base de la economía de la mayor parte de los países latinoamericanos. En algunas regiones la minería (*mining*), la ganadería (*cattle raising*) y la industria son también importantes, pero la industrialización no es tan grande ni tan productiva como la de los Estados Unidos. La economía nacional de los países latinos no es muy variada, y cada país depende demasiado (*too much*) de uno o de dos productos. Cuando el precio (*price*) de estos productos baja (*goes down*), hay casi siempre una crisis económica y política.

El Brasil produce una parte considerable del café del mundo, y la economía del país depende en gran parte de este producto. La exportación principal de Chile es el cobre (*copper*); la Argentina exporta grandes cantidades (*quantities*) de carne y de cereales; Bolivia produce estaño (*tin*); Venezuela exporta más petróleo que ningún (*any*) otro país de Sudamérica; el Ecuador exporta plátanos, petróleo y cacao; los productos más importantes de Cuba son el azúcar (*sugar*) y el tabaco; México exporta enormes cantidades de petróleo y de plata. Hay muchos otros productos de menos importancia: los plátanos de Centroamérica, la vainilla y el chicle de México, los vinos y el salitre (*fertilizer, potassium nitrate*) de Chile, y así sucesivamente (*and so on and so forth*).

En los últimos años, con el rápido desarrollo de la región, Latinoamérica ha comenzado (*has begun*) a exportar algunos productos nuevos de mucho valor: textiles, joyas, piedras preciosas, pequeños automóviles y una gran cantidad de armas militares del Brasil; camarones (*shrimp*) del Ecuador y Panamá; medicinas y aparatos eléctricos de Puerto Rico; flores frescas de Colombia; frutos, vinos y armas militares de Chile; pequeños automóviles de México; y desafortunadamente, cocaína de varios países.

Latinoamérica tiene que exportar estos productos para vivir y para comprar en los países extranjeros (*foreign*) los artículos manufacturados que necesita: automóviles, locomotoras, máquinas (*machines*) de todas clases, aparatos eléctricos, tractores, radios y otras cosas. Los latinos compran la mayor parte de estas cosas en los Estados Unidos. Por consiguiente (*Therefore*), es imposible separar su (*their*) economía de la nuestra (*ours*).

Aunque los productos principales de Latinoamérica son agrícolas, en algunas regiones hay fábricas (*factories*) que producen importantes productos industriales. Las tres regiones más industrializadas son: (1) Buenos Aires, Argentina; (2) São Paulo, en el sur del Brasil; y (3) México. Cada una de estas regiones produce para un mercado (*market*) de varios millones de habitantes.

La mitad de los habitantes de la Argentina, Chile y Venezuela viven en las ciudades. De las diez ciudades del hemisferio de más de tres millones de habitantes, siete están en Latinoamérica: Bogotá, Lima, Buenos Aires, México, São Paulo, Río de Janeiro y Santiago. La producción total de Latinoamérica ha aumentado (*has increased*) más del 75 (setenta y cinco) por ciento desde 1966 (mil novecientos sesenta y seis). Hay grandes supermercados en todos los países latinos.

Todo el mundo sabe lo que significa la palabra «hacienda». Es una gran extensión de tierra que pertenece a una sola familia. En México usan la palabra «hacienda», pero en Venezuela dicen «hato», en Chile «fundo», en la Argentina «estancia» y en el Brasil «fazenda». En todas partes (*everywhere*) es la misma gran concentración de tierra. Las familias que tienen estas haciendas, y las que se han enriquecido (*have become wealthy*) en los negocios, constituyen la clase alta, hablan dos o tres lenguas, viajan mucho y con frecuencia estudian en universidades extranjeras. No hay en el mundo un grupo de personas más amables o mejor educadas que estos latinoamericanos cultos. Esta clase pequeña, rica y poderosa constituye menos del 5 por ciento de la población, pero posee (*owns*) la mayor parte de la tierra. México y Costa Rica son excepciones; hay más detalles (*details*) de esto en las lecciones sobre estos países.

Una hacienda colombiana

EJERCICIOS

A. Preguntas

1. ¿Cuáles son las siete ciudades más grandes de Latinoamérica?   **2.** ¿Cuáles son los productos más importantes de Cuba?   **3.** ¿Qué exporta la Argentina? **4.** ¿Qué exporta Venezuela?   **5.** ¿Qué produce México?   **6.** ¿Cuáles son algunos productos nativos del Nuevo Mundo?   **7.** ¿Qué productos traen los españoles?   **8.** ¿Qué productos latinoamericanos se exportan a los Estados Unidos?   **9.** ¿Qué productos se importan?   **10.** ¿Dónde están concentradas las grandes industrias de Latinoamérica?   **11.** ¿Cuál es el producto más importante del Brasil?   **12.** ¿Qué país produce mucho cobre?   **13.** ¿Cuáles son algunas frutas tropicales?   **14.** ¿Por qué es tan importante la hacienda colonial? **15.** ¿Cuáles son algunos productos nuevos de Latinoamérica?

B. Frases originales.   Use the following expressions in sentences.

1. la importancia del maíz
2. la conquista española
3. los productos de Latinoamérica
4. el aumento de la población

5. la hacienda colonial
6. el petróleo en Latinoamérica
7. las importaciones de Latinoamérica
8. la patata irlandesa

C. ¿Cierto o falso?   Some of the following sentences are true, others are false. If true, say **Es cierto** and repeat the sentence, but if false, say **Es falso** and then give the corrected version in Spanish.

1. Los Estados Unidos produce mucho café.   **2.** Chile produce mucho azúcar. **3.** El vino es un producto muy importante del Brasil.   **4.** Chile produce mucha fruta tropical.   **5.** Hay mucho petróleo en Venezuela.   **6.** México tiene más habitantes que el Brasil.   **7.** Hay grandes haciendas en todas las ciudades latinoamericanas.   **8.** No hay grandes concentraciones de tierra en Costa Rica. **9.** En Latinoamérica el maíz es más importante que el tomate.   **10.** La lengua del Brasil es el portugués.   **11.** El Brasil produce más café que ningún otro país del mundo.   **12.** La gran concentración de tierra es un problema en Latinoamérica.   **13.** Hay frutas tropicales en Latinoamérica que no existen en los Estados Unidos.

D. Diga en español.   Say or write in Spanish.

1. It goes down.
2. They export.
3. They produce.
4. They live.
5. We buy.
6. It does not exist.
7. There are many.
8. They build.
9. It distributes.
10. We see.

11. The Toltecs arrive.
12. They make.
13. He is in Chile.
14. He says he is an American.
15. She has to go.
16. They use heavy stones.
17. We speak Spanish.
18. Everyone knows.
19. They lead a pleasant life.
20. They travel a great deal.

4

Tipos raciales

Alumnos de una escuela primaria, Asunción, Paraguay

READING PREPARATION

Difficult phrases

1. En Latinoamérica hay una variedad tan grande de tipos raciales como en los Estados Unidos. *In Latin America there is as great a variety of racial types as in the United States.* **2.** Sin embargo, el 80 por ciento de nuestra población es de origen europeo. *Nevertheless, 80 percent of our population is of European origin.* **3.** ¿Cuáles son las causas de las diferencias? *What (Which) are the causes of the differences?* **4.** Más de cuarenta millones de inmigrantes han entrado en este país. *More than forty million immigrants have entered this country.* **5.** En los Estados Unidos el europeo pronto se convierte en americano. *In the United States the European quickly becomes an American.* **6.** Al llegar los españoles, encuentran culturas indias muy avanzadas. *When the Spaniards arrive, they encounter very advanced Indian cultures.* **7.** Los ingleses tienen que hacer su propio trabajo. *The English have to do their own work.* **8.** Los indios no saben

hacer este tipo de trabajo. *The Indians do not know how to do this kind of work.*
9. Al establecer sus colonias, expulsan a los indios. *After establishing their colonies, they expel the Indians.* **10.** Extienden poco a poco la cultura inglesa. *They extend the English culture gradually.* **11.** En su mayor parte, son nómadas salvajes. *For the most part, they are nomadic savages.*

Vocabulario

africano,-a	African	**limeño,-a**	of Lima
alemán, alemana	German	**el/la lingüista**	linguist
Alemania	Germany	**el/la obrero,-a**	worker
causa	cause	**los padres**	parents
colonia	settlement	**peor**	worst
contacto	contact	**Polonia**	Poland
crear	to create	**proceso**	process
demás (los, las demás)	the rest	**reducido,-a**	small
		la sangre	blood
despacio	slowly	**sí es**	is indeed
España	Spain	**la solidaridad**	solidarity, solidity
el/la esposo,-a	husband, wife	**tal vez**	perhaps
europeo,-a	European	**tendencia**	tendency
Francia	France	**todavía**	still, yet
fuerte	strong	**vergüenza**	shame; **tener**
la homogeneidad	homogeneity; of one race or blood		**vergüenza** to be ashamed
Irlanda	Ireland	**la vez (las veces)**	time (times)
Italia	Italy		
latino,-a	Latin		

EXPRESIONES ÚTILES

al establecer	on establishing	**la mayor parte de**	most of
el gran crisol	melting pot	**sin embargo**	nevertheless
entrar en	to enter	**tienen que hacer**	they have to do

En Latinoamérica hay una variedad tan gande de tipos raciales como en los Estados Unidos. Decimos que los habitantes de los países del sur son «latinos», pero la palabra no es muy exacta. La cultura, sí, es latina (o latino-india) con la excepción de las costas tropicales, donde la influencia africana, o negra, es muy importante.

En México, la América Central y las regiones montañosas de Suda-mérica, el indio es el elemento racial predominante. Tal vez (*Perhaps*) el 10 por ciento de la población son europeos de sangre, más del 40 por ciento son indios puros y los demás (*the rest*) mestizos. Éstas son las tres regiones de las antiguas culturas indias. La Argentina, el Uruguay, Chile y el sur del Brasil (donde no había [*there were no*] grandes culturas indias) son regiones donde predomina la sangre europea. En las costas tropicales del Brasil, Venezuela, Colombia, la América Central y Cuba, una parte considerable de la población es gente de la raza africana.

La importación de esclavos negros a las colonias españolas y al Brasil comenzó (*began*) unos diez años después del descubrimiento de América. Los negros reflejaban (*reflected*) la cultura, primitiva o avanzada, de sus orígenes. El continente africano representaba una diversidad de culturas tan grande como la de Europa o de cualquier otra parte del mundo. El negro pronto llegó a ser (*became*) el elemento más productivo de la economía de las regiones tropicales. Lo que el indio había sido (*had been*) para México y el Perú el negro lo fue (*was*) para el Brasil, las Antillas y partes de Venezuela y Colombia. Los esclavos negros eran (*were*) también un factor enriquecedor (*enriching*) en la cultura de varios países del Mar Caribe y del Brasil, sobre todo en la música, la danza, el folklore y las artes.

En los Estados Unidos la influencia india casi no existe, pero la influencia hispana es muy fuerte en los estados de la Florida, Texas, Nuevo México, Arizona y California. Aproximadamente quince millones de personas

Un escultor del Caribe

de habla española viven en esta parte de nuestro país, y tres millones viven en otras regiones de los Estados Unidos. Muchas palabras españolas son de uso común en inglés: «fiesta», «mañana», «rodeo», «corral», «sombrero», «patio», «bronco», «colorado», «macho», «siesta», etcétera. Algunas de las ciudades más importantes del país tienen nombres españoles: Los Angeles, San Francisco, San Antonio, Las Vegas, El Paso. Los negros constituyen otra minoría aún más numerosa de nuestra población. El 14 por ciento de la población total del país es negra. Hay también más de cinco millones de inmigrantes del Oriente.

Sin embargo, la inmensa mayoría de nuestros ciudadanos (*citizens*) son descendientes de inmigrantes europeos. Éstos constituyen el 80 por ciento de la población. En el gran crisol (*melting pot*) de la vida norteamericana han desaparecido (*disappeared*) sus diferencias lingüísticas y culturales. Una persona puede ser de Italia, Francia, Alemania, Polonia o Irlanda, pero muy pronto se convierte en (*he or she becomes*) «americana». Los hijos de padres extranjeros parecen «americanos típicos». Por consiguiente, nuestra sociedad tiene una gran solidaridad, una gran cohesión, una gran fuerza (*strength*) colectiva, pero muchas veces tiene la tendencia de menospreciar a (*look down on*) los países extranjeros y la cultura extranjera. El norteamericano tiene la reputación de ser el peor lingüista del mundo.

¿Cuáles son algunas de las causas de las diferencias raciales entre las Américas? En el año 1492 había (*there were*) en el territorio de Latinoamérica casi veinte millones de indios. En el territorio de los Estados Unidos y del Canadá había un total de solamente un millón de indios. Esta diferencia fundamental de las dos regiones en 1492 es todavía característica de la composición racial de las dos Américas.

Otro punto de diferencia básica es el total de inmigrantes europeos que llegaron a (*came to*) las dos regiones. Más de cuarenta millones de inmigrantes han entrado en (*have entered*) los Estados Unidos, y solamente veinte millones en todo el territorio de Latinoamérica. Seis millones de negros entraron (*entered*) en el Brasil en la época colonial.

La mayor parte de los inmigrantes a los países latinos son de España, Portugal e Italia. En el sur del Brasil y en el sur de Chile hay también colonias de alemanes, pero en esta parte del Brasil y en toda la Argentina los italianos son mucho más numerosos. Otras diferencias entre la colonización de las Américas son las siguientes (*following*):

1. Antes de la conquista de América, los españoles y los portugueses habían vivido (*had lived*) por varios siglos en contacto con los moros (*Moors*), y como resultado (*result*) de esto sus actitudes raciales eran (*were*) distintas de las de los ingleses.

2. Los ingleses llegaron (*came*) a América buscando (*looking for*) la libertad y una vida nueva. Con sus familias establecen pequeñas colonias inglesas en un territorio muy reducido cerca de la costa. En cambio, los españoles y los portugueses llegaron al Nuevo Mundo buscando el oro. Son soldados o aventureros (*adventurers*); llegan sin sus familias, conquistan un inmenso territorio habitado por millones de indios y pronto adquieren esposas indias.

3. Al llegar los españoles y portugueses a América, encuentran (*they find*) que los indios de varias regiones ya tienen una cultura avanzada, y por consiguiente ya son buenos labradores (*farmers*) y obreros (*workers*). Irrigan sus campos y construyen con piedra. Los indios de los Estados Unidos y del Canadá son, en su mayor parte, nómadas salvajes que no saben hacer esta clase de trabajo y rehusan (*refuse*) trabajar para los blancos. Entonces (*Then*), los ingleses tienen que hacer su propio (*own*) trabajo, y al establecer sus colonias casi siempre expulsan a los indios. Crean una nueva sociedad inglesa, y avanzan (*advance*) muy despacio hacia el oeste. Los ingleses cultivan la tierra, y la agricultura es la base de su vida económica. En Latinoamérica la base económica son las minas de oro y de plata.*

Como resultado de su historia, la sociedad latinoamericana no tiene gran homogeneidad racial ni gran cohesión política o económica. Pero en esta sociedad casi no existen los conflictos entre las razas, y su cultura es muy rica en valores intelectuales y artísticos, los valores primitivos y los muy modernos. Ésta es la gran contribución de los países latinos a la cultura universal.

EJERCICIOS

A. Preguntas

1. ¿Qué países tienen una gran población india? **2.** ¿Qué importancia tienen los moros en la historia de España? **3.** ¿Por qué se usa la palabra «crisol» al hablar de la colonización de los Estados Unidos? **4.** ¿En qué parte del Brasil hay una gran colonia alemana? **5.** ¿Cuáles son algunas diferencias entre los indios de las dos Américas? **6.** ¿Cuánto territorio ocupan las colonias inglesas? **7.** ¿Cuánto territorio ocupan los españoles? **8.** ¿Es fuerte la influencia india en los Estados Unidos? **9.** ¿En qué partes de los Estados Unidos hay mucha influencia hispana? **10.** ¿En qué países de Latinoamérica predomina la sangre europea? **11.** ¿Cuáles son algunas de las ciudades de nuestro país con nombres españoles? **12.** ¿Por qué vienen los ingleses al Nuevo Mundo? **13.** ¿Por qué vienen los españoles? **14.** ¿Cuál es la base económica de las colonias inglesas? **15.** ¿Cuál es la base económica de las colonias españolas?

B. Frases originales.   Use the following expressions in sentences.

1. los moros de España
2. los negros de Latinoamérica
3. las colonias inglesas
4. las colonias españolas
5. las grandes culturas indias
6. los inmigrantes
7. el crisol norteamericano
8. las minas de oro
9. la agricultura en las dos Américas

*Many historians of the Spanish conquest have written that the conquistadores came from Spain looking for "gold and slaves." As one historian put it: «Cuando el oro faltaba querían hacer oro de los indios haciéndoles trabajar.» Other historians have said that there was a triple lure in America: "Glory, gold, and gospel." In any event, the reasons for the English colonization and the Spanish conquest and colonization were quite different.

C. Diga en español.   Say or write in Spanish.

1. They extend.
2. They soon do this work.
3. There are few conflicts.
4. They do not know how to do this work.
5. They have to work.
6. The Europeans enter.
7. Which are the causes?
8. The valleys are important.
9. The English do not depend on the Indians.
10. The Spaniards arrive.
11. They constitute a minority.
12. On arriving.
13. They have.
14. He says.

D. ¿Cierto o falso?   Some of the following statements are true, others are false. If the sentence is true, say **Es cierto** and repeat the sentence. If the statement is false, say **Es falso** and then give the corrected version in Spanish.

1. Hay más indios en la Argentina que en México.   **2.** Cinco millones de inmigrantes europeos entran en los Estados Unidos.   **3.** La influencia hispana es fuerte en California.   **4.** Los incas tienen una gran cultura en México. **5.** Nuestro país es un gran crisol.   **6.** La sangre india predomina en Chile. **7.** En las costas tropicales de Latinoamérica hay muchos negros.   **8.** El norteamericano no es un buen lingüista.   **9.** Los habitantes del Brasil hablan español. **10.** Los indios de nuestro país no construyen grandes edificios de piedra. **11.** En las colonias de España los españoles tienen que hacer todo el trabajo. **12.** Solamente la mitad de nuestra población es de origen europeo.   **13.** Los conquistadores españoles ocupan grandes territorios.   **14.** Los ingleses llegan a América en busca de la libertad.   **15.** Los españoles llegan a América en busca del oro.   **16.** Hay muchos argentinos de origen italiano.

5

Las ciudades y los pueblos

Tráfico y peatones en la Ciudad de México

READING PREPARATION

Difficult phrases

1. Sin duda este contraste existe y es esencial. *Without a doubt, this contrast exists and is essential.*   **2.** Las casas coloniales forman líneas continuas a cada lado de la calle estrecha. *The colonial houses form a continuous line on each side of the narrow street.*   **3.** En el patio hay tal vez una fuente. *In the patio there is perhaps a fountain.*   **4.** Estas casas tienen su jardín alrededor. *These houses have their yards around them.*   **5.** El latino no quiere descansar a la vista del público. *The Latin does not like to rest where he can be seen by everybody (in public view).*   **6.** La arquitectura de estas casas nuevas es o moderna o una combinación de la moderna con la antigua. *The architecture of these houses is either modern or a combination of the modern and the older styles.*   **7.** Por ejemplo, la colonia de «San Isidro». *For example, the housing development of "San Isidro."*   **8.** Generalmente, la casa colonial es de un solo piso. *Generally, the colonial house is of a single story.*   **9.** La ciudad, al contrario, es el centro de la cultura latina. *The city, on the other hand, is the center of Latin culture.*

Vocabulario

adorno	adornment	**el/la nieto,-a**	grandchild
ancho,-a	broad	**el nombre**	name
el balcón	balcony	**reja**	iron grill
la barbarie	barbarism	**rodear**	to surround
bordear	to border	**rojo,-a**	red
campo	country; hinterland	**sierra**	mountains, highlands
la comodidad	convenience, comfort	**sólido,-a**	solid, massive
continuo,-a	continuous	**soltero,-a**	unmarried, single
el corredor	porch, balcony, corridor	**techo**	roof
edificio	building	**teja**	roof tile
el jardín	garden; yard	**tienda**	store
ladrillo	brick	**urbano,-a**	city, urban
limpio,-a	clean	**villa**	modern house
madera	wood; wooden beam	**vista**	view
naranjo	orange tree		

EXPRESIONES ÚTILES

a la vista	in view	**por ejemplo**	for example
al contrario	on the other hand	**sin duda**	without a doubt
a veces	at times	**sobre todo**	above all

Los españoles y los portugueses traen consigo al Nuevo Mundo la cultura europea: religión, organización social, leyes, artes, ciencias, agricultura, animales domésticos, industrias, vestimenta (*dress*) y costumbres en general. Esta cultura europea echa raíces (*takes root*) en las nuevas ciudades fundadas en América.

La ciudad es una de las instituciones fundamentales de la época colonial. La ciudad es el centro político, social y cultural, y siempre representa los elementos más avanzados y más dinámicos de la sociedad nacional. En muchas regiones de Latinoamérica, la sierra y el campo son territorio nacional solamente de (*by*) nombre. La ciudad, al contrario, con su plaza, su iglesia y su palacio municipal, es el corazón de la comunidad y el símbolo concreto de la dominación latina en América.

Domingo Faustino Sarmiento, uno de los más famosos escritores argentinos, es autor de un libro en que presenta el gran contraste que existe entre el campo y las ciudades argentinas. Sarmiento usa las palabras «civilización y barbarie».* Dice que las ciudades representan la civilización y el campo la barbarie. Hay cierta exageración en las palabras de Sarmiento, pero sin duda este contraste existe y es esencial en todos los países latinoamericanos.

*****barbarie** = *barbarism*. (The book is *Facundo* by D. F. Sarmiento, great Argentine writer and president.) Sarmiento deeply admired the United States, visited the Horace Manns in Boston, and Mrs. Mann translated *Facundo* into English. Sarmiento invited more than a hundred U.S. schoolteachers to Argentina to start that nation's public school system.

El patio de una casa mexicana, Guadalajara

Vista de Buenos Aires, Argentina

Buenos Aires, Río de Janeiro, México y Brasilia son cuatro de las ciudades más hermosas del mundo. Santiago, Montevideo, São Paulo, Caracas, Bogotá y Lima son también metrópolis progresivas y modernas. Todas estas ciudades tienen edificios hermosos, calles anchas y limpias, parques, teatros, hoteles, tiendas y casas con todas las comodidades modernas. Además, su clima es templado (*mild*) durante todo el año. Ninguna de las grandes ciudades latinoamericanas sufre de los extremos de temperatura que caracterizan el clima de Nueva York, Boston, Detroit, Dallas o Chicago.

La arquitectura residencial de Latinoamérica es una combinación de varios estilos. El primero de estos estilos, cronológicamente, y el más importante en casi todas las ciudades y pueblos de provincia, es el estilo colonial. Exteriormente (*Externally*), la casa colonial es sólida y sencilla (*simple*). Los muros son de piedra, de adobe o de ladrillos (*bricks*) y están blanqueados (*whitewashed*). El techo es de tejas rojas, y las ventanas tienen rejas (*iron grilles*) o balcones que son los únicos adornos de los muros blancos. Las casas forman líneas continuas a cada lado de la calle estrecha (*narrow*). Generalmente, la puerta de la calle (*street door*) está construida de maderas tan inmensas que solamente un ariete (*battering ram*) podría romperla (*could break it down*).

En el interior de estas casas hay patios bonitos, corredores y varias habitaciones grandes donde la familia vive separada del mundo exterior. El patio es casi universal en las casas viejas de España, Portugal y Latinoamérica. En él hay flores, plantas, pájaros, tal vez un naranjo o una fuente. El patio es el centro de la vida familiar (*family life*). Generalmente, la casa colonial es de un solo piso (*of a single story*), pero si la familia es rica puede tener dos pisos y suficientes habitaciones para todos los hijos, hijas y nietos, casados o solteros, de la familia. En Latinoamérica hay centenares (*hundreds*) de calles bordeadas de estas casas coloniales, especialmente en las ciudades de provincia, como Taxco, Guanajuato o San Miguel de Allende en México; Arequipa, Perú; Quito, Ecuador; Salta, Argentina; Olinda, Brasil; o aun en Bogotá, Lima o la Habana. Otro ejemplo de la arquitectura colonial es la hacienda. La hacienda colonial, con sus largos portales (*porches*), es más hermosa exteriormente que la casa urbana.

El otro estilo de la arquitectura residencial es el estilo modernista. Hay muchos edificios de esta clase en Río de Janeiro, Buenos Aries, São Paulo, México y otras grandes ciudades latinoamericanas. A veces estos edificios tienen más de quince pisos y son tan modernos como los edificios más nuevos de Los Angeles, California o Miami Beach.

Hay también muchas casas de familia, sobre todo las de los ricos, cuya (*whose*) arquitectura es moderna o una combinación de la moderna con la antigua. Estas casas tienen el nombre de «villa» o «chalet». Muchas no tienen patio; son como las casas de los Estados Unidos con su jardín (*yard*) alrededor (*around them*). Pero el latino no quiere (*will not*) trabajar ni descansar a la vista del público, y por consiguiente nadie (*nobody*) usa estos jardines como no estén (*unless they are*) rodeados de muros altos.

Hay un gran número de estas «villas» o «chalets» en las nuevas colonias o urbanizaciones (*housing developments*) de las ciudades, como por ejemplo, «las Lomas (*Hills*) de Chapultepec» o «el Pedregal» (*Stony Ground*) de México, «San Isidro» y «Los Ángeles» de Lima, y el «Jardín América» de São Paulo. Son casas elegantes, fabulosas y muy modernas, cuya arquitectura está caracterizada por un gran deseo de experimentar con nuevos materiales y motivos decorativos (*decorative motifs*). En todas partes el contraste entre el presente y el pasado es muy notable.

EJERCICIOS

A. Preguntas

1. ¿Por qué es tan importante la ciudad?   **2.** Según Sarmiento, ¿qué representan las ciudades argentinas?   **3.** ¿Qué importancia tiene la plaza colonial?   **4.** ¿Cómo están construídas las casas coloniales?   **5.** Generalmente, ¿cuántos pisos tienen las casas coloniales?   **6.** ¿Por qué es tan importante el patio?   **7.** ¿Qué clase de techo caracteriza la casa colonial de Latinoamérica?   **8.** ¿Cómo son las ventanas de las casas coloniales?   **9.** ¿Qué estilo de arquitectura predomina en las nuevas colonias de las ciudades de hoy día?   **10.** ¿Trabajan los latinoamericanos en sus jardines?   **11.** ¿Cuáles son dos ciudades coloniales de México?   **12.** ¿Qué clase de arquitectura caracteriza las nuevas colonias de las grandes ciudades latinoamericanas?   **13.** ¿Por qué cree usted que las calles de las ciudades coloniales son tan estrechas?   **14.** ¿En qué país está la ciudad de São Paulo?   **15.** ¿Por qué son tan sólidas las casas coloniales?

B. Frases originales.   Use the following expressions in sentences.

1. las primeras ciudades latinoamericanas
2. la plaza colonial
3. el exterior de la casa colonial
4. el interior de la casa colonial
5. la hacienda colonial
6. la arquitectura colonial
7. la arquitectura moderna
8. el patio latinoamericano
9. las calles coloniales

C. ¿Cierto o falso?   Some of the following statements are true, others are false. If true, say **Es cierto** and then repeat the sentence, but if false, say **Es falso** and then give the corrected version in Spanish.

1. La plaza es el corazón de la ciudad colonial en Latinoamérica.   **2.** El clima de las grandes ciudades latinoamericanas es siempre malo.   **3.** Sarmiento dice que la ciudad representa la barbarie.   **4.** Las calles de las ciudades coloniales son anchas y están bien pavimentadas (*paved*).   **5.** La casa colonial tiene rejas y balcones.   **6.** Taxco es una ciudad colonial muy hermosa de Guatemala.   **7.** La hacienda tiene caballos y elefantes.   **8.** Hay muchos edificios de estilo muy moderno en la Ciudad de México.   **9.** El contraste entre el pasado y el presente es muy notable en Latinoamérica.   **10.** Hay fuentes en casi todos los patios de los Estados Unidos.   **11.** Las casas latinoamericanas están construidas de madera.   **12.** Sarmiento dice que la ciudad representa la civilización.   **13.** El patio es el centro de la vida familiar.   **14.** Exteriormente, la casa colonial es bastante sencilla.

6

La vida diaria

En casa con una familia de Bogotá, Colombia

READING PREPARATION

A. Difficult phrases

1. La vida diaria depende de la clase económica a la que uno pertenece. *Daily life depends on the economic class to which one belongs.* **2.** La mayoría de los norteamericanos pertenecen a la clase media. *The majority of North Americans belong to the middle class.* **3.** Poco a poco el desarrollo de la clase media va reduciendo el poder de los ricos. *Little by little the growth of the middle class is reducing the power of the wealthy.* **4.** Los indios participan poco en la vida nacional. *The Indians take little part in national life.* **5.** Cuando el hombre de negocios quiere almorzar, pasa dos o tres horas en el café. *When the businessman wants to have lunch, he spends two or three hours in the café.* **6.** A veces, como resultado de estas conversaciones, obtiene contratos excelentes. *Sometimes, as a result of these conversations, he gets fine contracts.* **7.** En muchas partes tres o cuatro generaciones viven en la misma casa. *In many places three or four generations live in the same house.* **8.** Sobre todo en las ciudades coloniales. *Especially in the colonial cities.* **9.** Una vez a la semana hay tertulias con los amigos. *Once a week there are gatherings with one's friends.* **10.** Esto se manifiesta en el deseo de los hombres de afirmar su hombría. *This is manifested in men's desire to affirm their masculinity.* **11.** Sin embargo, hay un creciente número de mujeres en las profesiones. *Nevertheless, there is a growing number of women in the professions.*

Vocabulario

almorzar	to lunch	**negocios**	business
el/la alumno,-a	student	**el pan dulce**	sweet roll
aparato	appliance	**participar**	to take part
cerveza	beer	**el/la pensador,-ra**	thinker
colectivo,-a	collective	**la personalidad**	personality
contentar	to please	**el poder**	power
contrato	contract	**reducir**	to reduce
copa	wineglass	**resultado**	result
cortesía	courtesy	**sancionar**	to sanction
charlar	to chat	**el tema**	subject
divorcio	divorce	**tertulia**	gathering
el/la individuo,-a	individual	**último,-a**	last, recent
el/la jefe,-fa	head, boss	**urbano,-a**	city, urban
la mentalidad	mentality	**el valor**	value

EXPRESIONES ÚTILES

a la semana	a week	**pertenecen a**	they belong to
a veces	sometimes	**sobre todo**	especially
en los últimos años	in recent years	**una vez**	once
insistir en	to insist on		

La vida diaria de una persona depende de la clase económica a que pertenece (*to which he or she belongs*). En los últimos (*recent*) años la característica más importante de la vida latinoamericana ha sido (*has been*) el desarrollo de la clase media. En casi todos los países la clase media es el elemento más dinámico y más progresivo de la vida nacional. Sin embargo, todavía existen grandes contrastes económicos en muchos países.

   La gran clase media caracteriza la vida de los Estados Unidos, de Nueva York a California, y la inmensa mayoría de los norteamericanos pertenencen a esta clase. En Latinoamérica la mayoría de los habitantes de muchos países son trabajadores pobres. Varios millones son indios que participan poco en la vida nacional; otros millones son peones o trabajadores urbanos que viven en casas humildes sin ninguna de las comodidades modernas. La clase rica, que forma una minoría pequeña, todavía domina la vida económica y política de muchos países. El contraste entre estas dos clases es muy grande. Pero poco a poco el desarrollo de la clase media va reduciendo el poder (*goes on reducing the power*) de los ricos y la miseria de los pobres. El futuro de Latinoamérica depende de esta clase relativamente nueva que ahora caracteriza la vida de todos los grandes centros urbanos.

La vida diaria de las ciudades tiene su centro en la familia, en la tertulia, en el café, en la escuela y en el club. Para los pobres que viven en los pequeños pueblos o en el campo, el centro social es el mercado y la fiesta. La iglesia es un centro religioso y social para todas las clases; es también el centro cultural de casi todos los pueblos pequeños.

La conversación es, para el latino, una de sus grandes artes. En Latinoamérica es imposible separar la conversación y las amenidades (*graces*) sociales de los negocios. Cuando un hombre de negocios quiere almorzar, pasa dos o tres horas en el café o en el club comiendo, bebiendo y hablando con los amigos. A veces, como resultado de estas conversaciones, obtiene contratos excelentes para su compañía. Pero la conversación y la cortesía siempre vienen primero, los negocios después. El norteamericano muchas veces no comprende esto, y la prisa (*haste*) que tiene para decir lo que quiere decir, o para vender lo que quiere vender, le parece al latino una grosería (*a grave discourtesy*). En los países del sur la persona culta es más admirada que la persona rica.

La familia latina es muy unida (*closely knit*). En muchas partes, sobre todo en los centros coloniales, tres o cuatro generaciones latinas viven en la misma casa. El centro de la vida familiar es el patio, donde toda la familia se reúne (*gathers*) para charlar y descansar. Aquí también hay tertulias con los amigos, generalmente una vez a la semana. Pero estas familias tradicionales necesitan casas grandes, y en las ciudades hay pocas de estas casas viejas. Las que hay (*Those that there are*) cuestan demasiado. De modo que, con el rápido desarrollo de las ciudades, la vida familiar tradicional está desapareciendo.

Los jóvenes de los países latinos, sobre todo las jóvenes, no son tan independientes como los de los Estados Unidos. En muchos países el machismo domina las relaciones entre los sexos. Se manifiesta en la necesidad de los hombres de afirmar su hombría (*masculinity*) con una buena cantidad de hijos. A su vez (*In turn*) las jóvenes latinas viven bajo un código (*code*) social bastante estricto, pero un creciente (*growing*) número de mujeres se distinguen en el ejercicio de las profesiones liberales, como la medicina, la abogacía (*law*), el profesorado y el periodismo, o cultivan con éxito las ciencias, las artes y las letras. El divorcio no es frecuente; la iglesia no lo sanciona y los casados no lo quieren. Para el latino la familia es sagrada (*sacred*).

El café es un centro importante de la vida diaria, sobre todo de la de los hombres. En todas partes uno puede entrar, pedir (*ask for*) una taza de café, una cerveza o un chocolate con un pan dulce y pasar dos o tres horas conversando, leyendo el periódico o simplemente mirando. Muchas veces un hombre va al café para ver a los amigos, sólo para conversar, no para comer. Los temas de estas conversaciones son la política, las artes, la situación mundial (*world*), la filosofía de la vida, las ideas en general. El latino cree que el norteamericano, que no quiere hablar mucho de estas cosas, tiene una personalidad fría, una mentalidad superficial y un interés solamente comercial.

Patio de un restaurante colombiano, Bogotá

La escuela, sobre todo la universidad, es otro centro de la vida diaria de los latinoamericanos. En los últimos años, con el gran aumento del número de escuelas, millares (*thousands*) de mujeres han entrado en el magisterio (*teaching*), especialmente en las escuelas elementales. Y en muchas universidades, como las de México, la Habana, Buenos Aires, La Plata, Santiago y Caracas, hay una gran proporción de alumnas. La muchacha latina de hoy insiste en su igualdad intelectual con el hombre.

En Latinoamérica, como dice el escritor Américo Castro, el individuo tiene un valor casi absoluto, y su ambición es hacer bien aquellas cosas que puede hacer sin salir de sí mismo (*without going outside himself*). Por consiguiente, para él los valores más ricos de la vida son: el arte, la poesía, la religión, la dignidad personal, la cultura y el pensamiento. Las figuras latinas de más importancia en la historia universal son el conquistador, el santo, el artista, el escritor y el pensador.

En los Estados Unidos los valores materiales tienen mucha más importancia que en Latinoamérica. Para el norteamericano las cosas representan el símbolo del éxito (*success*). El norteamericano quiere hacer cosas, venderlas, comprarlas, tenerlas. Para el latino son más importantes la tradición, las ideas y la cultura personal. En Latinoamérica no hay organizaciones o instituciones tan grandes, tan ricas ni tan poderosas como las de los Estados Unidos, pero sí hay (*but indeed there are*) personas, individuos que sobresalen (*are outstanding*) y que gozan de (*enjoy*) fama mundial.

Exterior de una casa de Puerto Vallarta

La vida que llevan estos latinoamericanos de la clase rica y los de la alta clase media es sumamente agradable. Como ha escrito Américo Castro en su libro *Iberoamérica:*

> La gran mayoría de los norteamericanos acomodados (*comfortable middle class*) con casa y automóviles propios, con hijos en la universidad, vive mucho más austeramente que los latinoamericanos de su mismo nivel económico. Comparados en este plano, la gente del Sur resultaría más epicúrea (*Epicurean*). El porteño (*Argentine from Buenos Aires*) o mexicano de esa clase económica tiene criados o criadas, siempre al alcance (*at the beck and call*) de su voz o de un timbre (*bell*) eléctrico; come, normalmente, platos bien cocinados y apetitosos (*well cooked and tasty*) aquí en los Estados Unidos sólo accesibles como un lujo (*luxury*) en ciertos restaurantes de Nueva York; bebe en sus comidas un vino de buena marca; tiene varios y elegantes trajes hechos a la medida (*suits made to measure*); suele ir a una tertulia todos los días en donde conversa largamente con sus amigos, sólo por el placer de hacerlo; las comidas para sus invitados (*guests*) constan de varios platos y se preparan en una cocina a donde el señor no entra nunca, y la señora casi nunca.

Hay dos antiguos refranes (*proverbs*) que caracterizan la vida y la comida de los latinoamericanos. El primero se refiere a la clase alta y dice: «Tras de la sopa, la copa.» El segundo es más universal y se refiere a las dos clases: «Unos comen lo que deben (*they should*), y otros deben (*owe*) lo que comen.» Un tercer refrán, un poco cruel, se aplica a los pobres: «Más cornadas da el hambre que los toros» (*Hunger gives more gorings than do the bulls*).*

*Más cornadas da el hambre (in English *The Wounds of Hunger*) is also the title of a novel about bullfighting in Mexico by Luis Spota.

EJERCICIOS

A. Preguntas

1. ¿En qué país tiene suprema importancia la clase media?   **2.** ¿Qué clase domina la vida nacional en los países de Latinoamérica?   **3.** ¿Qué países de Latinoamérica tienen una clase media bastante grande?   **4.** ¿Cuáles son los centros culturales de la vida en las ciudades de Latinoamérica?   **5.** ¿Cuáles son los centros culturales en los pequeños pueblos?   **6.** ¿Por qué es tan importante el patio en Latinoamérica?   **7.** ¿Qué es la tertulia?   **8.** ¿Hay más indios pobres en la Argentina o en Bolivia?   **9.** ¿Es muy común el divorcio en Latinoamérica?   **10.** ¿En qué insiste la muchacha latina de nuestra época?   **11.** ¿Qué importancia tiene la iglesia en la vida social?   **12.** ¿Por qué cree el latino que el norteamericano tiene una personalidad fría?   **13.** ¿Qué es el machismo?   **14.** ¿Cuáles son los valores más importantes de la vida para el latino?   **15.** ¿Qué importancia tiene el café en la vida social?   **16.** ¿Qué profesiones atraen a las mujeres latinoamericanas?

B. Frases originales.   Use the following expressions in sentences.

1. la clase rica
2. la clase media
3. la clase pobre
4. la tertulia
5. el machismo
6. la tradición
7. la vida de la mujer
8. la conversación
9. los valores de la vida
10. el divorcio

C. Escoja la frase apropiada.   Read aloud the three sentences that follow each numbered sentence and then tell which one of them expresses most accurately the *idea* of the numbered sentence.

1. La ciudad es el centro cultural del país.
   a. La ciudad representa los elementos más ricos del país.
   b. La ciudad es el centro turístico del país.
   c. El corazón cultural del país se encuentra en la ciudad.

2. Queremos una casa de ladrillos porque tales casas son muy fuertes y dan buena protección.
   a. Todos los edificios del pueblo son de ladrillos.
   b. Las casas de ladrillos son más sólidas que las otras.
   c. Las casas de ladrillos cuestan menos.

3. Sarmiento dice que el campo representa la barbarie.
   a. El campo es una región muy civilizada.
   b. La ciudad representa la barbarie.
   c. La parte más bárbara del país es el campo, según Sarmiento.

4. El patio es el centro de la vida familiar.
   a. Casi todas las casas coloniales tienen pequeños patios.
   b. La familia latinoamericana no pasa mucho tiempo en el patio.
   c. El centro de la vida íntima de la familia es el patio.

5. Frecuentemente las ventanas de las casas coloniales tienen rejas.
   a. Las casas coloniales tienen muros sólidos y fuertes.
   b. En la época colonial eran muy comunes las rejas.
   c. La reja es una protección de hierro labrado (*wrought iron*).

6. La arquitectura colonial es hermosa y pintoresca.
   a. La arquitectura colonial es simbólica.
   b. Es interesante y bella la arquitectura colonial.
   c. La arquitectura colonial es sólida y fuerte.

7

Las bellas artes

Dos estilos de arquitectura mexicana: La iglesia colonial de Santo Domingo, Oaxaca...

READING PREPARATION

Difficult phrases

1. La cultura indígena sigue inspirando motivos del arte contemporáneo. *Native culture continues to inspire motifs of contemporary art.* **2.** Debido a la riqueza de las minas, la arquitectura religiosa llega a su máximo desarrollo. *Due to the wealth of the mines, religious architecture reaches its maximum development.* **3.** Las iglesias antiguas son tanto fortalezas como centros religiosos. *The old churches are both fortresses and religious centers.* **4.** A fines del siglo XVII el barroco adquiere una personalidad inconfundible. *Toward the end of the seventeenth century the baroque acquires a distinctive personality.* **5.** Borda llega a ser el hombre más rico de la región. *Borda becomes the richest man of the region.* **6.** Otros hombres ricos hacen lo mismo. *Other wealthy men do the same.* **7.** Tratan de construir iglesias más suntuosas que las de sus rivales. *They try to construct churches more sumptuous than those of their rivals.* **8.** El indio vuelve a tener esperanza. *The Indian regains hope.* **9.** La Revolución echa abajo el gobierno de Porfirio Díaz. *The Revolution overthrows the government of Porfirio Díaz.* **10.** Le recuerdan las artes plásticas. *They remind him of the plastic arts.*

Vocabulario

académico,-a	academic
bizantino,-a	Byzantine
copiosamente	copiously
la decoración	decoration
fresco	mural, fresco
identificarse	to identify oneself with
inconfundible	distinctive
incorporar	to incorporate
máximo,-a	maximum

motivo	motif
plástico,-a	plastic
la religiosidad	religious feeling
renacimiento	renaissance
la repetición	repetition
rítmico,-a	rhythmic
sólido,-a	solid
turbulento,-a	turbulent

EXPRESIONES ÚTILES

a fines de	toward the end of
al mismo tiempo que	at the same time as
echar abajo	to overthrow
llegar a ser	to become, get to be
seguir floreciendo	to continue to flourish
tanto... como	both . . . and
tratar de	to try to
volver a tener	to regain

Los tres grandes períodos de la historia latinoamericana dan origen a tres grandes corrientes (*currents*) en el desarrollo del arte en los países latinos: el arte indígena antiguo, el arte colonial y el arte moderno y contemporáneo.

...y los edificios modernos de la Universidad Nacional Autónoma de México

La historia de los Estados Unidos es una continuación de la historia europea, o de los europeos en América. La historia latinoamericana, al contrario, abarca (*embraces*) la continuación de la cultura indígena, la continuación de la europea y la turbulenta combinación de estas dos corrientes desde 1492. En México, el Perú, Bolivia, el Ecuador, Guatemala y algunos otros países, la cultura indígena sigue inspirando (*continues to inspire*) motivos del arte contemporáneo.

Los tres períodos de la historia latinoamericana están copiosamente representados en la arquitectura. En el capítulo segundo hay fotografías de las hermosas construcciones de los indios mexicanos y peruanos. Sus características fundamentales son la profunda religiosidad y la repetición rítmica. Durante la época colonial la iglesia es la madre del arte; el gran arte de este período es la arquitectura religiosa. En México, debido a la gran riqueza de las minas de plata, la arquitectura religiosa llega a su máximo desarrollo.

Hay iglesias que representan todos los estilos de aquella época: el gótico (*Gothic*), el románico (*Romanesque*), el clásico, el plateresco (*plateresque*) y el barroco (*baroque*). Las primeras iglesias son románicas y góticas. Tienen muros fuertes, gruesos (*thick*) y sólidos con pocas ventanas o decoraciones, porque son tanto fortalezas como centros religiosos. La Catedral de Lima, una de las más antiguas de Sudamérica, es de estilo clásico; y la Iglesia de la Compañía de Jesús, Puebla,* es de estilo barroco puro.

La arquitectura barroca crea (*creates*) en Latinoamérica edificios notables. A fines del (*Toward the end of the*) siglo XVII (diecisiete) el barroco adquiere en México una personalidad inconfundible, sobre todo en las decoraciones de interiores de templos. Cuando el barroco llega a un extremo de ornamentación, lo llaman ultrabarroco o churrigueresco (*Churrigueresque*). En este estilo hay tantas decoraciones que muchas veces es imposible ver las columnas o las piedras que están debajo.

México es el país en que el barroco y el ultrabarroco llegan a su apogeo (*height*), y hay innumerables construcciones que representan este estilo. La más famosa es la iglesia de Taxco, que es el monumento de un francés, José de la Borda. Borda llega a México a los quince años de edad. Trabaja en las minas de plata y por fin llega a ser el hombre más rico de la región. Sus palabras «Dios le da a Borda, Borda le da a Dios» expresan bien su carácter. Antes de morir construye esta magnífica iglesia barroca de Taxco. Otros hombres ricos hacen lo mismo. Cada uno de estos ricos señores coloniales

---

*Puebla is the most Andalusian-Spanish of all Mexican cities, and Moorish overtones are strong. It was the first city in the colony where tiles were made, and these were used lavishly to decorate the fronts of mansions and churches, domes, fountains, staircases, kitchens, even gates and park benches.

A plaque at the entrance of the Sacristy of La Compañía marks the final resting place of the legendary Chinese princess who was stolen by pirates, brought to Acapulco, and sold there to a kind merchant of Puebla. She became a Christian, and won the hearts of the townsfolk (**poblanos**) with her kindness and charity. She usually wore a red skirt and an embroidered white cotton blouse, and it is this costume that became known as the **China poblana** of the Mexican girl.

Mural de Diego Rivera, que muestra la vida azteca de Tenochtitlán

trata de construir una iglesia más hermosa, más suntuosa (*lavish*) y más ornamentada que las de sus rivales, y así florece (*flowers*) la arquitectura barroca. (En la biblioteca de la Ciudad Universitaria, México, hay un enorme mosaico mural de Juan O'Gorman. Esta arquitectura es una especie [*kind*] de «nuevo barroco».)

El padre Hidalgo da «el grito de Dolores»* el 15 de septiembre de 1810, y en 1821 México gana (*wins*) su independencia. Durante la primera mitad del siglo XIX (diecinueve), el arte casi había muerto (*had almost died*) en México. La Guerra de la Independencia y la dictadura grotesca de Santa Ana habían sangrado al país (*had taken the country's lifeblood*) y dejado a la población en la miseria. En 1857, con Benito Juárez, el pobre mexicano, el peón y el indio vuelven a tener esperanza (*hope*), pero luego viene la dictadura de Porfirio Díaz, que dura casi treinta y cinco años. Otra vez el indio no es más que un elemento pintoresco de la vida nacional, pero la prosperidad de la aristocracia es fabulosa.

La Revolución Mexicana (1910–1920) no sólo echa abajo (*overthrows*) el gobierno de Porfirio Díaz sino que destruye (*destroys*) la economía y la cultura aristocrática del pasado. El país ahora busca inspiración en las

*The call [to arms] of Dolores, the revolt against Napoleonic Spain initiated at the town of Dolores by Hidalgo. The grito was: «¡Viva México! ¡Viva la independencia! ¡Viva la Virgen de Guadalupe!» Hidalgo's followers added: «¡Y muerte a los españoles!»

grandes masas indígenas. En el estado de Jalisco los pintores ocupan las posiciones más importantes del gobierno. Varios artistas son enviados a Europa para estudiar. En Italia, Diego Rivera estudia los grandes frescos y los mosaicos bizantinos, que le recuerdan (*remind him of*) las artes plásticas de los antiguos mexicanos. José Vasconcelos es nombrado Secretario de Educación Pública y entrega (*turns over*) a los artistas los muros de los edificios públicos (1922).

Inspirados en la Revolución Mexicana y en el pasado antiguo de México, los pintores rompen con la pintura académica y con el gusto europeo y presentan al indio como el salvador (*savior*) del país. Diego Rivera, David Alfaro Siqueiros, José Clemente Orozco y otros artistas toman parte en este proyecto. Rivera y Siqueiros se identifican con el radicalismo político, y muchas veces la propaganda destruye el efecto artístico de sus pinturas. Orozco mantiene su independencia política. Pinta grandes frescos, magníficos de indignación (*magnificent in their indignation*), que son los mejores del arte contemporáneo. La pintura mural mexicana es sin duda la más alta contribución de México al arte universal.

En los últimos años la arquitectura también ha tenido (*has had*) un renacimiento (*rebirth*) en Latinoamérica. De México a Chile construcciones nuevas reflejan (*reflect*) ideas avanzadas y originales. Las casas, hoteles, edificios de oficinas, casas de departamentos, tiendas y otras construcciones representan estos nuevos estilos. En México la nueva Ciudad Universitaria es el mejor ejemplo de la arquitectura contemporánea. En los edificios de esta institución están incorporados nuevos materiales y formas de construcción con pinturas murales y grandes mosaicos que cubren (*cover*) muros enteros. Hay otras grandes universidades en Sudamérica; se destacan (*outstanding are*) por su excelencia las de Buenos Aires y São Paulo.

En la literatura cuatro latinoamericanos han ganado el Premio Nobel: Gabriela Mistral (1945) y Pablo Neruda (1971), poetas chilenos; Miguel Ángel Asturias (1967), novelista guatemalteco; y Gabriel García Márquez, novelista colombiano (1982). Jorge Luis Borges, de la Argentina, es probablemente el cuentista más famoso de la época contemporánea. La novela latinoamericana ha llegado a su apogeo (*zenith*) en los últimos treinta años. Emir Rodríguez Monegal, uno de los mejores críticos literarios de Sudamérica, recientemente publicó *El boom de la novela latinoamericana*, libro en que describe el gran desarrollo (*development*) de la novela.

La música de Heitor Villa-Lobos del Brasil, de Alberto Ginastera de la Argentina y de Carlos Chávez de México ha sido aplaudida (*applauded*) en todos los países de América y Europa. El Ballet Folklórico de México es igualmente admirado, y el Ballet Nacional de Cuba, dirigido por la incomparable Alicia Alonso, ha tenido un gran éxito en los últimos años.

Hay distinguidas orquestas sinfónicas en Buenos Aires, México, São Paulo, Río de Janeiro y Santiago. El teatro Colón de Buenos Aires presenta óperas con los mejores cantantes (*singers*) del mundo, y el Palacio de Bellas Artes de México presenta una serie de conciertos, ballets y conferencias (*lectures*) de los mejores artistas y escritores. Las bellas artes siguen floreciendo (*continue to flourish*) en todos los países latinoamericanos.

Teatro Colón, Buenos Aires, Argentina

EJERCICIOS

A. Preguntas

1. ¿En qué partes de Latinoamérica sigue siendo importante la cultura indígena?
2. ¿Cómo son las primeras iglesias coloniales? **3.** ¿Por qué florece el estilo barroco en México? **4.** ¿Quién es José de la Borda? **5.** ¿Qué hace José Vasconcelos para los pintores mexicanos? **6.** ¿Qué escritores latinoamericanos han ganado el Premio Nobel? **7.** ¿De qué país es Miguel Ángel Asturias? **8.** ¿Qué país tiene un famoso ballet folklórico? **9.** ¿Dónde está el Palacio de Bellas Artes? **10.** ¿Dónde está el famoso teatro Colón? **11.** ¿Por qué es tan famoso este teatro? **12.** ¿En qué país europeo estudia Diego Rivera? **13.** ¿Por qué son tan importantes las masas indígenas de México? **14.** ¿Quién es García Márquez?

B. Frases incompletas. Complete the following statements in Spanish.

1. Los tres períodos de la historia latinoamericana son _____. **2.** La influencia india es fuerte en el arte de _____. **3.** Las primeras iglesias coloniales tienen que ser fortalezas porque _____. **4.** La arquitectura religiosa florece en _____. **5.** Durante la época colonial la iglesia no es solamente madre de la religión sino _____. **6.** El estilo barroco es _____. **7.** José de la Borda es importante en México porque _____.   **8.** La arquitectura religiosa llega a su máximo desarrollo en México porque _____.   **9.** La Revolución Mexicana de 1910 destruye _____.   **10.** José Vasconcelos fomenta el arte público de México _____.   **11.** Rivera, Orozco y Alfaro Siqueiros son _____.   **12.** La Ciudad Universitaria de México es _____.   **13.** El teatro Colón de Buenos Aires _____.   **14.** El Palacio de Bellas Artes de México _____.   **15.** Uno de los latinoamericanos que ha ganado el Premio Nobel de Literatura es _____.

C. Frases originales.   Make sentences with the following expressions.

1. el Palacio de Bellas Artes
2. el teatro Colón
3. la arquitectura barroca
4. la música contemporánea
5. la novela contemporánea
6. la Ciudad Universitaria de México

D. Cambie el verbo.   Change the verbs in the following sentences to the first person singular, read the sentences in Spanish, then translate.

1. Lo hace por mi amigo.   **2.** Van al patio para descansar.   **3.** Tiene que volver mañana.   **4.** Echan abajo al dictador Porfirio Díaz.   **5.** Tratamos de estudiar todos los días.   **6.** Llega a ser el mejor estudiante de la clase.   **7.** Sigue escribiendo mientras habla con el profesor.   **8.** Vuelve a tener esperanza en ti.   **9.** Dependen enteramente de usted.   **10.** Busca inspiración en las masas indias.   **11.** Le da toda la plata que tiene.   **12.** Vivimos en la plaza central de la ciudad.

8

La explosión demográfica*

Hoy día hay más de 16.000.000 de habitantes en la Ciudad de México.

Vocabulario

al final	at the end	**la explosión demográfica**	population explosion
la atención médica	medical care		
aumento	increase	**gasto**	expenditure
caída	decline	**la higiene**	hygiene
convincente	convincing	**limitar**	to limit
crecimiento	growth	**el personal**	personnel
década	decade (ten years)	**la productividad**	productivity
deprimido,-a	depressed	**el satélite**	satellite
esperanza de vida	life expectancy	**subdesarrollado**	underdeveloped

*__La explosión demográfica__ = *The population explosion*

EXPRESIONES ÚTILES

actualmente	at present	**parece aún peor**	it seems even worse
en caso de que	in case	**por lo menos**	at least
en ninguna parte	nowhere	**por otra parte**	on the other hand
ha habido	there has (have) been	**se calcula que**	it is calculated that
la crisis obliga	the crisis makes it necessary		

Uno de los problemas más graves de la América Latina hoy día es el aumento tan rápido de la población. El subdesarrollo (*underdevelopment*) de los países latinoamericanos, aun de los más avanzados, no puede dar empleo (*work*) ni comida a las masas que se van multiplicando tan rápidamente. Las proyecciones demográficas son así: en 1970 la población total de las repúblicas del sur era (*was*) de unos 280 millones. Para (*By*) 1990 se calcula que habrá (*that there will be*) 430 millones y al final del siglo unos 500 millones de habitantes. Un solo país, el Brasil, que tenía (*had*) 30 millones de habitantes en 1920, en el año 1987 tenía 140 millones. Naturalmente, la mayoría de estos millones son de las familias más pobres, que en todas partes del mundo también son las más numerosas.

Hay varias razones convincentes que indican que la explosión demográfica continuará (*will continue*) hasta el año 2000, por lo menos (*at least*): (a) la tradición de las familias grandes en los países latinos y la resistencia a limitarlas; (b) el aumento de la esperanza de vida (*life expectancy*) para toda la población con mejor atención médica y mejor higiene; (c) la relativa juventud de la población actual y el aumento de mujeres de edad fértil durante las décadas próximas (*coming*). Actualmente, el 40 por ciento de la población tiene menos de quince años. De modo que (*Consequently*) el rápido aumento de la población parece inevitable.

Hay consecuencias de otra clase: en 1971 había (*there were*) aproximadamente 900.000 estudiantes en las universidades latinoamericanas, pero en 1990 se calcula que habrá unos 5 millones. ¿Cómo se pueden construir en pocos años los edificios, tener el personal profesional, los materiales, los instrumentos, las bibliotecas y los laboratorios necesarios para tantos estudiantes si se construyen al mismo tiempo las casas, escuelas, hospitales, etcétera, que son aun más indispensables?

Otro resultado de la explosíon demográfica es el crecimiento (*growth*) dramático de las ciudades. Millones de campesinos han abandonado el campo, donde la vida es tan pobre, tan dura y tan deprimida, para venir con sus familias a la ciudad. La Ciudad de México, que en 1920 tenía menos de un millón de habitantes, ahora tiene más de 16 millones; São Paulo, la ciudad más grande del Brasil, tiene doce millones; Buenos Aires, seis millones; Lima, Bogotá, Caracas y Santiago tienen más de tres millones de habitantes cada una y se encuentran (*are found*) en países de poca población. Estas ciudades son demasiado grandes para ser mantenidas por el campo que las rodea como un satélite muerto. La productividad agrícola está creciendo muy despacio en Latinoamérica, más despacio que en ninguna (*any*) otra

Inmigrantes mexicanos sin documentos legales, cruzando el Río Bravo para entrar en los Estados Unidos

parte del mundo, pero las ciudades siguen creciendo locamente (*madly*). Alrededor de todas las ciudades se encuentran barrios miserables (*shantytowns*), donde viven los campesinos recién llegados (*recently arrived*). No hay empleo ni comida para tantos trabajadores urbanos en los países subdesarrollados. Sin embargo, la explosión demográfica sigue, estimulada por el afán (*zeal*) de la nacionalidad, de tener países de mucha población. Esto presenta un problema para nuestro país, que recibe cada año miles de inmigrantes ilegales.*

En la actualidad (*At the present moment*) todos los países de Latinoamérica afrontan una crisis sin precedentes, la mayor desde la gran depresión de los años 30, que sólo se logrará superar (*can only be surmounted*) mediante

---

*Two Latin American urban centers, Mexico City and São Paulo, are growing at the phenomenal rate of 500,000 inhabitants a year. Two-thirds of this increase is natural internal growth, the increase of births over deaths among those within the city. The remaining third is influx from the surrounding countryside. If the present rate of growth continues, both of these cities will have populations of about 30 million by the year 2000. By that year it is also projected that 50 percent of the population of Latin America will be living in cities. (Urban population was only 5 percent in 1900, 15 percent in 1950, and 40 percent in 1985.)

la utilización de todos los recursos (*resources*) naturales y humanos. En Latinoamérica 145 millones viven al margen (*on the margin*) del progreso, y para 50 millones de trabajadores desempleados (*unemployed*), su problema se reduce a esta pregunta: ¿Cuándo podré trabajar? Las masas campesinas también se encuentran atrapadas (*trapped*) en el círculo vicioso del desempleo y la miseria. Para estos millones el momento presente es casi intolerable, pero el futuro parece aún peor (*worse*).

El excesivo crecimiento de la población va enlazado (*linked*) con la deterioración de la economía, agravando así el problema. Ha habido (*There has been*) una persistente caída de los precios de los productos de exportación, con los que Latinoamérica podría pagar la enorme deuda externa de unos 410.000 millones (*410 billion*) de dólares. El caso del petróleo ilustra la situación. La baja (*fall*) de precios de este producto produjo en 1986 una pérdida neta para la región de $8.500 millones (*$8.5 billion*). La crisis económica obliga a comprimir (*to cut back*) los gastos sociales. Las inversiones (*investments*) en educación y reformas sociales se paralizaron en 1983–1987. El bajo crecimiento económico, la caída de los precios de las exportaciones, el alto desempleo, el descenso en los niveles de vida (*living standards*) se reflejan en tensiones sociales que podrán afectar la estabilidad política de estos países.

Por otra parte, en caso de que se aprobara un paquete de emergencia,* los bancos de los Estados Unidos y otros países no deben prestar fondos que no estén basados en prácticas bancarias sólidas, porque esto solamente complicaría las cosas. La sobrepoblación (*overpopulation*) y la crisis económica y política en Latinoamérica han tenido consecuencias de otra índole (*kind*) para los Estados Unidos. Han causado la emigración de millones de personas que entraron sin documentos legales en este país. Según la Confederación Nacional Campesina de México (CNC), de carácter oficialista, residen ahora en los Estados Unidos nueve millones de mexicanos indocumentados. La nueva ley Simpson-Rodino sanciona la residencia permanente de todos los que llegaron antes de 1982, pero tres millones de indocumentados que han llegado después de aquella fecha podrán ser (*could be*) deportados.

EJERCICIOS

A. Preguntas

1. ¿Qué consecuencias ha tenido la explosión demográfica? **2.** ¿Qué población tiene Latinoamérica hoy día? **3.** ¿Qué población tiene la capital de México? **4.** ¿Cuál es la ciudad más grande de Sudamérica? **5.** ¿Cuáles son los países subdesarrollados de Sudamérica? **6.** ¿Por qué viene tanta gente del campo a las ciudades? **7.** ¿Por qué tienen tantos hijos las familias latinoamericanas? **8.** ¿Qué país tiene un problema demográfico urgente? **9.** ¿Cuáles son las tres

*__en caso de que...__ = *in case an emergency aid package should be approved*

ciudades más grandes de Latinoamérica? **10.** ¿Tiene México más población que el Brasil? **11.** ¿Cuáles son los dos países más populosos de Sudamérica? **12.** ¿Está creciendo rápidamente la producción agrícola de Latinoamérica? **13.** ¿Cuántos habitantes tendrá Latinoamérica en el año 2000? **14.** ¿Por qué es esto un problema para los Estados Unidos? **15.** ¿Cuál es la capital de Venezuela (de Colombia, el Perú, Chile, el Ecuador, Bolivia)? **16.** ¿Por qué no puede Latinoamérica pagar su deuda externa? **17.** ¿Por qué tiene que comprimir las reformas sociales? **18.** ¿Cuáles son los problemas más importantes de Latinoamérica hoy?

B. Comentarios.   Comment briefly in Spanish on each of the following.

1. la edad de la población latinoamericana
2. el machismo nacional
3. los inmigrantes ilegales
4. la esperanza de vida
5. los países subdesarrollados
6. el problema del desempleo
7. los trabajadores del campo
8. las comodidades
9. la población de las ciudades
10. los países desarrollados
11. los precios de los productos de exportación
12. los gastos sociales

C. Diga en español.   Give the Spanish equivalent.

1. They are poor.
2. They live in shantytowns.
3. There are various reasons.
4. They are growing.
5. They have abandoned the country.
6. They are underdeveloped countries.
7. They cannot build.
8. They are located.

D. Frases incompletas.   Complete the following statements in Spanish.

1. Uno de los problemas más graves de Latinoamérica hoy día es _____. **2.** La palabra «subdesarrollo» significa _____.   **3.** Al final de este siglo se calcula que Latinoamérica tendrá una población de _____.   **4.** La mayoría de estos millones será gente _____.   **5.** Las universidades latinoamericanas se encuentran en una situación difícil porque _____.   **6.** Millones de campesinos han abandonado el campo para _____.   **7.** La agricultura presenta otro problema porque _____.   **8.** La explosión demográfica de México presenta un problema para nuestro país porque _____.   **9.** La caída de los precios de los productos de exportación ha causado _____.   **10.** El caso del petróleo es muy importante porque _____.

E. Traducción.   Read the following sentences in Spanish and translate.

1. Ha habido una persistente caída de los precios.   **2.** La crisis obliga a comprimir los gastos sociales.   **3.** Hay también un descenso de los niveles de vida. **4.** Esto ha producido una pérdida neta de ocho billones de dólares.   **5.** El bajo crecimiento económico es un problema fundamental.   **6.** La caída de los precios de las exportaciones ha sido una calamidad.   **7.** Las tensiones sociales podrán afectar la estabilidad económica y política.   **8.** Estos países no pueden pagar su enorme deuda externa porque la economía es débil.   **9.** Tres millones de indocumentados podrán ser deportados.   **10.** Un gran número de indocumentados reside en los Estados Unidos.

9

El golpe militar

El relevo (changing) *de la guardia, delante de La Moneda* (Mint), *Santiago, Chile*

Vocabulario

actuar	to act	**incompleto,-a**	incomplete
almuerzo	lunch	**indefenso,-a**	defenseless
amenaza	threat	**interno,-a**	internal
armar(se)	to arm oneself	**libertador**	liberating; liberator
aún	even	**menos**	except
auspicios	auspices	**los militares**	the military
derecha	the extreme right (politically)	**paralizar**	to paralyze
		perder	to lose, give up
descontento,-a	discontented	**presupuesto**	budget
ejército	army	**pretexto**	pretext
la encarnación	incarnation	**rango**	rank
flota	fleet	**la sublevación**	rebellion
fuerzas armadas	armed forces	**la subyugación**	subjugation
el golpe militar	military coup	**surgir**	to emerge
gratuito,-a	free	**tenue**	tenuous, weak
huelga	strike		

EXPRESIONES ÚTILES

andando los años	as the years pass
aparecer como	to appear as
en pleno siglo veinte	well into the twentieth century
frente a	confronted by; facing
hacerse cargo de	to take over
los demás países	the rest of the countries

La tradición militar no existe en Latinoamérica cuando empiezan (*begin*) las guerras de la independencia. Los jefes de los ejércitos libertadores (*liberating armies*), con muy pocas excepciones, no son soldados profesionales. Solamente después de ganar la victoria los generales quieren participar en los nuevos gobiernos que nacen bajo sus auspicios. Andando los años (*As the years pass*) esta participación llega a ser una compulsión.

Hoy día el golpe militar, y el poder de los militares, aún en los países más democráticos, es uno de los mayores problemas de Latinoamérica. Como ha escrito un distinguido autor chileno, Alejandro Magnet.

> En las naciones latinoamericanas, de tan breve e incompleta evolución, son las glorias militares las únicas que de verdad conmueven (*that deeply stir*) la tenue alma colectiva. El ejército, pues, aparece (*appears*) como la encarnación de la Patria. Ningún gobierno, ni el más democrático, puede efectuar una reducción sustancial de sus fuerzas armadas (*armed forces*). Tal reducción supondría una amenaza (*would represent a threat*) para la seguridad interna porque daría pretexto para una sublevación (*rebellion*) de los militares descontentos, o dejaría (*would leave*) al gobierno indefenso frente a (*confronted by*) la agitación social.

En una palabra, las fuerzas armadas son necesarias para mantener las dictaduras militares y la subyugación del pueblo. Otro distinguido escritor, Alcides Arguedas, el mejor historiador boliviano, ha escrito: «En verdad no se debe ni se puede decir mal del ejército, porque esto equivaldría renegar de (*would be equivalent to denouncing*) la patria.»

En Latinoamérica los países gastan en armarse (*to arm themselves*) el dinero que todos necesitan para su desarrollo económico. El Brasil, por ejemplo, tiene treinta y ocho mariscales (*marshals of the army*), es decir, tiene más oficiales de ese rango (*rank*) que casi todos los demás países del mundo juntos. Chile, un país pequeño, tiene tantos generales como los que tuvo (*had*) el Canadá (con doble la población) en la última guerra mundial para mandar a medio millón de soldados. La Argentina tiene una flota (*fleet*) mayor que la de la India, con cuarenta veces su población. Lo que ha gastado el Brasil solamente en su flota podría dar almuerzos gratuitos (*could give free lunches*) a dos millones de niños pobres del país hasta el año 2000.

Durante los últimos cincuenta años sólo ha habido una guerra importante en Latinoamérica (la del Chaco, entre Bolivia y Paraguay), pero en muchas ocasiones las fuerzas armadas se han hecho cargo (*have taken over*) de los transportes, servicios de comunicaciones, plantas eléctricas, ferrocarriles, etcétera, paralizados por huelgas (*strikes*), para actuar en defensa del orden establecido frente a la acción de las masas urbanas o campesinas.

Los historiadores chilenos cuentan con satisfacción que, al comenzar la Guerra del Pacífico,* un personaje peruano, interrogado sobre las perspectivas del conflicto, contestó confiado (*answered confidently*):

—¿Cómo va a ganar la guerra un país como Chile que gasta más en educación que en su ejército?

El resultado de ese conflicto probó (*proved*) que era mejor gastar en educación, pero en pleno siglo XX (veinte) varios de los países más importantes de Latinoamérica siguen el criterio de aquel personaje peruano. Por ejemplo, la Argentina gasta el 25 por ciento de su presupuesto nacional (*national budget*) en la defensa, y solamente el 16 por ciento en la educación; el Perú gasta el 26 por ciento en la defensa, y el 15 por ciento en la educación, y así sucesivamente. México es la única excepción entre los países grandes, Costa Rica, la única excepción entre los pequeños. México gasta solamente el 10 por ciento en la defensa, y el 29 por ciento en la educación. Costa Rica no tiene fuerzas armadas.

Bolivia y el Paraguay son dos países latinoamericanos que han existido casi siempre bajo gobiernos militares. Boliva ha sufrido unos cincuenta golpes militares en el siglo y medio de su independencia. Durante un período de seis años su gobierno cambió seis veces. La estabilidad política no existe en este país.

Algunas de las dictaduras militares más notables de los años recientes son las siguientes: Rafael Leónidas Trujillo, República Dominicana (1930–1961); Getulio Vargas, Brasil (1930–1945); Fulgencio Batista, Cuba (1934–1959); Gustavo Rojas Pinilla, Colombia (1953–1957); Juan Domingo Perón, la Argentina (1946–1955); Manuel Pérez Jiménez, Venezuela (1952–1958); Alfredo Stroessner, el Paraguay (1954–   ); Augusto Pinochet, Chile (1973–   ). Cuba representa algo nuevo en el hemisferio: bajo la dictadura de Fidel Castro es un país comunista desde 1959. Actualmente, los militares controlan los gobiernos de Chile y del Paraguay, y constituyen una amenaza (*threat*) permanente en el Perú, el Brasil, Bolivia, Ecuador y en cinco de los países centroamericanos. Es triste esta tradición del golpe militar para efectuar un cambio del gobierno. Desde 1930 en la Argentina ha habido nueve golpes militares, en Cuba cuatro, en Colombia nueve, en el Brasil cinco, en el Paraguay siete, en Venezuela cuatro, en Bolivia once, en el Perú seis, en El Salvador cinco y en Guatemala seis. La sucesión política en Latinoamérica ha sido efectuada principalmente por golpes, no por votos. El ejército ha controlado, y controla, el destino nacional.

En los últimos quince años el gobierno militar ha surgido a veces con el apoyo (*support*) popular, para poner fin al terrorismo. Los terroristas de la izquierda o de la derecha, o sin ninguna filosofía política, han tenido siempre el propósito de derrocar (*overthrow*) al gobierno en el poder (*in power*), y para esto han explotado bombas en los edificios públicos y han asesinado a personas importantes en las calles. Los Tupamaros del Uruguay,

*The War of the Pacific, 1897–1881, in which Chile won a quick victory over Peru.

Fidel Castro, 1959

los Montoneros de la Argentina y los terroristas del Sendero Luminoso (*Shining Path*) del Perú son tres ejemplos.*

Para controlar el terrorismo los gobiernos de estos países detuvieron (*arrested*) y mataron a centenares de «terroristas», y a muchos que no lo eran. La mayoría de los detenidos nunca fueron liberados (*set free*); simplemente «desaparecieron». Los nombres de numerosos «desaparecidos» argentinos fueron publicados en *La Nación* de Buenos Aires. La siguiente lista da una idea del número de los desaparecidos en algunos países; el total llega a casi cien mil:

La Argentina	30.000	México	300
El Brasil	1.000	Nicaragua	7.500
Chile	3.500	El Paraguay	200
Colombia	300	El Salvador	7.000
Guatemala	35.000	El Uruguay	200
Honduras	200		

En todos los países latinoamericanos, menos Costa Rica, la democracia es débil. Los poderes (*powers*) tradicionales, el militar y la derecha, no conducen a regímenes democráticos. Históricamente, el ejército es la clave (*key*), y no se resigna a perder el poder. El golpe militar es una permanente amenaza (*threat*) aún en los países más avanzados, como la Argentina y el Brasil.

*In Argentina, for example, there were more than 20,000 acts of terrorism during a seven-year period in the 1970s, and 1,476 persons, including a former Argentine president, were assassinated. In Peru more recently the "Shining Path" heavily bombed Lima's central power plant, blacked out the city for several hours, attacked the presidential palace, and caused the destruction of at least $250 million worth of property. Public indignation ran high in both countries, and a clampdown was demanded.

EJERCICIOS

A. Preguntas

1. ¿Son necesarias las fuerzas armadas en Latinoamérica? **2.** ¿Qué país gasta relativamente poco en sus fuerzas armadas? **3.** ¿Qué efecto ha tenido esto en la sociedad nacional? **4.** ¿Ha habido muchas guerras entre los países latinoamericanos? **5.** ¿Qué países tienen flotas bastante grandes? **6.** ¿Cuáles son las consecuencias del golpe militar en los países de Latinoamérica? **7.** ¿Cuáles son las consecuencias del terrorismo? **8.** ¿Cuántas personas han desaparecido últimamente? **9.** ¿Qué es el Sendero Luminoso? **10.** ¿Qué país no tiene fuerzas armadas? **11.** ¿Qué país ha sufrido más de cuarenta golpes militares? **12.** ¿Cuál es el país que tiene un gobierno comunista? **13.** ¿Cuáles países latinoamericanos tienen un gobierno militar hoy día? **14.** ¿Por qué han tenido el apoyo popular algunos gobiernos militares? **15.** ¿Por qué es tan débil la democracia en Latinoamérica? **16.** ¿Cuáles son los poderes tradicionales? **17.** ¿Cuál es la clave en casi todos los países latinoamericanos?

B. Frases originales.   Use the following expressions in sentences.

1. la gloria militar
2. la tradición civil en Costa Rica
3. las dictaduras militares actuales
4. los presupuestos nacionales
5. la agitación social
6. el golpe militar

C. ¿Cierto o falso?   Some of the following statements are true, and others are false. If true, say **Es cierto**, and then repeat the sentence. If false, say **Es falso** and then give the corrected version in Spanish.

1. El ejército tiene poca importancia en Latinoamérica. **2.** El golpe militar no es un problema en los Estados Unidos. **3.** México hoy día tiene un gobierno militar. **4.** Costa Rica es el único país de este hemisferio que no tiene fuerzas armadas. **5.** Fidel Castro es el dictador de Nicaragua. **6.** Los países latinoamericanos tienen que armarse porque están cerca de los Estados Unidos. **7.** Bolivia ha sufrido numerosos golpes militares en este siglo. **8.** Cuba tiene un gobierno comunista hoy día. **9.** Los países latinoamericanos gastan mucho dinero en las fuerzas armadas. **10.** México gasta más en sus escuelas que en sus fuerzas armadas. **11.** En la Guerra del Chaco, el Paraguay atacó a la Argentina. **12.** La Argentina tiene más habitantes que México. **13.** El Brasil tiene un gran ejército pero pocos generales. **14.** A veces el terrorismo provoca el golpe militar. **15.** En la Argentina y en Guatemala han ‹‹desaparecido›› treinta mil personas.

D. Conjugaciones.   Follow the model with each of the verbs given below.

MODELO: ganar   **gano, ganas, gana, ganamos, ganáis, ganan**

1. tener   **2.** encontrar   **3.** gastar   **4.** hacer   **5.** decir   **6.** provocar
7. empezar   **8.** querer   **9.** dar   **10.** poder   **11.** ir   **12.** dejar   **13.** ser
14. poner   **15.** seguir

10
Cuba y Puerto Rico

La costa tropical de Cuba

Cuba

Cuando Cristóbal Colón sale del pequeño puerto (*port*) de Palos en el año 1492, busca una ruta directa al Oriente. Lo que encuentra es un mundo nuevo, pero Colón muere (*dies*) sin saber esto. Es el primer sueño de El Dorado.*

El descubrimiento de América marca el fin de una época. Antes de ese año el mundo físico era (*was*) pequeño, y el mundo del espíritu, limitado. Después, el horizonte del hombre es ilimitable. El descubrimiento del Nuevo Mundo representa uno de los más grandes eventos en la historia de la humanidad. En su primer viaje al Nuevo Mundo, Colón visita muchas hermosas islas de las Antillas, y de Cuba dice que es la tierra más bella vista por ojos humanos.

*El Dorado, land of vast riches; originally meant *The Man of Gold*, legendary king of Colombia who anointed his body with oil and gold dust. The search for El Dorado lured many explorers.

Durante la primera parte del siglo XIX (diecinueve), cuando las demás colonias españolas ganan su independencia, Cuba queda bajo el dominio de España. Los cubanos ganan su independencia en el año 1898, después de una lucha difiícil y larga. Uno de los héroes del movimiento revolucionario es José Martí, el gran mártir de Cuba. Martí no sólo es un gran patriota cubano, sino que también es uno de los más grandes escritores de Latinoamérica. Es autor de varios volúmenes en prosa y de algunos poemas exquisitos. Martí es el símbolo del deseo de la libertad. En uno de sus poemas encontramos estas líneas características:

> Yo sé de un pesar profundo
> Entre las penas sin nombres:
> ¡La esclavitud de los hombres
> Es la gran pena del mundo!*

La vida de la mayor parte de los cubanos depende de dos productos: el azúcar y el tabaco. La isla tiene un clima agradable durante todos los meses del año; la tierra es rica y fértil y produce muchas frutas tropicales. La palma real domina el paisaje.

En los últimos años Cuba ha sufrido una serie de dictaduras. En 1925 el tirano Machado se apodera (*seizes*) del gobierno; en 1933 el sargento Fulgencio Batista lo echa abajo (*overthrows him*). Las corrupciones de éste hacen inevitable el triunfo de Fidel Castro, quien, en la revolución de 1959, se presenta como defensor de pueblo cubano. Castro pronto se convierte en (*becomes*) dictador absoluto y proclama un gobierno comunista.

Antes de 1959 las inversiones (*investments*) de los Estados Unidos en Cuba valen más de un billón de dólares. Las compañías norteamericanas dominan la economía de la isla. Los sueldos pagados por estas compañías llegan al 71 por ciento del producto nacional, y esto, naturalmente, causa cierto resentimiento entre los cubanos. Hoy día todas estas propiedades han sido expropiadas, y los Estados Unidos ya no mantiene relaciones amistosas con Cuba. En cambio, la isla tiene buenas relaciones con Rusia. Actualmente, la Unión Soviética gasta más de dos millones de dólares en Cuba cada día.

En los primeros años de su gobierno, Castro y Che Guevara, el revolucionario argentino, tratan de establecer «focos» de la revolución cubana en otros países latinoamericanos, pero la muerte de Che Guevara en 1967 pone fin a estos planes. Después, Castro concentra sus esfuerzos en otras partes del mundo. Cuba hoy día mantiene un ejército grande, y ha mandado unos cuarenta mil soldados a luchar por el comunismo en Africa. Más de medio millón de cubanos han buscado asilo (*asylum*) en los Estados Unidos.

Hay en la isla una gran escasez (*scarcity*) de algunas de las necesidades de la vida, y el racionamiento ha resultado en largas colas (*lines*) delante de las tiendas. Existe un activo mercado negro donde se puede comprar algunos productos, la carne, por ejemplo. Para controlar todos los aspectos de la vida

---

*I know of a pain that is deep
As sorrow's unspeakable birth:
The enslavement of living men
Is the great tragedy of this earth!

el gobierno ha creado una enorme burocracia que oprime (*oppresses*) al país. Sin embargo, en los últimos años, se nota en Cuba más tolerancia y más flexibilidad; no hay tantos soldados en las calles y la presencia de la policía es menos evidente.

En el campo cultural «La Casa de las Américas» cubana publica una gran variedad de libros en español y en inglés. Ha llegado a ser la casa editorial más importante de las Antillas. A pesar de la censura (*censorship*), la literatura y las artes han florecido. Alejo Carpentier, embajador cubano en París por algunos años, es uno de los novelistas más distinguidos del hemisferio. Sus novelas *Los pasos perdidos, El siglo de las luces* y algunas otras son excelentes. El protagonista de *Los pasos perdidos* es un musicólogo que trabaja para un museo en Nueva York. Sus superiores le mandan en una expedición a la remota selva de Venezuela en busca de primitivos instrumentos musicales. Lo que encuentra en aquellas regiones es algo muy distinto. Experimenta (*He experiences*) el génesis del mundo, el origen de la música, la danza, la religión, la civilización. El autor se interesa por los antiguos valores y las raíces de la humanidad. Estos valores (los «pasos perdidos») son: el amor auténtico, la honra, la lealtad (*loyalty*) absoluta, la confianza, el arte espontáneo y la vitalidad regenerativa y creadora. La novela es la historia de la búsqueda (*search*) de la humanidad por sus raíces y por un paraíso en la tierra. El protagonista que encuentra el paraíso en medio de la selva decide volver a la civilización por algunas «necesidades». Cuando regresa al Orinoco en busca de sus pasos perdidos, han llegado las lluvias, no puede encontrar el camino, y el Edén desaparece. La Edad de Oro sólo existe en la memoria o en el corazón del hombre.

Entre los jóvenes cubanos hay gran admiración por la educación física. Con la ayuda del gobierno, atletas cubanos se han distinguido en los juegos olímpicos. Castro ha cerrado los casinos de la Habana, ha liquidado la prostitución y ha construído en todas partes centenares de escuelas. En estas escuelas, además de la instrucción en las letras, se enseñan los ideales de la «revolución cubana», y los alumnos también aprenden a odiar «el imperialismo yanqui».

Castro goza de (*enjoys*) gran popularidad entre los cubanos y está seguro de su lealtad. Con su permiso miles de cubanos exilados han vuelto (*returned*) a Cuba a visitar a sus familias y amigos. El gobierno cubano antes llamaba a estos exilados «gusanos» (*worms*), es decir, traidores a la revolución, pero ahora son solamente «cubanos que viven en el extranjero» (*abroad*). Otros miles de cubanos han salido de Cuba para reunirse (*join*) con sus familias en los Estados Unidos. A pesar de esta nueva flexibilidad de parte de Castro, el gobierno de los Estados Unidos ha rehusado (*refused*) cambiar embajadores con Cuba, dando como razones la presencia de tropas cubanas en África y la denegación (*refusal*) de Castro de pagar por las propiedades norteamericanas expropiadas.

Los Estados Unidos también ha protestado la intervención cubana en Centroamérica y, por esta razón, en 1982 prohibió todo turismo norteamericano a Cuba. Además, nuestro país estableció la poderosa (*powerful*) «Radio Martí» para transmitir programas en español a Cuba con el propósito de limitar las actividades «subversivas» del país en Centroamérica.

En la década de los años 80 la economía cubana ha sufrido dos golpes fuertes. En 1980 la caña de azúcar y el tabaco, los productos más importantes de la isla, fueron atacados por una enfermedad desastrosa, y en 1982–1983 Cuba sufrió la baja (*fall*) de los precios del azúcar en el mercado mundial. Desde entonces las condiciones económicas han empeorado mucho (*become much worse*), y el gobierno se encuentra ahora en un aprieto crítico (*very tight situation*).

Fidel Castro ha sido el dictador absoluto de Cuba desde 1959. Es notable que su gobierno ha dado a los cubanos empleo, seguridad, clínicas, hospitales, viviendas (*housing*), mejor alimentación y un eficiente sistema de escuelas, aún en las regiones más remotas del país. En cambio, año tras año Castro se ha perpetuado en el poder, ha destrozado (*destroyed*) toda oposición política, ha creado un ejército grande en un país pequeño y pobre, y ha suprimido la libertad de la prensa y de palabra, encarcelando (*sending to prison*) a los que se han atrevido a (*have dared to*) oponerse a su régimen.

La vieja ciudad de San Juan, capital de Puerto Rico

Puerto Rico

Otra isla de las Antillas que tiene una gran importancia para los Estados Unidos es Puerto Rico. San Juan, la capital, es un puerto bueno y seguro, pero de entrada difícil. La isla tiene una larga historia como colonia de España cuya cultura todavía florece aquí. Puerto Rico llegó a ser territorio de los Estados Unidos después de la guerra de 1898 con España. Desde el año 1917 los habitantes de Puerto Rico han sido ciudadanos de los Estados Unidos, pero la isla no es un estado de nuestro país. Es un «estado libre asociado» que tiene su propia constitución.

La isla tiene 107 millas de largo y 35 millas de ancho. Su población excede a los 3.500.000 habitantes, y viven otros 2 millones de puertorriqueños en los Estados Unidos, principalmente en Nueva York. Puerto Rico es muy fértil y bien cultivado. Hay cultivos importantes de café, caña de azúcar, tabaco y frutas tropicales. El ron (*rum*) puertorriqueño es de superior calidad, y los impuestos sobre este producto producen el 10 por ciento del presupuesto nacional. Hay gran número de corrientes de agua, y la flora de la isla es verdaderamente rica, con árboles hermosos que florecen durante muchos meses del año, dando su nota de color al paisaje. Es una de las islas más hermosas de las Antillas, y sus hoteles y playas siempre están llenos de turistas. La belleza (*beauty*) natural de la isla, unida a lo saludable y benigno (*the healthful and mild character*) del clima, han contribuido a convertirla en residencia de los que no pueden resistir los rigores del invierno.

El famoso poeta español Juan Ramón Jiménez, ganador del Premio Nobel, y Pablo Casals, distinguido músico español, pasaron sus últimos años en Puerto Rico. José Ferrer, uno de los mejores actores de nuestro país, es puertorriqueño, y también lo es Pablo Elvira, distinguido cantante de la Ópera Metropolitana de Nueva York. La lengua de Puerto Rico es el español, pero una gran parte de la población habla inglés. El estudio del inglés es obligatorio en las escuelas elementales.

Para atraer industrias norteamericanas Puerto Rico las exime (*exempts*) de impuestos. Este programa de desarrollo económico ha atraído más de tres mil compañías de los Estados Unidos con inversiones de tres billones de dólares. La isla produce textiles, aparatos y accesorios eléctricos, productos químicos, cemento, artículos de plástico y alimentos procesados. El ingreso anual per cápita en Puerto Rico es uno de los más altos de Latinoamérica.

Actualmente hay un gran desempleo (*unemployment*) en Puerto Rico (más del 18 por ciento), y la economía de la isla ha sufrido un golpe fuerte. Las condiciones políticas son estables, pero los puertorriqueños no están todos satisfechos de su asociación con los Estados Unidos.

Las emociones ligan (*bind*) a Puerto Rico con Latinoamérica, pero la realidad económica lo liga con los Estados Unidos. Dos millones de turistas, en su mayoría norteamericanos, visitan la isla anualmente, gastando casi un billón de dólares. Recientemente se han establecido en Puerto Rico ochenta y siete plantas farmacéuticas norteamericanas, que fabrican, entre otras cosas, marcapasos (*pacemakers*), riñones (*kidneys*) artificiales y la popularísima medicina «Valium».

Con la industrialización de la isla la agricultura ha sido abandonada, y hoy día Puerto Rico tiene que importar muchos comestibles (*foods*). El gobernador de la isla ha dicho recientemente: «Tenemos problemas muy serios aquí, pero nadie se acuesta (*goes to bed*) con hambre».*

*In the last several years an attempt has been made to plant crops of rice and put in pineapple orchards to take the place of the dying sugarcane industry, but the island's economy is in terrible shape. The governor's words represent wishful thinking. There are many hungry **puertorriqueños,** and more than two million have emigrated to the United States mainland hoping to find work.

EJERCICIOS

A. Traduzca al español. Replace the English words in italics with Spanish and translate.

1. Cristóbal Colón sale de Palos en el año *fourteen ninety-two*. **2.** Colón dice estas palabras de una isla de las Antillas: «Cuba es *the most beautiful land* vista por ojos humanos.» **3.** Durante la primera parte del siglo XIX, Cuba *remains beneath* el dominio de España. **4.** José Martí *not only* es un gran patriota cubano, *but also* es un autor célebre. **5.** «*The slavery of men* es la gran pena del mundo», escribe Martí. **6.** Cuba independiente pronto llega a ser *one of the richest countries* de Latinoamérica. **7.** La isla tiene 107 millas *in length*. **8.** Las playas *are filled with tourists*. **9.** *At present* hay gran desempleo en Puerto Rico. **10.** *More than* tres mil compañías norteamericanos han sido atraídas a Puerto Rico. **11.** El ingreso anual per cápita en Puerto Rico es uno *of the highest in Latin America*.

B. Opciones. Complete these sentences with the correct answer (or answers) that follow.

1. En su primer viaje a América, Colón sale del pequeño puerto de _____ (Cádiz, Algeciras, Palos, Vigo). **2.** La provincia de Andalucía está en el _____ (norte, sur, oeste, centro) de España. **3.** El gran poeta y héroe de Cuba se llama _____ (Juan Gómez, Miguel Santiago, José Martí, Pablo Neruda). **4.** El novelista más famoso de Cuba en la época contemporánea es _____ (José Flores, Fidel Castro, Alejo Carpentier, Carlos Fuentes). **5.** Todos los habitantes de Puerto Rico son también ciudadanos de _____ (Cuba, España, los Estados Unidos, Granada). **6.** En la actualidad Cuba es un país _____ (muy democrático, comunista, colonial, industrial). **7.** Dos famosos artistas españoles, Juan Ramón Jiménez y Pablo Casals, murieron en _____ (Cuba, España, Puerto Rico, los Estados Unidos). **8.** La isla de Puerto Rico produce _____ (textiles, oro, cosas eléctricas, automóviles). **9.** José Ferrer, un actor muy famoso en los Estados Unidos, es _____ (cubano, español, portugués, puertorriqueño). **10.** Una gran parte de los habitantes de Puerto Rico hablan _____ (español, francés, ruso, inglés). **11.** Hoy día existe en Cuba un gran _____ (amor a los Estados Unidos, mercado negro, entusiasmo por los toros, interés atlético). **12.** Hace algunos años Castro llamó a los cubanos que emigraron a los Estados Unidos _____ (insectos, pájaros, gusanos, perros). **13.** Fidel Castro es _____ (el presidente de Cuba, el dictador de Cuba, el embajador, el ministro de Nicaragua).

C. Comentarios. Comment briefly in Spanish on each of the following.

1. José Martí
2. el clima de Cuba
3. el aspecto físico de Puerto Rico
4. Fidel Castro
5. el mercado negro en Cuba
6. José Ferrer, el actor
7. las escuelas cubanas
8. el puerto de San Juan
9. los emigrados cubanos
10. Juan Ramón Jiménez

11. las inversiones norteamericanas en Puerto Rico

12. las inversiones rusas en Cuba

13. Cuba hoy día

D. Expresiones útiles. Use each in an original sentence in Spanish.

1. **en (por) todas partes** everywhere
2. **dentro de** within
3. **tratar de** to try to
4. **en cambio** on the other hand
5. **valer más de** to be worth more than
6. **no estar satisfecho** to be dissatisfied
7. **llegar a ser** to get to be; to become
8. **estar lleno de** to be filled with
9. **quejarse de** to complain about
10. **el mercado negro** the black market
11. **en los últimos años** in recent years
12. **convertirse en** to become
13. **a pesar de** in spite of
14. **lo saludable del clima** the healthful climate
15. **tener __ millas de largo** to be __ miles long
16. **en residencia** into the residence

E. Preguntas

1. ¿En qué año sale Colón para el Oriente?   2. ¿Qué representa el descubrimiento del Nuevo Mundo?   3. ¿Cómo se llaman las islas que visita Colón en su primer viaje?   4. ¿En qué año gana Cuba su independencia?   5. ¿Quién fue José Martí?   6. ¿En qué año se apodera Castro del gobierno cubano?   7. ¿Qué clase de gobierno proclama?   8. ¿Por qué mandó Fidel Castro tropas cubanas a África?   9. ¿Por qué no quiere el gobierno de los Estados Unidos establecer relaciones diplomáticas con Cuba?   10. ¿En qué se nota la nueva tolerancia del gobierno cubano?   11. ¿Qué importancia tiene Rusia para Cuba?   12. ¿Cómo llegó a ser Puerto Rico territorio de los Estados Unidos?   13. ¿Qué ha hecho Puerto Rico para atraer industrias norteamericanas?   14. ¿Cómo es el clima de Puerto Rico?   15. ¿Cuáles son algunos productos de la isla?   16. ¿Por qué hablan inglés tantos habitantes de la isla?   17. ¿Por qué visitan la isla tantos turistas?   18. ¿Qué hace Cuba en Centroamérica hoy día?   19. ¿Qué es la «Radio Martí»?   20. ¿Qué es «La Casa de las Américas»?   21. ¿Qué medicina bien conocida se fabrica en Puerto Rico?   22. ¿Qué mecanismos eléctricos para los órganos vitales se fabrican en Puerto Rico?

F. Cambie el verbo. Change the verb to agree with the subjects in parentheses.

MODELO: María *depende* del banco. (María y su hermana)
María y su hermana **dependen** del banco.

1. **Modelo:** El héroe de la novela *vuelve* a la civilización.
(mis amigos, mi padre y yo, ustedes, tú, yo, ellos)
2. **Modelo:** *Tienen* que trabajar para vivir.
(nosotros, ustedes, yo, tú, él y yo, los indios, el español)
3. **Modelo:** Los españoles no *están* satisfechos.
(yo, ella, ellas, nosotros, usted, ustedes, el pueblo, tú)

Temas de investigación

Trabajo oral o escrito. Repita en sus propias palabras la idea central de *una* de las siguientes citas. ¿Está usted de acuerdo? ¿Cree usted que sea objetivo el autor? ¿Qué importancia tiene la cita? Identifique al autor. ¿Qué clase de obras ha escrito? Consulte la enciclopedia, los artículos y libros necesarios para llegar a conclusiones inteligentes.*

Toda revolución arribada (*successful*) tiende a convertirse en gobierno de fuerza, todo revolucionario triunfante degenera en conservador. ¿Qué reformador no se desprestigia (*does not become discredited*) en el poder?

Manuel González Prada, Perú

Otra cita, otra opción:

En pueblos compuestos de elementos cultos e incultos, los incultos gobernarán.

José Martí, Cuba

The Reader's Encyclopedia, a one-volume literature reference book originally edited by William Rose Benét, contains entries on many Latin American writers and works.

11

México

Ciudad de México, vista por la noche

Antes de la llegada de los españoles, México no existía como una nación; una multitud de tribus separadas por ríos y montañas y por el más profundo abismo de sus trescientos dialectos habitaban el territorio nacional. Los aztecas dominaban apenas una zona de la meseta (*high central valley*). Así describe el antiguo territorio de México, Carlos Pereyra, el famoso historiador latinoamericano.

Hoy día México es una nación de más de 82 millones de habitantes, la mayoría de los cuales son mestizos e indios. Uno de los héroes más grandes de la historia del país, Benito Juárez, fue indio puro.* La tradición india es muy fuerte en México. Es muy evidente en las pinturas de Diego Rivera y José Clemente Orozco, dos de los más famosos pintores del mundo, y en

---

*Juárez said: «El respeto al derecho ajeno es el camino de la paz». (*Respect for the rights of others is the way to peace.*)

varias obras literarias de autores mexicanos. La novela *El indio* por Gregorio López y Fuentes defiende a la población india y expone la explotación por los blancos.*

Cuando Cortés entra en la capital azteca en el año 1519, encuentra una ciudad más grande y más hermosa que Sevilla. Hay muchos edificios extensos y hermosos, lagos y canales llenos de canoas, flores y árboles magníficos. Moctezuma sale de su capital para recibir al capitán español. Es un espectáculo de esplendor bárbaro.† Cuatrocientos españoles entran en una ciudad de doscientos mil indios. Más tarde aprisionan a Moctezuma, los aztecas se rebelan, hay un conflicto terrible, y los españoles tienen que salir de la ciudad.‡ Pero dentro de poco tiempo vuelven y después de setenta y cinco días capturan las ruinas de la capital destrozada.§ El hombre blanco es supremo. Sobre las ruinas los indios, trabajando ahora para los españoles, levantan una ciudad nueva.

El oro y la plata dan a México una prosperidad no igualada en las otras colonias de España; y durante la época colonial la ciudad de México fue uno de los centros más grandes y más ricos del Nuevo Mundo. En 1607, el año de la fundación de Jamestown, la capital mexicana tiene una población de cien mil habitantes. Es la gran capital de la colonia que los españoles llaman «La Nueva España». Los indios constituyen el 75 por ciento de la población, pero ya hay también una gran clase mestiza.

Hoy día la capital del país es una ciudad de grandes y hermosos parques, edificios, teatros, tiendas y calles. La Universidad Nacional, establecida en 1551, es una de las mejores de Latinoamérica. Cada año más de cien mil estudiantes asisten a sus clases; entre ellos hay siempre un grupo bastante grande de norteamericanos.‖

En su vida política México goza de la distinción de haber tenido la dictadura más larga (1876–1911), y la primera revolución social de Latinoamérica. El dictador Porfirio Díaz, con su fórmula mágica «Orden y progreso», quitó las tierras a los indios del país y las concentró en manos de una pequeña minoría de hacendados (*big landowners*). Los amigos del dictador prosperaron, pero las grandes masas, desposeídas de sus terrenos (*their lands taken away*), vivían miserablemente.

*Other good novels by López y Fuentes are *Tierra,* about Zapata, the heroic Indian leader of the Mexican revolution, and *Entresuelo,* about the Mexican middle class.

†**esplendor bárbaro** = *barbaric splendor.* Montezuma wore a blue mantle embossed with threads of gold, and over his head was a beautiful canopy of green feathers. Before him a path was swept and tapestries spread lest the noble feet be soiled by contact with the earth.

‡This was on the famous **noche triste** (*sad night*), when Cortés was forced into a disastrous retreat from the city. He lost half his soldiers and all his firearms.

§**la capital destrozada** = *the destroyed capital.* After the Spaniards had recovered from the "sad night" and had received reinforcements, they returned to the attack. This time they tore down each building of the city as they advanced on it from all sides, even from across the lakes in wooden boats built for the purpose. The great capital was reduced to rubble before the starved Aztecs were overcome.

‖A full professor makes only $5,000 a year, so all professors hold other jobs. There is much absenteeism, among both students and professors. About half of the students never graduate.

La Universidad Nacional Autónoma de México (UNAM)

Este latifundismo (*creation of huge estates*) mexicano no tiene precedente histórico. Ni en Persia, ni en Roma, ni en la época feudal, jamás un solo individuo había sido dueño de tan vastos territorios. Las haciendas de mayor extensión eran más grandes que algunos países europeos. Dentro del latifundio de la familia Terrazas en el estado de Chihuahua, podría caber (*could fit*) Dinamarca, Suiza, Holanda y quedaba todavía lugar (*there would still be room*) para Bélgica. Por consiguiente, entre las masas había hambre de tierras, hambre de pan, hambre de libertad y hambre de justicia. No se necesitaba sino una chispa (*only a spark was needed*), una pequeña chispa para provocar el incendio (*conflagration*).*

En su famosa revolución contra esta miseria (1910–1920), México explotó como un volcán, y las masas rurales, con su grito «Tierra y libertad», destrozaron las grandes haciendas y ocuparon sus tierras. En 1920, con la presidencia de Álvaro Obregón, México por fin comenzó su lenta (*slow*) marcha hacia la reforma agraria y el progreso. Uno de los propósitos fundamentales de Obregón, y de todos los presidentes postrevolucionarios, ha sido la distribución de las tierras de las grandes haciendas entre los campesinos. Durante las años 1920–1980 el gobierno mexicano distribuyó 250 millones de acres, el 50 por ciento del territorio nacional.

Hoy día muchos campesinos pobres viven en comunidades agrícolas llamadas «ejidos», donde forman una sociedad cooperativa. El ejido tiene su origen en las aldeas comunales de los indios y el ejido español de la época de la conquista. Al principio este programa funcionaba bastante bien, pero

*Jesús Silva Herzog, economista mexicano, *El pensamiento económico en México*.

en los últimos años no ha dado muy buenos resultados.* El problema hoy es que no hay más tierras que distribuir y todavía quedan (*there still remain*) dos millones de familias sin terreno (*landless*).

México siempre ha producido una literatura y un arte vigorosos. La novela de la Revolución Mexicana, como la revolución misma, era una protesta dramática contra el orden establecido. El autor revolucionario describe con pocas palabras episodios de la revolución, batallas, la muerte violenta, el robo, la destrucción del antiguo régimen. No hay héroes ni heroínas bien delineados. La revolución, que lleva al pobre mexicano «como una ramita seca a mitad del remolino» (*like a dry twig in the middle of a whirlwind*), es la protagonista. La más famosa de estas novelas es *Los de abajo* (*The Underdogs*), de Mariano Azuela, que apareció en 1915.

En los años más recientes México ha producido varias novelas de renombre continental: *Al filo del agua* (*On the Edge of the Storm*), 1947, de Agustín Yáñez; *Pedro Páramo*, 1955, de Juan Rulfo; *La muerte de Artemio Cruz*, 1962, por Carlos Fuentes. Todas estas novelas, y algunas otras de los mismos autores, han sido traducidas al inglés y a varias lenguas europeas. Entre los ensayistas (*essayists*) Octavio Paz es el más conocido. Su *El laberinto de la soledad* es un análisis clásico del carácter mexicano.

México se ha distinguido también en la pintura. No existe en ningún otro país del mundo un grupo de pintores más admirados que los de México. Hay escultores (*sculptors*) igualmente famosos. El Museo de Antropología, que ocupa un hermoso edificio, tiene una gran colección de arte indígena. En el Palacio de Bellas Artes hay conciertos, dramas y ballets.

El Museo Nacional de Antropología, México

*The **ejido** got off to a good start and many people considered it to be "Mexico's way out," but corruption, bad farming, and lack of capital have caused the program to falter. Entrepreneurs often rent the land of an entire village, hire its people, provide tools and expertise, and export the produce—all in direct violation of the law.

Refinería de petróleo, México

En 1978 se descubrieron extensos depósitos de petróleo en la costa del Golfo de México, y hubo un período de dos o tres años de gran prosperidad en el país. El gobierno, estimulado por estos descubrimientos, pidió millones de dólares en fondos prestados, y anunció un gran programa de construcciones y beneficios sociales. Luego cayó el precio del petróleo, fue difícil pagar la deuda externa, y muchas de las reformas anunciadas se cancelaron.* Sin embargo, se calcula que el total de las reservas de petróleo del país es de unos cincuenta mil millones (*50 billion*) de barriles, y puede llegar a los 200.000 millones (*200 billion*) de barriles. México se jacta de (*boasts of*) la riqueza de sus nuevos campos de petróleo, pero muchos mexicanos han criticado la compañía petrolera nacional, la Pemex, por su ineptitud y nepotismo. El petróleo mexicano, desafortunadamente, ha llegado a ser un balompié (*football*) político.

*Mexico is having great difficulty in paying its $114 billion foreign debt, a problem that confronts all the Latin American countries. Between 1979 and 1988 these countries have paid out billions of dollars each year just to cover the rise in interest rates. Mexico's plight has caused both Mexican capital and Mexican citizens to flee to the United States. If this money had remained in Mexico, it could have revitalized the economy. Thousands of Mexican professionals have also left their country—a serious "brain drain." On the other side of the ledger, Mexico has recently developed a new industry that has proved extremely lucrative, the **maquiladoras.** These **maquiladoras** are Mexican plants that receive primary materials and parts from the United States and process these into finished products, which are then shipped back. The materials imported are not taxed, and when the resulting products are sent back, only the value added is taxable. The Mexican worker receives only a dollar or two an hour, so this process results in cheaper prices for the American consumer, but is also costs American jobs. Approximately 500,000 Mexican workers earn their living in these **maquiladoras,** which now bring into that country more than the tourist industry.

Otro problema aun mayor de México es la explosión demográfica, sobre todo en las ciudades. Un campesino mexicano gana unos US$200 al año, pero el trabajador de la capital puede ganar $1.200 anuales. Por consiguiente, miles de campesinos (más de 200.000 cada año) llegan a la capital en busca de trabajo. La mitad de ellos quedan sin empleo, pero esto no desanima (*discourage*) a los demás. La población de la ciudad de México en el año 2000 podrá (*could*) ser de unos treinta millones. Naturalmente no habrá casa ni comida para tanta gente; en cambio, la posibilidad de una explosión política de grandes proporciones se acerca más cada día (*grows closer daily*).

Todas las ciudades del país están rodeadas de miserables barriadas (*shantytowns*) que constituyen un volcán humano. Otro resultado de la explosión demográfica mexicana es que unos 800.000 inmigrantes mexicanos entran en los Estados Unidos cada año, la mayoría ilegales.

Durante esta década la economía mexicana ha sufrido una parálisis casi total. Como resultado del fuerte desequilibrio (*imbalance*) entre los ingresos y los gastos en 1982–1988, las ganancias (*profits*) de la industria mexicana cayeron, y los gastos financieros, debido a altos intereses, avanzaron. Hay una inflación de más del 100 por ciento anualmente. La devaluación del peso elevó el pago de la deuda externa, y el mexicano típico se sentía más pobre que nunca. Parece que se fueron para siempre los «años dorados».*

A partir de julio de 1985 México abandonó una tradición proteccionista de cincuenta años, para entrar en una etapa (*stage*) completamente nueva de fomento (*encouragement*) a las importaciones y exportaciones. Así el gobierno mexicano espera dar un nuevo dinamismo a la economía nacional. El porvenir del país depende del éxito de su política de comercio exterior. También es una necesidad imperiosa renegociar la deuda externa de México, y de todos los países latinoamericanos, pues estos países no pueden suicidarse. Su situación no les permite cumplir el pago de su deuda en los plazos (*terms*) establecidos. Algún nuevo ajuste habrá que hacer, porque sólo es posible pagar la deuda externa según la capacidad de la economía nacional. La primera meta (*goal*) es reducir el interés. En México en 1987 treinta y siete centavos de cada dólar del presupuesto nacional iban a pagar sólo el interés en la deuda exterior.[†]

Entretanto (*Meanwhile*), continúan la inflación, el desempleo y el rápido aumento de la población. En México (y en los otros países latinoamericanos) caen, o han crecido poco, la producción, el empleo, el ingreso por habitante (*per capita income*) y el nivel de vida, las importaciones, el ingreso de capitales, la inversión, la calidad de trabajos y la calidad de la educación. En 1985 y 1986 el volumen de importaciones fue alrededor de un tercio (*one-third*) más bajo que en 1980, y la inversión interna un 27 por ciento por

---

*The **Partido Revolucionario Institucional (PRI)** has controlled Mexican politics since 1929. Its candidate for the presidency *always* wins. Elected in 1988 was Carlos Salinas Gortari, Secretary of Budget and Planning, who has a Ph.D. in political economy from Harvard. Opposition parties accused the PRI of electoral fraud.

[†]Mexico pays $1 billion a month just in interest on this debt.

debajo del nivel de 1980. Todo Latinoamérica sufre de la combinación de altos pagos externos y el bajo nivel del desarrollo interno.

Al otro extremo de la cruel pobreza en que vive la mayoría de las familias mexicanas en la actualidad, hay que notar los malos hábitos de consumo de la clase rica del país. Estos insensibles hábitos permiten que en la Ciudad de Mexico sus habitantes tiren a la basura (*throw into the garbage*) alrededor de 165 toneladad (*tons*) diarias de pan y tortillas, según un estudio dado a conocer recientemente por la central obrera (*workers' center*) más grande del país. Los principales responsables de ese desperdicio (*waste*) de alimentos son los grupos de ingreso (*income*) elevado.*

EJERCICIOS

A. Opciones. Complete these sentences with the correct answer (or answers) that follow.

1. Uno de los más famosos héroes de México es _____ (José Martí, Benito Juárez, Miguel de la Madrid, Pizarro).   **2.** Hoy día México tiene una población de _____ (20 millones, 40 millones, 100 millones, 80 millones).   **3.** El conquistador de México se llama _____ (Ponce de León, Cabeza de Vaca, Hernán Cortés, De Soto).   **4.** México fue la colonia más rica de España porque tenía grandes minas de _____ (diamantes, oro, plata, cobre).   **5.** El dictador más famoso de México fue _____ (Obregón, Pancho Villa, Porfirio Díaz, Benito Juárez).   **6.** La novela de la Revolución Mexicana fue una protesta contra _____ (el sandinismo, los indios, el comunismo, el régimen establecido). **7.** El ejido mexicano es _____ (una organización religiosa, un partido político, una hacienda, una comunidad agrícola).   **8.** Uno de los problemas más importantes de México es _____ (la deuda externa, el ejército, el comunismo, la pequeña población).   **9.** La explosión demográfica ha producido en México _____ (gran riqueza, el socialismo, gran desempleo, una epidemia de malaria).   **10.** Hoy día en México cae _____ (el empleo, la población, la producción, el nivel de la vida).   **11.** Recientemente México ha sufrido de _____ (un terremoto, una revolución, una alta inflación, una epidemia). **12.** México es famoso entre los países latinoamericanos por su _____ (ejército, dedicación religiosa, arte mural, riqueza).

B. Traduzca al español. Replace the English words in italics with Spanish and translate.

1. Benito Juárez *was an* indio puro.   **2.** *There aren't so many* indios en Chile. **3.** *They have to* salir de la ciudad.   **4.** *Meanwhile,* continúan la inflación y el

---

*A recent report from Mexico City states that 19 million people now live in the metropolitan area, making the city the largest in the world. The same report notes that there are 2,600,000 stray dogs on the streets of the capital, constituting a serious health hazard. Also, in the last several years 500,000 inhabitants of the city have lost their jobs.

desempleo. **5.** La Pirámide del Sol es *larger than* las de Egipto. **6.** Cortés *enters* la capital azteca. **7.** Moctezuma *leaves* la capital *in order to* recibir a Cortés. **8.** Los españoles *try to* salir de la ciudad. **9.** *After seventy-five* días capturan la capital. **10.** Los indios *constitute* el 75 por ciento de la población. **11.** La Universidad Nacional es *one of the best* de Latinoamérica. **12.** Su escultura es *the most refined in* el hemisferio. **13.** *They attend* clases en la universidad.

C. Comentarios.   Comment briefly in Spanish on each of the following.

1. la tradición india en México
2. *Los de abajo*
3. la capital azteca
4. la capital colonial
5. la capital hoy día
6. la hacienda colonial
7. el ejido
8. la novela mexicana
9. Porfirio Díaz
10. el Palacio de Bellas Artes
11. el arte mural mexicano
12. el Museo de Antropología
13. el petróleo mexicano
14. la deuda externa de México

D. Expresiones útiles.   Use each of the following in an original sentence in Spanish.

1. **más tarde**   later
2. **quitar a**   to take away from
3. **al principio**   in the beginning
4. **a partir de**   from then on
5. **cumplir el pago**   to complete payment
6. **alrededor de**   around
7. **por debajo del nivel**   under the level
8. **la mayoría de**   most of
9. **por fin**   finally
10. **hay que notar**   one must note
11. **en medio de**   in the middle of

E. Preguntas

1. ¿Dónde se han descubierto nuevos depósitos de petróleo en México? **2.** ¿Cómo se llaman dos novelistas mexicanos? **3.** ¿Por qué llegan tantos campesinos a la capital? **4.** ¿Qué población tendrá la capital en el año 2000? **5.** ¿Por qué es tan famoso el nuevo Museo de Antropología? **6.** ¿Por qué es tan importante el Palacio de Bellas Artes? **7.** ¿Qué importancia tiene la industria del petróleo en México? **8.** ¿Qué son los ejidos? **9.** ¿Quién fue Benito Juárez? **10.** ¿Quiénes fueron Orozco y Rivera? **11.** ¿Por qué son tan pobres los trabajadores de las grandes ciudades de México? **12.** ¿Cuál fue la fórmula mágica de Porfirio Díaz? **13.** ¿Qué importancia tuvo el grito «Tierra y libertad»? **14.** ¿Cuántos estudiantes hay en la Universidad Nacional de México? **15.** ¿Qué ha hecho el gobierno mexicano con las tierras del país? **16.** ¿Cuántos habitantes tiene México hoy día? **17.** ¿Por qué no puede México pagar su deuda externa? **18.** ¿Qué malos hábitos tienen algunos mexicanos ricos?

F. Cambie al pretérito.   Change each sentence from the present tense to the preterit.

1. Cortés llega a la capital.
2. Moctezuma sale a recibirlo.
3. Los españoles entran en la ciudad.
4. Viven en México.
5. Los alumnos asisten a las clases.
6. El general controla el gobierno.

7. ¿Quién es Benito Juárez?

8. Los mexicanos critican la compañía Pemex.

9. Venden mucho petróleo.

10. Compran muchos automóviles.

11. Cumplen el pago hoy.

Temas de investigación

Trabajo oral o escrito. Repita en sus propias palabras la idea central de la siguiente cita. ¿Está usted de acuerdo? ¿Cree usted que sea objetivo y correcto el autor? ¿Qué clase de obras ha escrito? ¿Tiene reputación nacional? Consulte la enciclopedia, los artículos y libros necesarios para llegar a conclusiones inteligentes.

La colonización española creó mestizaje (*race mixing*); éste señala su carácter, fija su responsabilidad y define su porvenir. El inglés siguió cruzándose sólo con el blanco, y exterminó al indígena; lo sigue exterminando en la sorda lucha (*muffled struggle*) económica, más eficaz que la conquista armada. Esto prueba su limitación y es el indicio de su decadencia.

José Vasconcelos,
ex-ministro de educación
en México

12

Costa Rica y Panamá

Excursionistas (hikers) *en la selva tropical, Monteverde, Costa Rica*

Costa Rica

Costa Rica, como todos los países de Centroamérica, comprende dos regiones geográficas muy distintas: la costa tropical y la región templada de las montañas. En la zona caliente hay grandes extensiones de selvas vírgenes tan espesas (*thick*) que hay que abrirse paso (*cut a path*) con un machete. En muchos de los árboles crece una planta epifita* que tiene las flores más hermosas del mundo: la orquídea. Esta planta es tan común en las regiones tropicales de Centroamérica como la margarita (*daisy*) en los Estados Unidos.

Costa Rica es el país más homogéneo del mar Caribe. La población consiste en su mayor parte de descendientes de españoles de las provincias de Andalucía y Galicia. La capital, San José, es una ciudad bella y culta, y su teatro Colón es uno de los edificios públicos más hermosos de Latinoamérica. San José está situado en las montañas y tiene un clima agradable durante todo el año, con excepción de algunos días del invierno cuando hay vientos fuertes.

*epiphyte, a plant that lives on the air, as opposed to a parasite, which gets its nourishment from another plant.

San José, capital de Costa Rica

Los habitantes de este país siempre han tenido la reputación de ser muy honrados. En 1888 un viajero norteamericano escribió que los banqueros de San José recibían sumas de varios miles de dólares en carretas abiertas sin guardias. Estas sumas siempre llegaban intactas; el robo (*robbery*) era desconocido.

Costá Rica es indudablemente el país más avanzado de la América Central. Este país se jacta de sus maestros (*schoolteachers*) y de que no tiene fuerzas armadas. El presidente de la república recibe solamente $1.200 al mes, y un diputado menos de 500 dólares. Las elecciones en este país son justas y la violencia revolucionaria es rara. El interés principal de los costarricenses es su excelente sistema de escuelas. Casi todos los habitantes del país saben leer y escribir.

Los ciudadanos de Costa Rica admiran la democracia de los Estados Unidos y son amigos sinceros de este país. El día después de Pearl Harbor, Costa Rica declaró la guerra contra el Japón, siendo nuestro primer aliado entre los países latinoamericanos. El país es fundamentalmente democrático por dos razones: primera, porque sus escuelas son muchas y buenas; y segunda, porque el 80 por ciento de la tierra pertenece a propietarios pequeños. La gran concentración de tierra, dinero y poder en pocas manos no existe en Costa Rica.

Las condiciones agradables de vida y la tranquilidad política de Costa Rica han atraído a muchos extranjeros. Entre éstos hay unos catorce mil norteamericanos, en su mayoría familias pensionadas (*retired*). El clima de Costa Rica es casi perfecto, los impuestos (*taxes*) son bajos, y la gente es amable. Algunos norteamericanos han establecido nuevas industrias en el país, produciendo pinturas, plástico, tintas industriales, aceites vegetales,

Cosecha (harvest) *de piñas, Costa Rica*

margarina, sopas, productos químicos, pollos, huevos, harina de soja (*soy flour*). La cría (*raising*) y exportación de camarones (*shrimp*) es también un negocio grande.

Durante la guerra civil en Nicaragua (1978–1979) contra el dictador Somoza, Costa Rica estableció campos para cien mil refugiados nicaragüenses, y permitió que los rebeldes anti-Somoza prepararan su ofensiva en Costa Rica, asegurando así la caída del tirano y la victoria de los sandinistas. Cuando el nuevo gobierno de Nicaragua comenzó a suprimir (*suppress*) los derechos humanos, Costa Rica expresó su oposición.

En 1981–1982 la caída de los precios del café causó la peor depresión desde 1929, y el gobierno de Costa Rica no pudo pagar su deuda externa. El presidente Luis Alberto Monge acortó (*curtailed*) las importaciones y proclamó un programa de rigurosa austeridad. El ministerio de hacienda (*Treasury Department*) del país se encuentra al borde de la bancarrota.

La desastrosa situación financiera de Costa Rica tal vez tendría remedio (*could be helped*) si fuera posible (*if it were possible*) encontrar el inmenso tesoro de oro que fue enterrado (*buried*) hace más de un siglo y medio en una pequeña isla que pertenece al país. Esta isla tropical, que algunos llaman un verdadero paraíso, es la Isla del Coco. La historia, que empieza en 1821, es como sigue:

Jack Thompson, capitán de un bergantín (*brig*) inglés llamado *Mary Dear,* había anclado (*anchored*) en el puerto de Callao, a poca distancia de Lima. El imperio colonial de España se desmoronaba (*was crumbling*). El ejército del General Simón Bolívar avanzaba sobre Lima, ciudad de grandes riquezas. En un desesperado intento de salvar los tesoros, los funcionarios españoles trasladaron a Callao toneladas de oro y plata en lingotes (*ingots*), junto con los ornamentos de oro y plata de 63 iglesias. Todo ello, incluso una imagen de tamaño natural de la Virgen y el Niño, hecha de oro macizo (*solid*), fue encomendado a Thompson, a quien las autoridades conocían bien y tenían por (*considered*) hombre de absoluta integridad. Las instrucciones eran transportar el tesoro a Panamá y entregarlo a las autoridades españolas.

La tentación de tales riquezas fue demasiado grande. Thompson y su tripulación (*crew*) asesinaron a los guardias españoles y se llevaron el oro a la Isla del Coco, a unos 480 kilómetros de la costa del Pacífico de Costa Rica, donde lo enterraron. Pocos días después, un barco español capturó el *Mary Dear*, y su tripulación fue ahorcada (*hanged*) en Panamá por los delitos (*crimes*) de piratería y asesinato.*

Thompson logró escapar, pero murió sin poder volver jamás a la Isla del Coco. Durante un siglo y medio docenas de aventureros han ido a la isla para buscar el oro, pero todos buscaron en vano.

En sus relaciones con los países vecinos Costa Rica ya no quiere ser plataforma para atacar a ningún país centroamericano, pero como ha dicho el presidente Arias,[†] esta pequeña república se encuentra «en el ojo de la tormenta», y demanda un status de neutralidad activa y perpetua. La mejor solución para todos sería que imitaran políticamente a la pequeña república de Costa Rica.[‡]

Costa Rica es una democracia única entre los países de Centroamérica. Esta pequeña república, que tiene una población de menos de tres millones de habitantes, ya ha recibido 200.000 refugiados de otros países centroamericanos, la mayoría de los que viven en campamentos mantenidos por el gobierno. Entre estos refugiados está el nicaragüense Edén Pastora, héroe de la revolución sandinista contra el dictador Somoza.[§] Después de la victoria de las fuerzas revolucionarias, Edén Pastora denunció las acciones antidemocráticas del nuevo gobierno sandinista, y llegó a ser uno de los líderes más respetados del ejército de «contras». Andando el tiempo dijo que Washington le impuso condiciones que violaron sus principios morales y políticos.

---

*James C. Simmons, "La Isla del Coco," *Américas* (July–August 1983). (*Américas* is a magazine published by the Organization of American States, Washington, D.C.)

[†]President Oscar Arias won the Nobel Peace Prize for 1987 largely because of his plan for a negotiated settlement of the Central American conflicts. Five Central American presidents approved the plan, including Ortega of Nicaragua.

[‡]Costa Rica is running some risk of becoming Latin America's first "Lebanon," with San José, the capital, a kind of Beirut divided into opposing factions, headed mainly by foreigners. Despite its battered economy, the country now takes care of perhaps 200,000 refugees from Nicaragua, El Salvador, Honduras, and other countries. Among these are pro-Sandinistas, anti-Sandinistas, those who are pro–present government of El Salvador, and those who are anti–present government of El Salvador. They are all allowed to freely use the Costa Rican welfare services and public health facilities, among the best in Latin America. This, however, places a great financial drain on the country. So far the government has been able to keep the situation under control, and San José is a city where people can still stroll safely and freely, either by day or by night. Sidewalk cafés also attract great numbers. The city is clean and slumless, unique in any part of the world.

[§]Edén Pastora was known as Commander Zero when he was a contra officer.

Depuso (*He laid down*) las armas y huyó a San José de Costa Rica, donde pidió asilo político. En una entrevista reciente se expresó como sigue:

> Respeto las leyes de este país, porque mi lucha ha sido porque Nicaragua sea también un país de leyes como lo es Costa Rica. Volveré a Nicaragua el día que los comandantes rectifiquen su conducta y cumplan los compromisos (*fulfill the promises*) de democracia pluralista, libertades plenas (*full*) y libre juego político (*political action*), que firmaron antes del triunfo de la revolución en 1979. De otra manera, la única forma que se me vea (*I'll ever be seen*) de nuevo en Managua será con un fusil en la mano.

Mujeres panameñas usando la ropa tradicional, delante de unas ruinas

Panamá

Durante muchos años Panamá formaba parte de Colombia, peros los Estados Unidos quería construir un canal por el istmo y era un poco difícil llegar a un acuerdo con el congreso colombiano. Teodoro Roosevelt, presidente de los Estados Unidos, estaba impaciente. Cuando recibió noticias de una incipiente revolución en Panamá, el presidente Roosevelt mandó soldados norteamericanos para ocupar la ciudad de Colón. Cuando llegaron las tropas colombianas, los norteamericanos no les permitieron cruzar el istmo para atacar a los revolucionarios. Con esta ayuda (*aid*) la revolución fue un éxito (*success*) y los Estados Unidos reconoció inmediatamente la independencia de la nueva república de Panamá.

Hay varias anécdotas interesantes en la historia del istmo de Panamá. Durante la primera parte de la época colonial la ciudad de Portobello, ahora abandonada, fue el centro de la feria más grande del hemisferio. Durante un período de cuarenta días, comerciantes de toda Sudamérica venían a Portobello para comprar mercancías de los importadores españoles. Panamá se enriqueció (*grew rich*) de este comercio, y los españoles le dieron el nombre de Copa de Oro (*Cup of Gold*).

En el siglo XVII Morgan y sus piratas atacaron la ciudad de Panamá y casi la destrozaron. Durante el ataque un cura pintó de negro el altar de oro de la iglesia de San José, y los bucaneros no se lo llevaron* porque parecía hecho de madera. Más tarde, en 1849, cuando se descubrió oro en el estado de California, muchos viajeros norteamericanos pasaron por Panamá en su viaje a San Francisco. Allí casi todos se compraron los populares sombreros de paja que llamaban «sombreros de Panamá». Pero el nombre es un error, porque todos estos sombreros eran importados del Ecuador.

En el año 1913 el presidente Woodrow Wilson dio fin a las obras del canal de Panamá desde la Casa Blanca en Washington. Tocó (*He pressed*) un botón telegráfico y así explotó la última presa entre las aguas de los dos océanos. En 1978 los Estados Unidos y Panamá firmaron dos tratados (*treaties*) en los que nuestro país prometió: (1) devolver la mayor parte de la zona del canal a Panamá inmediatamente, (2) pasar el control del canal a una comisión binacional de norteamericanos y panameños, (3) dar a Panamá anualmente más de cincuenta millones de dólares de los ingresos del canal (4) retirarse de Panamá completamente para el año 2000.[†]

Se ha terminado el oleoducto (*oil pipeline*) a través del istmo que podrá bombear (*pump*) 800.000 barriles diarios. Los buques demasiado grandes para pasar por el canal ya no tienen dificultad en trasladar su petróleo al otro océano.

En los años más recientes Panamá ha desarrollado una nueva industria que está haciendo millonarios a muchos empresarios: la cría de camarones. Mientras que (*While*) los precios deprimidos de otras exportaciones restan (*are taking away*) vitalidad a las economías latinoamericanas, el cultivo de camarones ha tenido un éxito sorprendente. Actualmente la producción de camarones ha llegado a ser una empresa cada vez más importante de Panamá, el Ecuador, Costa Rica, Honduras y el Perú. Los camarones se están convirtiendo en la principal fuente (*source*) de ingresos de algunas economías nacionales que antes dependían de los plátanos como único cultivo. La cría de camarones ha revolucionado la economía de Panamá, y este país ya exporta anualmente 20 millones de kilos de camarones.

---

*los bucaneros no se lo llevaron = *the buccaneers didn't carry it off.* (These men ate the meat of wild cattle roasted on huge spits called *boucans*; hence, their name: *buccaneers.*)

[†]In 1989 General Manuel Noriega, indicted for drug dealing by the U.S., was fraudently elected president of Panama. He took a strong anti-North American stand.

EJERCICIOS

A. Opciones. Complete these sentences with the correct answer (or answers) that follow.

1. Costa Rica es famosa por sus _____ (rosas, escuelas, minas, orquídeas).
2. La pequeña república de Costa Rica está situada en _____ (Sudamérica, Centroamérica, una isla, la zona tropical). **3.** El gobierno de Costa Rica es muy _____ (autocrático, democrático, socialista, revolucionario). **4.** Costa Rica tiene fronteras con _____ (México, los Estados Unidos, Nicaragua, Panamá).
5. La capital de Costa Rica es _____ (Caracas, Bogotá, San José, Santiago).
6. Hasta principios de este siglo Panamá formaba parte de _____ (México, Venezuela, Colombia, Nicaragua). **7.** Durante la época colonial la ciudad más famosa de Panamá fue _____ (Colón, Monterrey, Portobello, San José).
8. Hoy día Panamá exporta grandes cantidades de _____ (oro, plata, camarones, zapatos). **9.** La zona del canal de Panamá pertenece a _____ (Colombia, los Estados Unidos, Panamá, Centroamérica). **10.** En Panamá hoy día es muy fuerte el poder de _____ (la iglesia, el ejército, las escuelas, Colombia). **11.** El canal de Panamá fue construido por _____ (Francia, Colombia, Panamá, los Estados Unidos). **12.** La mayor parte de la tierra en Costa Rica pertenece a _____ (grandes hacendados, el gobierno, pequeños propietarios, la iglesia). **13.** Viven en Costa Rica millares de pensionistas _____ (ingleses, españoles, norteamericanos, argentinos). **14.** En la Isla del Coco está enterrado _____ (Hernán Cortés, una gran cantidad de oro, el secreto de los incas, un manuscrito de Cervantes).

B. Comentarios. Comment briefly in Spanish on each of the following.

1. los «sombreros de Panamá»
2. la capital de Costa Rica
3. la distribución de la tierra en Costa Rica
4. las ferias coloniales de Portobello
5. los piratas en Centroamérica
6. las orquídeas
7. el gobierno de Costa Rica
8. la construcción del canal
9. el canal de Panamá hoy día
10. diferencias entre Costa Rica y Panamá
11. el capitán Jack Thompson

C. Expresiones útiles. Use each of the following in a sentence of your own in Spanish.

1. **poco a poco** little by little
2. **enriquecerse de** to grow rich from
3. **llegar a un acuerdo** to reach an agreement
4. **al principio** at first
5. **durante todo el año** throughout the year
6. **andando el tiempo** time passing
7. **retirarse de** to retire from
8. **acerca de** concerning
9. **llevarse (una cosa)** to take something away
10. **más tarde** later
11. **al borde de** on the verge of
12. **como sigue** as follows

D. Preguntas

1. ¿De qué país fue parte Panamá?   **2.** ¿Qué prometió hacer nuestro país en los tratados de 1978?   **3.** ¿Por qué se opusieron tantos senadores a aprobar estos tratados?   **4.** ¿Sigue ganando dinero el canal?   **5.** ¿Qué clase de clima tiene Panamá?   **6.** ¿Qué clase de clima tiene San José de Costa Rica?   **7.** ¿Por qué ha sido Costa Rica un país muy democrático?   **8.** ¿Por qué es un error el nombre «sombrero de Panamá»?   **9.** ¿Por qué viven tantos norteamericanos pensionados en Costa Rica?   **10.** ¿Por qué fueron tan importantes las ferias coloniales de Portobello?   **11.** ¿En qué situación política se encuentra Costa Rica hoy día?   **12.** ¿Qué acuerdo ha hecho los Estados Unidos con Panamá acerca del canal en aquel país?   **13.** ¿Qué desastre económico sufrió Costa Rica en 1981–1982?   **14.** ¿Qué producto nuevo ha revolucionado la economía de Panamá en los últimos diez años?   **15.** ¿Tiene Panamá un gobierno democrático hoy día?   **16.** ¿Cuál es la situación financiera de Costa Rica en la actualidad?   **17.** ¿Quién es Edén Pastora?   **18.** ¿Dónde vive ahora?   **19.** ¿Qué ha dicho Edén Pastora de Costa Rica?

E. Ejercicio gramatical.   Replace the object nouns with object pronouns.

MODELO: Mi padre me da *el dinero.*
Mi padre **me lo** da.

1. El profesor me enseñó las canciones.   **2.** Compré los sombreros en la feria.   **3.** Vendieron mercancías en Portobello.   **4.** El presidente recibió a los soldados.   **5.** Costa Rica ha atraído a los norteamericanos.   **6.** Sus ciudadanos admiran la democracia.   **7.** El senador no firmó los tratados.   **8.** He visto las montañas.   **9.** Vamos a darle los papeles.   **10.** ¿Quién me da el dinero?   **11.** Ella le ha escrito una nota.   **12.** Busqué el oro en Panamá.   **13.** Costa Rica no tiene fuerzas armadas.   **14.** Nos escribió una carta larga.

Temas de investigación

Trabajo oral o escrito. Repita en sus propias palabras las ideas centrales de la siguiente cita. ¿Está usted de acuerdo? ¿Cree usted que sea objetivo y correcto al autor? ¿Qué importancia tiene la cita? Identifique al autor. ¿Cree usted que tiene reputación internacional? ¿Por qué? Consulte la enciclopedia, los artículos o libros necesarios para llegar a conclusiones inteligentes.

Nosotros los costarricenses somos buenos amigos de los Estados Unidos porque nunca hemos sido invadidos. Los países que han sufrido la presencia de sus tropas (*troops*) no son sus amigos. Costa Rica es el mejor amigo de los Estados Unidos porque ustedes siempre nos han respetado, pero recientemente he notado que han dejado de (*have stopped*) respetarnos. ¿Cuándo comenzó esto?
Cuando ustedes empezaron a pensar que podrían comprar (*could buy*) mi país. No me gusta recibir fondos gratuitos (*free money*). Yo quiero ser un amigo digno y libre, no un amigo comprado. La presente política de los Estados Unidos podrá costarles la amistad de mi patria.

Rodrigo Carazo,
ex-presidente de Costa Rica

13

Guatemala

Una tejedora (weaver) *de Antigua, Guatemala*

Uno de los capitanes de Cortés, don Pedro de Alvarado, sale de México en el año 1523 y en pocos meses conquista la región de Guatemala. En 1527 va a España, donde el rey lo recibe con grandes honores, y allí se casa con (*marries*) la hermosa y famosa Beatriz de Cueva. Vuelve a Guatemala con su esposa y pronto llega a ser gobernador de la mayor parte de la América Central.

Para muchos turistas, Guatemala es principalmente una tierra de indios pintorescos. Estos indios son descendientes de los mayas, y en ciertas partes del país hay ruinas de la magnífica civilización maya. Algunos de los naturales trabajan cerca de las ruinas como «chicleros»,* pero pocos guatemaltecos de hoy tienen interés en los monumentos de sus antecesores. La mayor parte de los indios cultivan sus tierras de una manera muy primitiva o trabajan en las plantaciones de café como peones, y muy pocos saben leer o escribir. Parecen pintorescos porque son primitivos y llevan ropa de colores vivos. Los hombres prefieren el color rojo para sus chaquetas, y las mujeres

*These workers go into the jungles to tap the wild chicle trees for the sap from which chewing gum is made.

llevan hermosos «huipiles» de varios colores. El «huipil» es una blusa ricamente bordada. Cada pueblo tiene su traje (*clothing*) regional, y los naturales pueden decir inmediatamente de dónde es una persona por el estilo y los colores del traje que lleva. Más de 120 pueblos conservan aún su vestimenta (*dress*) propia, que difiere de la indumentaria (*apparel*) de aldeas vecinas en color, diseño, estilo y modo de usarse. Dentro de esta diversidad surgen también variaciones locales, pues existen trajes para las distintas ocasiones sociales y para diferenciar las jerarquías (*social levels*) dentro del grupo.

La capital del país, que lleva el nombre de «Guatemala» también, es una de las ciudades más modernas de la América Central. También es probablemente la ciudad más limpia de toda Centroamérica; sus hoteles son grandes y hermosos, y en sus tiendas hay magníficas telas (*fabrics*) hechas a mano, exquisitos artículos de oro y de plata, objetos de cerámica, joyas y muchas otras curiosidades. Al norte de la capital está el distrito de «los altos», una región de verdes montañas y de valles cultivados. El pueblo más grande de esta región es Quetzaltenango, una de las ciudades más pintorescas de la América Central.

En esta parte de Guatemala hay grandes extensiones de selvas vírgenes que producen varias clases de árboles magníficos y valiosos, y allí viven miles de pájaros de brillantes colores. El quetzal, reproducido en el emblema nacional del país, es uno de los pájaros más raros y más hermosos del mundo.

El quetzal...

...y una representación de Quetzalcóatl

Su plumaje es de un brillante rojo, verde y azul y tiene una hermosa cola (*tail*) de tres pies de largo. Hay reproducciones del quetzal en las estampillas (*stamps*) y en la moneda de Guatemala. Este pájaro es un símbolo religioso para los indios, y también representa el espíritu de la libertad. No puede vivir en cautiverio. Los mayas sacaban las plumas de la cola sin matar el pájaro y las usaban en sus ceremonias religiosas.

El dios Quetzalcoatl, que significa quetzal-serpiente, es una de las divinidades más famosas de los mayas, los toltecas y los aztecas. En las representaciones artísticas Quetzalcoatl siempre aparece como una serpiente adornada de plumas de pájaro. Una de las características más interesantes de la arquitectura antigua de los indios son las columnas de los templos en forma de un quetzal-serpiente. Este dios es el que dice a los aztecas que unos hombres blancos van a cruzar el océano y conquistar a su pueblo. Pero Quetzalcoatl promete volver algún día para redimir a los indios, de modo que es todavía un símbolo de esperanza.

Entre los productos más importantes de Guatemala están el café, los plátanos y el chicle. Hay grandes plantaciones de café en la región de la capital, a una elevación de unos cuatro o cinco mil pies. En cambio, los plátanos crecen en las zonas calientes cerca del mar. Ni el café ni el plátano son plantas nativas de Guatemala. El café viene originalmente de África y el plátano de Asia.

En su geografía Guatemala es uno de los países más hermosos del mundo, pero en su vida política ha sufrido una sucesión de dictaduras. Varios diplomáticos han sido asesinados, entre ellos los embajadores de los Estados Unidos y Alemania. La Amnistía Internacional acusó al presidente Romeo Lucas García de haber asesinado a más de tres mil personas en 1980, y en 1981 estalló (*there broke out*) una guerra civil que resultó en once mil muertos. En 1982, después de un golpe militar, el general Efraín Ríos Montt llegó a ser presidente, suspendió la constitución, proclamó un estado de sitio, y mató a unos tres mil indios. A los indios sin afiliaciones políticas el gobierno les ofrece «frijoles y fusiles», es decir, frijoles para comer y fusiles para matar a los que se niegan a afiliarse con la dictadura.*

En la literatura del siglo XX Guatemala ha producido figuras de extraordinario talento. Rafael Arévalo Martínez es el mejor poeta guatemalteco, pero ha escrito también excelentes cuentos y novelas. Arévalo Martínez publicó sus obras en la primera mitad de este siglo. Es uno de los escritores latinoamericanos que verdadermente admira y ama a los Estados Unidos.

El mejor novelista guatemalteco, Miguel Ángel Asturias, ganó el Premio Nobel en 1967. Su novela más famosa, *El señor presidente,* es la historia de un típico tirano centroamericano. En esta novela Asturias presenta en términos simbólicos, poéticos y dramáticos la mitología de las dictaduras latinoamericanas. Las pobres condiciones económicas y la falta de escuelas, combinadas con un sistema de corrupción política, hacen inevitables tales dictaduras.

El gobierno actual de Guatemala no ha hecho casi nada para llevar a efecto la reforma agraria tan necesaria en un país donde la agricultura es la base de la vida. Millones de habitantes rurales no tienen tierras. Venden, o tratan de vender, lo que producen o lo que hacen en el mercado del pueblo más próximo, pero no compran casi nada y no participan en la vida nacional.

En 1976 un fuerte terremoto causó gran destrucción en Guatemala y mató a unas veinte mil personas. El «boom» de construcción que siguió a la catástrofe dio empleo a miles de trabajadores, y subieron dramáticamente todos los índices económicos. Fue un beneficio temporal, porque la inflación pronto trajo problemas que todavía existen. Guatemala es un país pintoresco que vive sobre un volcán.

Vinicio Cerezo, el primer presidente guatemalteco elegido democráticamente en este país en veinticinco años, fue inaugurado en 1986 bajo las peores condiciones posibles: la bancarrota del tesoro (*bankruptcy of the treasury*), la frustración del ejército y entre las masas, miseria, miedo, odios y hostilidad. Lo primero que hizo el presidente fue pedir sacrificio, paciencia y austeridad al pueblo. En Centroamérica, Cerezo ha seguido una política de neutralidad activa, y de apoyo (*support*) a los esfuerzos del grupo de Contadora,† que desea buscar una salida negociada al conflicto nicaragüense. En la administración doméstica el presidente afirma su interés por seguir el ejemplo del gobierno socialista de España.

---

*In Guatemala, and in many other Latin American countries, it is difficult, often hazardous, to work for real social progress without being attacked as a communist. The authors of this text have known personally many Guatemalans, Salvadoreans, and other Latin Americans who were brutally assaulted, beaten, and threatened with death simply because they were trying to teach deprived children to read and write or because they spoke out for serious land reform or asked for suppression of the numerous vigilante groups whose paramilitary "death squads" are an ever-present threat to democracy and progress in Latin America today.

†The Contadora group, so called because of its meetings on the island of Contadora, off Panama's coast, consists of four countries: Mexico, Panama, Colombia, and Venezuela. This group seeks peace through negotiation in Central America.

Desafortunadamente, Guatemala es un país agobiado (*crushed*) por sus deudas y en permanente amenaza (*threat*) por parte de un ejército que ha perdido el gobierno, pero que no se resigna a perder también el poder. Continúan en Guatemala los rumores de golpe de estado (*coup*). La democracia, como en casi todos los países latinoamericanos, es débil frente a los poderes tradicionales, el militar y la derecha. Durante las dictaduras militares que gobernaron en Guatemala en los años antes de la elección de Cerezo, más de 200.000 guatemaltecos huyeron del país buscando refugio en México. El presidente ahora trata de avanzar en un proceso que llama de «civilización del gobierno». Es una tarea dificilísima; entretanto (*meanwhile*), Guatemala sueña, espera y sufre.

EJERCICIOS

A. Opciones.   Complete these sentences with the correct answer (or answers) that follow.

1. El quetzal, símbolo y emblema de Guatemala, es en realidad _____ (un indio nativo, una tribu de indios, un pájaro, una flor).   **2.** El conquistador de Guatemala fue _____ (Hernán Cortés, Alvarado, Balboa, Pizarro).   **3.** Su esposa se llamaba _____ (María, Dulcinea, Beatriz, Mercedes).   **4.** El huipil indio es _____ (un sombrero, un vestido, una blusa, una bebida).   **5.** Los chicleros entran en la selva buscando _____ (oro, petróleo, chicle, plata). **6.** El dios Quetzalcoatl prometió a los indios que _____ (les daría oro, serían felices, volvería a liberarlos, no volvería nunca).   **7.** La capital de Guatemala se llama _____ (Antigua, Guadalajara, Guatemala, San José).   **8.** Guatemala hoy día exporta grandes cantidades de _____ (plátanos, café, cereales, perros).   **9.** El nombre del autor guatemalteco que ganó el Premio Nobel de Literatura es _____ (Arévalo Martínez, Ricardo Palma, Miguel Ángel Asturias, Andrés Bello).   **10.** Las naciones del grupo Contadora buscan una solución _____ (religiosa, negociada, militar, simbólica) al conflicto nicaragüense. **11.** El presidente de Guatemala admira y quiere seguir el ejemplo del gobierno de _____ (Costa Rica, España, los Estados Unidos, Chile).   **12.** En los últimos años, para escapar del terrorismo en su país, 200.000 guatemaltecos han buscado refugio en _____ (Costa Rica, México, Nicaragua, Cuba).

B. Traduzca al español.   Replace the English words in italics with Spanish and translate.

1. *Within a few months* Pedro de Alvarado conquista a Guatemala.   **2.** En España *he marries* Beatriz de Cueva.   **3.** Pronto *he becomes* gobernador de la mayor parte de Centroamérica.   **4.** *He has to* sostener una batalla constante contra los indios.   **5.** Muy pocos indios *know how to* leer o escribir.   **6.** Las mujeres *wear* blusas hermosas.   **7.** Hay magníficas telas *made by hand*. **8.** Continúan en el país los rumores de *a coup*.   **9.** El presidente *is trying to advance slowly*.

C. Comentarios. Comment briefly in Spanish on each of the following.

1. Pedro de Alvarado
2. doña Beatriz de Alvarado
3. el «huipil» guatemalteco
4. la capital de Guatemala
5. el quetzal
6. los problemas de Guatemala
7. Quetzalcoatl
8. los productos de Guatemala
9. *El señor presidente*
10. el terremoto de 1976
11. los bosques de Guatemala
12. Rafael Arévalo Martínez

D. Expresiones útiles. Use each expression in a sentence of your own in Spanish.

1. **casarse con**   to marry
2. **hacer a mano**   to make by hand
3. **echar abajo**   to overthrow
4. **de modo que**   so that
5. **por parte de**   on the part of
6. **frente a**   facing
7. **hay que**   it is necessary to
8. **desde entonces**   from then on
9. **al viajar por**   on traveling through
10. **cerca de**   near
11. **hoy día**   today
12. **golpe de estado**   coup
13. **lo primero**   the first thing

E. Preguntas

1. ¿Qué parte de Centroamérica conquista Alvarado?   **2.** ¿Por qué hay hoy día una permanente amenaza por parte del ejército?   **3.** ¿Qué consecuencias tuvo el terremoto de 1976?   **4.** ¿Qué clase de hombre describe Miguel Ángel Asturias en *El señor presidente*?   **5.** ¿Por qué es famoso este escritor?   **6.** ¿Por qué son importantes los grandes bosques de Guatemala?   **7.** ¿Cuáles son los productos más importantes de Guatemala?   **8.** ¿Qué pájaro es el símbolo de Guatemala?   **9.** ¿Cómo viven los habitantes rurales de Guatemala?   **10.** ¿Cómo se llama la blusa ricamente bordada que llevan las guatemaltecas?   **11.** ¿Qué quiere decir «Quetzalcoatl»?   **12.** ¿Tiene Guatemala un gobierno democrático hoy día?   **13.** ¿Qué acusación contra el gobierno de Guatemala ha hecho la Amnistía Internacional?   **14.** ¿Qué países constituyen el grupo Contadora?   **15.** ¿Qué es lo que busca el grupo Contadora?

F. Práctica. Use the subjects indicated in parentheses, and follow the model.

MODELO: Yo lo *haré* a mano. (los indios)
   Los indios lo **harán** a mano.

(mi madre, nosotros, las hijas de la señora García, mi hermana y yo, nadie, ¿quién?, ella, tú)

Temas de investigación

Trabajo oral o escrito. Repita en sus propias palabras las ideas centrales de la siguiente cita. ¿Está usted de acuerdo? ¿Cree usted que el autor sea objetivo y correcto? ¿Qué importancia tiene la cita? Identifique al autor. ¿Qué clase de obras ha escrito? Consulte la enciclopedia, los artículos y libros necesarios para llegar a conclusiones inteligentes.

El generoso pueblo de los Estados Unidos se quita el pan de la boca para darlo al necesitado de más allá de los mares (*overseas*). Y así en otros muchos órdenes de cosas. Subido nivel de civismo (*High level of civic duty*), el más alto que ha conocido la humanidad, el de los Estados Unidos. Merece el primado del mundo (*first place in the world*), y nunca se debe desesperar de él. Este noble pueblo ama la justicia por sobre todas las cosas.

En los Estados Unidos se encuentran todas las excelencias. No sólo el boxeador más fuerte, la mujer más bonita y el mayor millonario; están asimismo (*likewise*) el filósofo más profundo, el científico más notable, el artista más grande, el místico más subido (*exalted*) y el escritor más eximio (*finest*).

Rafael Arévalo Martínez, Guatemala

14

Nicaragua

Soldados sandinistas en Managua

Nicaragua es el país más grande de Centroamérica. Su capital, Managua, es una ciudad muy nueva porque fue completamente destruida por un temblor (*earthquake*) en 1931 y fue necesario reconstruirla. En las regiones tropicales de la costa hay grandes plantaciones de plátanos, pero hoy día el oro es el producto más valioso del país y los nativos hacen a mano hermosos artículos de este precioso metal. Las minas de oro están en las montañas del interior. Aquí también hay grandes selvas donde crecen magníficos árboles de varias clases.

Un hombre interesante en la historia de Nicaragua fue el filibustero* norteamericano William Walker. En 1850, a la cabeza de cincuenta y seis aventureros, este hombre invadió el país, invitado por los liberales de León para batallar contra los conservadores de Granada. En 1855 el ejército de Walker constaba de varios centenares de soldados de los Estados Unidos, y Walker por fin venció a toda oposición y se hizo dictador del país.

Soldier of fortune, military adventurer. Walker, who received his M.D. from the University of Pennsylvania, tired of practicing medicine.

Cornelius Vanderbilt, otro norteamericano, ya había establecido una línea de diligencias (*stagecoaches*) y vapores a través de Nicaragua para llevar a los buscadores de oro norteamericanos que, hacia 1849, querían ir a California. La ruta a California y al noroeste por Nicaragua era más corta y menos difícil que el viaje a través de los Estados Unidos. Walker impedía el paso (*blocked the passage*) a estos viajeros y pronto el conflicto entre él y Vanderbilt llegó a ser violento. Vanderbilt dio grandes sumas de dinero a los enemigos de Walker y así causó la caída de éste. Por fin, el filibustero fue capturado y fusilado (*shot*).

Rubén Darío, el poeta más famoso de Latinoamérica, nació en Nicaragua. A los trece años de edad ya escribía versos y le llamaban «el poeta niño». El presidente del país le honró con una recepción en el palacio presidencial. Darío decía «si la patria es pequeña, uno la sueña grande (*one dreams it great*)». Estas palabras eran características de su vida. Sus obras en verso y en prosa son admiradas en todos los países de lengua española, y muchos hispanoamericanos creen que Darío es el poeta más grande de las Américas.

Monumento que conmemora a Rubén Darío en Santiago, Chile

Darío es un símbolo de la unidad cultural y espiritual de la América española. Esta unidad es fuerte a pesar de la desunión política que divide a los países del sur. Aunque Darío nació de padres pobres en uno de los países más pequeños y más atrasados de Latinoamérica, llegó a ser una figura continental y durante casi toda su vida fue protegido económicamente por varios gobiernos sudamericanos. A los dieciocho años de edad salió de Nicaragua y se dirigió a Chile, donde publicó su primer libro famoso: *Azul*. Luego se trasladó a la Argentina. Colombia le hizo su cónsul honorario en Buenos Aires y le pagó cinco mil dólares al año. Después se fue a España, Francia, los Estados Unidos, Cuba, Colombia y otros países. Sin comparación alguna llegó a ser el escritor más célebre de la América española. Fue la voz espiritual de todos los países del sur.

Darío amaba a su país nativo, Nicaragua, pero amaba aun más la cultura hispana que era común a todos los países de lengua española. Le gustaba llamarse «español de América y americano de España». Es decir, siempre creía que el espíritu de un país era más grande que sus fronteras políticas. Darío presenta la tragedia del alma individual. Uno de los poemas famosos de Darío es el titulado «Canción de otoño en primavera». Comienza así:

> Juventud, divino tesoro,
> ¡Ya te vas para no volver!
> Cuando quiero llorar, no lloro...
> Y a veces lloro sin querer.

Darío murió en el año 1916 y está enterrado en la magnífica catedral de León. Por él la literatura de Hispanoamérica entró en la corriente principal de la literatura universal.

Desafortunadamente, en su vida política Nicaragua ha progresado poco. Las dictaduras han sido casi continuas, y una sola familia, la Somoza, ha producido tres dictadores. El tercero, Anastasio «Tacho» Somoza, fue derrocado en 1979. Educado en los Estados Unidos, donde se graduó en West Point, Tacho mantuvo la lealtad (*loyalty*) de su guardia de más de quince mil soldados dándoles toda clase de beneficios y privilegios. El jefe director de la guardia fue José Somoza, hermano del presidente, y el «West Point» de Nicaragua estuvo bajo la dirección de su hijo, «Tachito, quien se graduó en Harvard.

En 1978 la represión política y las condiciones económicas llegaron a tal extremo que estalló una guerra civil. Los rebeldes tenían el apoyo de las masas y ocuparon varias ciudades, pero el ejército, con armas compradas en los Estados Unidos, logró (*managed to*) dominarlos después de una lucha muy violenta en que murieron cinco mil nicaragüenses, casi todos de la oposición. Fue una victoria tenue que no resolvió nada, y en 1979 volvió a estallar (*again broke out*) la guerra civil.

Tacho Somoza era un hombre riquísimo en un país sumamente pobre. Tenía intereses en muchos negocios: en la línea aérea nacional, en una línea de vapores, en las minas, en bancos, hoteles, estaciones de radio y televisión, en una compañía de construcciones, y se apoderó del (*took possession of*) 20 por ciento de los mejores terrenos agrícolas del país. En junio de 1979 la

Organización de los Estados Americanos (OAS) pidió la dimisión (*resignation*) de Tacho, y pronto después se formó un gobierno de la oposición sandinista.

Los sandinistas* comenzaron su victoriosa ofensiva en mayo 1979, invadiendo a Nicaragua desde Costa Rica, donde se habían organizado. Somoza huyó el 17 de julio y buscó refugio en el Paraguay, donde fue asesinado el 17 de septiembre, 1980. En Nicaragua la junta sandinista estableció un gobierno revolucionario de la izquierda.

Hay numerosos nicaragüenses que se oponen al gobierno sandinista, y muchos de éstos han organizado un ejército de oposición en Honduras. Los Estados Unidos ha ayudado a este grupo. Cuba, por su parte, ha mandado armas y consejeros (*advisers*) para ayudar al gobierno sandinista. Los Estados Unidos toma la posición de que Centroamérica, no solamente Nicaragua y El Salvador, es un blanco (*target*) de los comunistas; es decir, la intervención soviética en Cuba se repite ahora en Centroamérica.

El régimen sandinista de Nicaragua no es muy popular en los Estados Unidos debido a su orientación marxista y su poco interés por los derechos humanos, la libertad de la palabra y de la prensa. Sin embargo, algunos norteamericanos que han estado en aquel país, al volver a los Estados Unidos afirmaron que el gobierno nicaragüense ha elevado el nivel de vida de las masas, ha establecido escuelas primarias en todas partes y ha mejorado (*improved*) la salud del pueblo con nuevas clínicas y hospitales. En cambio, un periodista nicaragüense, Salomón Calvo Arrieta, dijo en una entrevista publicada en el periódico *La Opinión* de Los Ángeles:

> Todo esto es una farsa montada (*promoted*) por la prensa extranjera, cuando lo que en realidad existe es un estado policíaco represivo, donde se adoctrina al pueblo, y donde los juicios (*court trials*) son una farsa, y donde los opositores al gobierno son encerrados (*imprisoned*) y cientos son asesinados. Hay 15.000 prisioneros políticos en el país.

En el otoño de 1986 el Congreso de los Estados Unidos, persuadido por el presidente Reagan, aprobó la suma de $100 millones para el grupo de «contras», que luchan contra el gobierno sandinista. Este gobierno respondió apretando la argolla (*tightening the screws*) dentro del país, y suprimió (*shut down*) *La Prensa*, el último periódico nicaragüense que todavía se atrevía a criticarlo,[†] a pesar de la censura (*censorship*). Actualmente, tanto Nicaragua como los Estados Unidos[‡] se encuentran entre los cuernos (*horns*) de un dilema: si los sandinistas continúan gobernando, Nicaragua se convertirá en

---

*Named after César Augusto Sandino (1893–1934), a Nicaraguan guerrilla leader who opposed U.S. intervention in that country. For many years he and his followers eluded capture by the U.S. Marines or the Nicaraguan National Guard. Sandino thus became a kind of folk hero and patriot. The marines withdrew in 1933, and Sandino laid down his arms. He was leaving a dinner with Nicaragua's president when he and several of his aides were assassinated by members of the Nicaraguan National Guard.

[†]*La Prensa* was allowed to appear again uncensored in October 1987, after having been shut down for fifteen months. President Ortega of Nicaragua and the presidents of four other Central American countries signed the peace plan presented by President Arias of Costa Rica.

[‡]**tanto Nicaragua como...** = *both Nicaragua and the United States*

un país comunista como Cuba; en cambio, si ganan los «contras», el ejército y los generales probablemente volverán a dominar el país. Queda solamente una alternativa: más presión de parte de grupos regionales, del grupo Contadora y de la OAS, con la fuerte cooperación de Washington, a fin de que Nicaragua, los países centroamericanos vecinos y los Estados Unidos lleguen a un acuerdo (*agreement*) por medio de concesiones mutuas, lo que actualmente no parece muy probable.

EJERCICIOS

A. Opciones.   Complete these sentences with the correct answer (or answers) that follow.

1. El gobierno sandinista de Nicaragua ha suprimido _____ (las escuelas, la televisión, la libertad de la prensa, el comunismo).   **2.** En 1986 el Congreso de los Estados Unidos, persuadido por el presidente Reagan, aprobó mandar al grupo de «contras» _____ (un ejército, doscientos aviones, cien tanques, cien millones de dólares).   **3.** En Nicaragua, Sandino fue uno de los más famosos _____ (presidentes, actores, héroes nacionales, escritores).   **4.** Los sandinistas han establecido un gobierno _____ (de la derecha, de la izquierda, del centro, de los blancos).   **5.** El poeta más famoso de Nicaragua fue _____ (José Martí, Pablo Neruda, Rubén Darío, Gabriela Mistral).   **6.** William Walker, en 1855, a la cabeza de centenares de aventureros, _____ (destrozó la capital de Nicaragua, ayudó a los viajeros, se hizo dictador del país, venció a los amigos de Vanderbilt).   **7.** Rubén Darío nació de padres pobres y a los dieciocho años de edad se dirigió a _____ (Colombia, la Argentina, Chile, España).   **8.** El dictador Somoza de Nicaragua se graduó en _____ (Harvard, la Universidad de Buenos Aires, West Point, la Universidad de Madrid).   **9.** Nicaragua es el país más _____ (rico, democrático, grande, progresivo) de Centroamérica.   **10.** El ejército de los «contras» quiere _____ (ayudar a los sandinistas, luchar contra los sandinistas, cultivar los campos, construir casas).   **11.** El gobierno sandinista de Nicaragua es muy popular en _____ (Honduras, Cuba, Rusia, los Estados Unidos).   **12.** Un periodista nicaragüense ha escrito en *La Opinón* que _____ (Nicaragua está progresando mucho, Nicaragua tiene un gobierno justo, Nicaragua ha construido muchas escuelas, todo esto es una farsa montada por la prensa extranjera).

B. Traduzca al español.   Replace the English words in italics with Spanish and translate.

1. Managua *was destroyed by* un temblor.   **2.** *It was necessary* reconstruirla.   **3.** Los nativos hacen *by hand* artículos de oro.   **4.** El gran lago del país *is 100 miles long.*   **5.** *There were* muchas revoluciones.   **6.** Cada presidente *served* aproximadamente dos semanas.   **7.** Walker *finally* venció a toda oposición.   **8.** *He made himself* dictador del país.   **9.** Vanderbilt había establecido una línea de diligencias y vapores *across* el país.   **10.** Darío *was born* en Nicaragua.   **11.** La unidad cultural es fuerte *in spite of* la desunión política.   **12.** Darío *be-*

came una figura continental.   **13.** *He liked to be called* «español de América y americano de España».   **14.** *Because of him* la literatura de Hispanoamérica entró en la corriente principal de la literatura universal.

C. Comentarios.   Comment briefly in Spanish on each of the following.

1. la familia Somoza
2. la guerra civil de 1978
3. el terremoto de 1931
4. los productos de Nicaragua
5. la censura en Nicaragua

6. el grupo Contadora
7. el filibustero Walker
8. Vanderbilt en Nicaragua
9. la vida de Rubén Darío
10. los sandinistas

D. Expresiones útiles.   Use each of the following expressions in a Spanish sentence.

1. **llegar a ser**   to get to be
2. **llegar a tal extremo**   to reach such an extreme
3. **desde este punto de vista**   from this point of view
4. **a través de**   across
5. **hacer a mano**   to make by hand
6. **apretar la argolla**   to put the screws on
7. **tanto __ como __**   both __ and __
8. **lograr hacerlo**   to manage to do it
9. **es decir**   that is to say
10. **rara vez**   seldom
11. **apoderarse de**   to take possession of
12. **atreverse a**   to dare to
13. **convertirse en**   to become

E. Preguntas

1. ¿Cuál es la capital de Nicaragua?   **2.** ¿Cuál es el producto más importante de Nicaragua?   **3.** ¿Cómo se llama el poeta más famoso de Nicaragua?   **4.** ¿Por qué es tan famoso Rubén Darío?   **5.** ¿Qué clase de presidente fue Tacho Somoza?   **6.** ¿Por qué tenía Tacho una guardia tan fuerte?   **7.** ¿Por qué querían los norteamericanos ir a California en 1849?   **8.** ¿Dónde están las minas de oro de Nicaragua?   **9.** ¿Dónde y cómo murió el ex-presidente Somoza?   **10.** ¿Qué clase de gobierno tiene Nicaragua hoy día?   **11.** ¿Qué han hecho Cuba y Rusia acerca de Nicaragua en los últimos años?   **12.** ¿Qué oposición tienen los sandinistas? ¿Por qué?   **13.** ¿Cuál es la actitud de los Estados Unidos en Nicaragua?   **14.** ¿Son respetados los derechos humanos en Nicaragua?   **15.** ¿Qué desea hacer el grupo Contadora?

F. Práctica.   Change the subject of the model sentence as indicated. Keep the verb in the preterit and make *rico* agree with the subject.

MODELO: Mi amiga llegó a ser *rica*.

(nosotros, Tachito también, las hijas de Somoza, el general y yo, tú, la familia Somoza y sus amigos, yo, ¿quién?)

Temas de investigación

Trabajo oral o escrito. Repita en sus propias palabras las ideas centrales de la siguiente cita. ¿Está usted de acuerdo? ¿Cree usted que al autor sea objetivo y correcto? ¿Qué importancia tiene la cita? ¿A qué países latinoamericanos se puede aplicar esta cita? El autor es un ensayista mexicano, partidario (*follower*) de la interpretación económica de la historia; los sandinistas tienen el mismo punto de vista. Nieto fue también gobernador del estado de San Luis Potosí. ¿Qué distintas interpretaciones de la historia hay? Consulte la enciclopedia, los artículos y libros necesarios para llegar a conclusiones inteligentes.

Los gobiernos no son un fin sino un medio; el pueblo no existe para el gobierno, sino el gobierno para el pueblo, y los gobiernos han sido por regla general agentes de opresión política e instrumentos de defensa de los privilegiados. La democracia política no puede en realidad llamarse democracia si no está basada en la democracia económica.

Rafael Nieto, ensayista mexicano

15

El Salvador y Honduras

Un cliente cansado en un mercado al aire libre (open-air market), *El Salvador*

El Salvador

El Salvador y Honduras, repúblicas centroamericanas, tienen en común una larga frontera. El Salvador es el país más pequeño de Latinoamérica, y es también el más sobrepoblado (*overpopulated*). Hay unos 650 habitantes por milla cuadrada (*square*), y la población total excede a los 5 millones. La historia de El Salvador ha sido la historia de las «catorce» familias ricas que han dominado la economía y la política del país. (El número catorce se usa simbólicamente.) Bajo la dominación de esta clase rica de grandes hacendados (*big plantation owners*), El Salvador casi siempre ha tenido un gobierno represivo y militar.

La población salvadoreña es homogénea, es decir, casi todos los habitantes son mestizos cuya lengua es el español. La inmensa mayoría son campesinos que trabajan en las plantaciones de café. Hay una pequeña minoría de indios. El café es el producto principal del país, y cuando el precio de este producto baja en el mercado mundial, El Salvador sufre un fuerte golpe económico. Otros productos son el algodón, el maíz, el frijol, el ganado y los camarones.

En los últimos años El Salvador ha tenido una sucesión de gobiernos muy opresivos, y la opinión política llegó a ser excesivamente polarizada. El resultado ha sido una cruel y sangrienta guerra civil entre la derecha y la izquierda. Por fin, en 1984, en las primeras elecciones en muchos años, fue elegido un presidente civil, José Napoleón Duarte, representante del centro. Duarte había sido un muchacho un poco excéntrico a quien le dieron el nombre de «El Loco». Su padre ganó un premio gordo en la Lotería Nacional, y con este dinero mandó a su hijo a los Estados Unidos, donde fue educado en la Universidad de Notre Dame.

El presidente ha recibido mucha ayuda de los Estados Unidos, pero sólo mantiene un tenue (*tenuous*) control de la capital y de la región central del país. Duarte fue elegido con un fuerte apoyo por parte de los obreros (*workers*), pero éste se ha ido disminuyendo debido a que la economía continúa en deterioro (*deteriorating*), y a que tampoco se ha llegado a ningún acuerdo para terminar con la guerra civil, que ya lleva siete años. El número de muertos ocurridos en consecuencia de esta guerra en El Salvador es de sesenta mil. La lucha ha paralizado la marcha de esta nación, y Duarte ahora se encuentra en una situación muy precaria. Sigue habiendo (*There continue to be*) numerosas y graves violaciones de los derechos humanos, y los escuadrones de la muerte (*vigilante death squads*) son todavía activos.

En octubre de 1986 El Salvador sufrió otra catástrofe, un terremoto que dejó en ruinas una gran parte de la capital, San Salvador. Un comité local calculó que hubo tres mil muertos en el terremoto, más de mil personas gravemente heridas (*injured*) y unas cien mil quedaron sin casa. Todavía se necesita dinero para que la gente pueda comprar alimentos y otras cosas en la economía local. Después del golpe inicial del terremoto, el mayor problema fue la escasez (*scarcity*) de médicos, medicinas, enfermeras (*nurses*) y hospitales.

Quedaba funcionando solamente un hospital para cuidar a los heridos y enfermos de una ciudad de cerca de un millón de habitantes. El terremoto dejó hambre y desolación en San Salvador. Los Estados Unidos y otros países mandaron fondos y toneladas (*tons*) de provisiones y medicinas para auxiliar al pueblo salvadoreño.*

*The quake made the legislative palace unusable, and the national congress has been holding its sessions in a parking garage. Since 1980 the United States has sent $500 million in military aid to El Salvador and $1.5 billion more in economic assistance. The size of the Salvadoran army has increased fourfold, while rebel forces have decreased by one-half. These now number about six thousand men, but they keep up an active guerrilla warfare. In the cities many stores display imported goods and appliances for sale, but few people can afford them. In 1989, Alfredo Cristiani, a graduate of Georgetown University, was elected president. He is a wealthy, very conservative landowner.

Una finca pequeña de Honduras

Honduras

Honduras es cinco veces más grande que El Salvador, pero tiene menos habitantes. En los años recientes más de 300.000 salvadoreños han entrado ilegalmente en Honduras en busca de tierras o empleo. En dos ocasiones esto ha conducido a conflictos armados entre los dos países.

La historia de Honduras en este siglo ha sido la historia de la *United Fruit Company* (ahora se llama *Standard Brands*), a la que el gobierno hondureño otorgó (*granted*) un millón de acres de terrenos para sus plantaciones de plátanos. La compañía controlaba el gobierno y la economía del país, y cuando hubo amenaza (*threat*) de revolución, los Estados Unidos mandaba tropas para proteger las propiedades norteamericanas.

Por otra parte (*On the other hand*), en 1942 la *United Fruit* estableció en Zamorano, cerca de Tegucigalpa, la capital, una escuela agrícola «al servicio de las Américas». Esta escuela es un centro internacional de educación agrícola. La institución tiene doce mil acres de tierra donde los estudiantes «aprenden haciendo». Aquí se producen y se estudian plantas y cosechas de varias clases, semillas y animales, todo con el intento de aumentar la producción de estas cosas. Actualmente hay estudiantes de quince países matriculados en esta escuela. El curso de estudios es de tres años, y la mejor prueba (*proof*) del éxito de la educación en Zamorano es la demanda, casi insaciable, en el hemisferio por los graduados de esta institución, que son preferidos en todos los campos de especialización.

En los últimos años han entrado doce mil árabes en Honduras, la mayoría de Palestina. Constituyen una clase progresiva, y son los más importantes comerciantes y hombres de negocios del país. Son propietarios de tiendas y fábricas que producen artículos para exportar: ropa de todas clases, pelotas, cigarros, madera, prendas (*articles*) de vestir para mujeres y así sucesivamente.

Honduras es un país pobre y poco explotado. Hay pocas carreteras, y muchas regiones no son accesibles. Hay grandes depósitos de oro, plata y cobre, y existen colinas (*hills*) enteras que son bloques de hierro. Desgraciadamente, la falta de brazos (*workers*) y de capitales impide el aprovechamiento de tanta riqueza. El producto más importante del país son los plátanos, pero Honduras produce también café, ganado (*cattle*), arroz, frijoles, caña de azúcar, tabaco y maderas preciosas.

Con un préstamo (*loan*) de unos veinte millones de dólares del Banco Mundial (*World Bank*), Honduras desarrollará un gran programa turístico: construcción de hoteles, capacitación de guías, publicación de materiales informativos y trabajos de restauración de las ruinas mayas. También se han hecho reformas en los aeropuertos del país. El presidente de Honduras durante 1982–1986, el doctor Roberto Suazo Córdova, fue un buen amigo de los Estados Unidos, y en 1983 nuestro gobierno estableció una base militar en el país. Con nuestra ayuda se entrenan (*are trained*) en Honduras soldados para luchar contra los sandinistas de Nicaragua y los rebeldes salvadoreños.*

El general hondureño Walter López Reyes, comandante en jefe de las Fuerzas Armadas de Honduras entre 1984 y 1986, admitió recientemente que la CIA «había infiltrado los organismos de seguridad de Honduras, sobornando (*bribing*) a funcionarios y militares locales para cumplir con los objetivos políticos de los Estados Unidos». En consecuencia de la presencia norteamericana en el país, existe cierto resentimiento entre los hondureños, algunos de los que ya están criticando en voz alta «la intervención militar de los Estados Unidos» en Honduras.†

*The present president of Honduras, José Azcona Hoyo, is also friendly toward the United States.

†The United States has sent several thousand soldiers of the National Guard from many of our states down to Honduras for training and to construct roads. These men have not only built roads, bridges, and airstrips and helped construct bases, but have also engaged in joint maneuvers with contra troops and with Honduran troops. When some states objected to this Central American venture, our federal government threatened to cut off all federal aid for the guard. It is true that the mere presence of these soldiers in Honduras has, on at least one occasion, prevented a military takeover of the government by the Honduran generals. Aware of this danger, the vice president, Jaime Rosenthal Olivo, recently said: "In this country we habitually call on the army. If there's a strike, those involved look to the army for help. If there's a national problem, the politicians go to the army. Whenever there is a critical situation of any kind, we look to the army for a resolution."

EJERCICIOS

A. Opciones. Complete these sentences with the correct answer (or answers) that follow.

1. La capital de Honduras es _____ (Managua, San José, Tegucigalpa, San Salvador). **2.** Los más recientes inmigrantes de Honduras son de _____ (España, la Argentina, Palestina, Nicaragua). **3.** El producto más importante de El Salvador es _____ (el trigo, el petróleo, el café, el tabaco). **4.** El producto más importante de Honduras es _____ (el oro, el maíz, el plátano, el café). **5.** El Salvador tiene una población de unos _____ (dos millones, tres millones, cuatro millones, cinco millones). **6.** El terremoto de 1986 destrozó el centro de _____ (Tegucigalpa, Zamorano, San Salvador, Managua). **7.** Los Estados Unidos ha mandado a El Salvador _____ (medicinas, casas prefabricadas, tractores, automóviles). **8.** El presidente Napoleón Duarte fue educado en _____ (Harvard, West Point, la Universidad de Madrid, Notre Dame). **9.** La más famosa escuela agrícola de Centroamérica está situada en _____ (Managua, San Salvador, Zamorano, Tegucigalpa). **10.** Con los fondos que ha recibido del Banco Mundial, Honduras va a _____ (comprar tractores, plantar más café, desarrollar un programa turístico, modernizar su ejército). **11.** Millares de salvadoreños entraron ilegalmente en _____ (Nicaragua, Panamá, México, Honduras). **12.** Los Estados Unidos tiene una base militar en _____ (El Salvador, Honduras, Nicaragua, México). **13.** La capital de El Salvador es _____ (Tegucigalpa, Managua, San José, San Salvador). **14.** El país más democrático de Centroamérica es _____ (Honduras, Costa Rica, Nicaragua, Panamá).

B. Cambie al futuro. Put the following sentences into the future and translate.

1. El futuro de estos países está basado en parte en sus exportaciones. **2.** Los campesinos trabajan como peones. **3.** Esta lucha paraliza la marcha del país. **4.** El presidente mantiene control del centro del país. **5.** Hay hambre y desolación en San Salvador. **6.** Los Estados Unidos manda dinero y provisiones al pueblo salvadoreño. **7.** El gobierno de un país depende de muchas cosas. **8.** Mi compañía establece escuelas en Honduras. **9.** Mis amigos construyen carreteras en Honduras. **10.** Los graduados de esta escuela son preferidos en todos los campos de especialización. **11.** Honduras desarrolla un programa turístico. **12.** Existe cierto resentimiento en el país. **13.** Producen artículos de ropa para exportar. **14.** Hay una gran falta de brazos y capitales. **15.** Muchas regiones del país no son accesibles a causa de las inundaciones.

C. Preguntas

1. ¿Qué diferencias hay entre El Salvador y Honduras? **2.** ¿Quiénes dominaron la economía y la política de El Salvador hasta la época presente? **3.** ¿Cuáles son algunos de los productos de El Salvador? **4.** ¿Cómo se llama la capital de El Salvador? **5.** ¿Qué pasó en El Salvador en el mes de octubre de 1986? **6.** ¿Por qué han entrado ilegalmente en Honduras tantos salvadoreños?

7. ¿Cuál ha sido el resultado de esta emigración? **8.** ¿Qué le dio el gobierno de Honduras a la *United Fruit*? **9.** ¿Dónde estableció una escuela la *United Fruit*? **10.** ¿Qué clase de escuela es? **11.** ¿De dónde son originalmente los más recientes inmigrantes de Honduras? **12.** ¿Cuáles son los productos más importantes de Honduras? **13.** ¿Por qué tiene los Estados Unidos una base militar en Honduras? **14.** ¿Qué hacen los inmigrantes árabes para ganarse la vida? **15.** ¿Cómo se llama la capital de Honduras?

D. Frases incompletas. Fill in the blanks in the following sentences.

1. Los productos más importantes de Honduras son _____. **2.** Los Estados Unidos ha mandado soldados a Honduras para _____. **3.** Los productos más importantes de El Salvador son _____. **4.** Con los fondos que ha recibido del Banco Mundial, Honduras va a desarrollar _____. **5.** La escuela agrícola más importante de Centroamérica está en _____. **6.** Esta escuela fue establecida por _____. **7.** Los Estados Unidos ha mandado al pueblo salvadoreño medicinas y _____. **8.** La capital de Honduras es _____. **9.** En consecuencia de la presencia norteamericana en Honduras, existe en aquel país _____. **10.** Zamorano es importante porque _____.

E. Comentarios. Comment briefly in Spanish on each of the following.

1. la población de El Salvador
2. las catorce familias
3. las plantaciones de café
4. el terremoto de 1986
5. los derechos humanos en El Salvador

6. el tamaño de Honduras
7. la escuela en Zamorano
8. los inmigrantes árabes
9. el Banco Mundial
10. el programa de reformas de Honduras

F. Expresiones útiles. Use each in an original sentence in Spanish.

1. si se hace if it is done
2. en consecuencia de as a consequence of
3. cerca de near
4. en los últimos años in recent years
5. en busca de in search of
6. por fin at last
7. a pesar de in spite of
8. por otra parte on the other hand

9. en alta voz in a loud voice
10. al servicio de in the service of
11. sigue habiendo there continue to be
12. se producen plantas plants are produced
13. para cuidar a to take care of
14. de un modo rápido in a rapid manner, rapidly

Temas de investigación

Trabajo oral o escrito. Repita en sus propias palabras las ideas centrales de la siguiente cita. ¿Está usted de acuerdo? ¿Cree usted que el autor sea objetivo y correcto? ¿Qué importancia tiene la cita? Identifique al autor. ¿Qué clase de obras ha escrito? Consulte la enciclopedia, los artículos y libros necesarios para llegar a conclusiones inteligentes.

Los primeros conquistadores, de mentalidad primaria (*primitive*), se anexaban los habitantes en calidad de esclavos. Los que vinieron después se anexaban los territorios sin los habitantes. Los Estados Unidos han inaugurado el sistema de anexarse las riquezas sin los habitantes y sin los territorios.

Manuel Ugarte, Argentina

16

Bolivia*

Una calle de La Paz, Bolivia

Bolivia es el único país latinoamericano que no tiene puerto y está completamente encerrado en sus montañas. Esta falta (*lack*) de comunicaciones por
mar es una tragedia para el país, pero no tanto hoy como hace unos cincuenta
años. Hoy día las líneas aéreas cruzan el territorio boliviano en todas direc-

*Named after Simón Bolívar, the first president of Bolivia.

ciones, y así facilitan no sólo la importación de productos sino también la introducción de ideas.

Bolivia es uno de los países más pintorescos de Latinoamérica. La mayor parte de sus habitantes viven en las regiones montañosas, y una gran proporción de la población son indios que todavía llevan sus trajes y vestidos tradicionales. Su color favorito es el rojo, pero el amarillo, el pardo (*brown*) y la púrpura son populares también, y cuando hay una fiesta o danza entre los indios es un espectáculo brillante. La música, medio española y medio india, tiene melodías y ritmos primitivos, y es muy diferente de la música europea o americana que conocemos. En una fiesta de esta clase todos los habitantes de una región toman parte. Cada indio expresa sus sentimientos completamente y sin restricciones al mismo tiempo que forma parte de la expresión de la comunidad. En cada melodía y en cada danza habla toda la raza. El indio no conoce ese dolor de aislamiento que es una de las tragedias de nuestra civilización occidental.

Bolivia está completamente en la zona tropical, pero a causa de la elevación el clima es fresco o frío. La Paz, capital del país, tiene una elevación de doce mil pies, y su temperatura varía entre los 30 y 70 grados Fahrenheit. Los extranjeros que visitan La Paz casi siempre sufren de fuertes dolores de cabeza a causa de la altura. Algunos sienten náusea y vértigo hasta tal punto que tienen que marcharse inmediatamente.*

Bolivia está prácticamente inexplotada por falta de dinero, tecnología y carreteras. El país es como un limosnero (*beggar*) sentado sobre una bolsa (*bag*) de oro. Además del estaño *(tin)* Bolivia tiene maderas, frutas, granos y plata en sus valles o «yungas». Es rica en oro, petróleo, antimonio y tungsteno. En la selva hay minerales en abundancia. A pesar de estas riquezas naturales la mayoría de los bolivianos viven en la pobreza.

El más distinguido escritor boliviano de este siglo, Alcides Arguedas, escribió un libro acerca de su país cuyo título caracteriza a Bolivia: *Pueblo enfermo*. Arguedas dice que una gran parte de los indios bolivianos no sólo sufren de la pobreza, la desnutrición y el mal gobierno, sino que son también adictos a la «coca», que les permite escapar de su miseria.

Los productos más importantes de Bolivia son el estaño (*tin*), la plata, la cocaína y el petróleo. Durante la época colonial había una gran montaña de plata cerca de Potosí, pero hoy día el país depende más de las minas de estaño. La agricultura y el estaño producen casi toda la riqueza nacional, que no es mucha.

Simón Patiño, dueño de las minas de estaño hasta su muerte en 1947, dominó la vida económica nacional durante la primera mitad de este siglo, y dos o tres docenas de grandes hacendados controlaron la agricultura. En 1941, como protesta contra esta dominación, se organizó el Movimiento Nacional Revolucionario (MNR). Uno de los fundadores de este partido fue Victor Paz Estenssoro, un profesor de economía, quien llegó a ser presidente

*Lake Titicaca, on the Bolivia-Peru border at an altitude of 12,500 feet, is South America's largest lake. It is 110 miles long and 46 miles wide. A small steamship ferries passengers between the two countries.

El altiplano boliviano

del país durante el período 1952–1964. Paz Estenssoro liquidó la clase rica, empezó la distribución de tierras entre los indios y nacionalizó las minas. Un golpe militar le derrocó (*overthrew*) en 1964, y los militares controlaron el gobierno hasta 1982.

En los años 1980–1988, Bolivia luchó por controlar un déficit fiscal y la inflación. Un exministro del interior, acusado de haber participado en el tráfico de cocaína, fue detenido (*arrested*). Los Estados Unidos se negó a mandar más ayuda al país al descubrir que el presidente de Bolivia y otros altos funcionarios militares estaban tambíen recibiendo millones de dólares de este tráfico ilegal que produce ganancias de más de un billón y medio de dólares anualmente. Las hojas de coca se venden libremente en casi todos los mercados del país, y también florece un extenso mercado negro, donde se venden productos controlados o prohibidos a precios muy bajos, incluso la moneda nacional a la mitad del cambio oficial. Los turistas que se atreven a comprar en el mercado negro corren el grave riesgo de ser encarcelados (*jailed*).

En 1985 Paz Estenssoro fue reelegido presidente de Bolivia, y en seguida proclamó que iba a destrozar el narcotráfico (de la cocaína) en su país. Pidió la ayuda de los Estados Unidos, y nuestro país mandó 170 efectivos militares (*military men*) con varios helicópteros para ayudar a combatir a los traficantes de esta droga. La mitad de la cocaína vendida en los Estados Unidos es de Bolivia. La presencia militar norteamericana ha provocado una serie de fuertes reacciones contra el gobierno boliviano. En más de una ocasión los helicópteros llegaban a un pueblo donde se sospechaba (*it was suspected*) que existían fábricas de cocaína sólo para encontrar un pueblo desierto. Ya habían sonado (*rung*) las campanas de todas las iglesias dando la alarma, y habían huido (*fled*) los narcotraficantes con sus amigos y cómplices (*accomplices*).

La mayoría de los campesinos bolivianos han tenido por siglos la costumbre de mascar las hojas de coca, y para ellos esto equivale (*is just like*) a la consunción de café, té, alcohol o tabaco en las otras partes del mundo. Sin embargo, con la inversión (*investment*) de 300 millones de dólares en tres años, los Estados Unidos y Bolivia se proponen acabar en este país con la producción y tráfico de cocaína «que podría poner en riesgo el sistema democrático», según el presidente Paz Estenssoro. Al mismo tiempo, el presidente anunció que su gobierno iba a dejar crecer (*allow to grow*) unas diez mil toneladas de coca anualmente «para usos internos tradicionales».

En su historia política, Bolivia, a lo largo de 161 años de independencia, ha tenido 189 golpes de estado.* Esto indica a las claras (*clearly*) una crisis orgánica en el sistema de dominación, y una incapacidad de los sectores privilegiados para gobernar, así como (*and likewise*) la agresiva combatividad y falta de educación democrática del pueblo. Debido a tales condiciones económicas y políticas, Bolivia, en la actualidad, se encuentra bajo un estado de emergencia, y no se sabe lo que pasará de un día a otro.

EJERCICIOS

A. Opciones. Complete these sentences with the correct answer (or answers) that follow.

1. El primer presidente de Bolivia se llamaba _____ (Sarmiento, Sucre, Bolívar, Paz Estenssoro). **2.** La capital de Bolivia es _____ (Córdoba, Sucre, Potosí, La Paz). **3.** Entre las ciudades de Bolivia se encuentran _____ (Santiago, Cochabamba, Potosí, Santa Cruz). **4.** Los fértiles valles de Bolivia se llaman _____ (bolsones, pampas, yungas, sabanas). **5.** El escritor boliviano Alcides Arguedas ha escrito que el pueblo de su país es un _____ (pueblo fuerte, pueblo rico, pueblo enfermo, pueblo pobre). **6.** Los bolivianos usan las hojas de coca en la forma siguiente: _____ (las fuman, las comen, las mascan, las cocinan). **7.** Para combatir el narcotráfico en su país, el presidente Paz Estenssoro ha pedido la ayuda _____ (de la Argentina, de Rusia, de los Estados Unidos, del Perú). **8.** El lago más grande de Bolivia se llama _____ (Poopó, Chapala, Titicaca, Valencia). **9.** Bolivia ha tenido una larga historia de gobiernos _____ (democráticos, militares, clericales, sandinistas). **10.** Las minas de Bolivia producen grandes cantidades de _____ (plata,

*Paz Estenssoro's government was the 192nd since independence. In a series of wars Bolivia lost her rubber-growing area to Brazil, her Pacific coast to Chile in the War of the Pacific, and her extensive Chaco lowlands to Paraguay in the Chaco War. The country today—landlocked, poor, and with an ill-fed and uneducated citizenry—faces a difficult future. However, Paz Estenssoro has brought inflation under control, from 1,000 percent to 10 percent, cut federal spending, sold unprofitable state mines and enterprises, and begun a crash program to develop agriculture.

estaño, diamantes, mármol).   **11.** En Bolivia hoy día hay un gran _____ (ejército, mercado negro, narcotráfico, programa de educación).   **12.** La economía de Bolivia depende demasiado de un solo producto: _____ (el café, el oro, el estaño, el tabaco).

B. Traduzca al español.   Replace the English words in italics with Spanish and translate.

1. Uno de los países de Sudamérica *has no port.*   **2.** Las condiciones sociales son *stronger than* las ideas de los grandes hombres.   **3.** Un historiador boliviano menciona cuarenta y cuatro revoluciones *during the last century.*   **4.** El río es navegable *from* el Chaco *to* la costa del Atlántico.   **5.** Las líneas aéreas facilitan *not only* la importación de productos *but also* la introducción de ideas.   **6.** La música de los indios es *very different from* la música que conocemos.   **7.** En una fiesta *of this kind* todos los indios *take part.*   **8.** *Because of* la elevación, el clima es agradable y fresco.   **9.** Los extranjeros que visitan La Paz casi siempre sufren de fuertes *headaches.*

C. Comentarios.   Comment briefly in Spanish on each of the following.

1. el nombre «Bolivia»	**6.** el narcotráfico
2. *Pueblo enfermo*	**7.** el profesor Paz Estenssoro
3. la geografía de Bolivia	**8.** las minas de Bolivia
4. la música boliviana	**9.** la coca
5. el clima de Bolivia	**10.** los gobiernos militares de Bolivia

D. Expresiones útiles.   Use each of the following expressions in a sentence of your own in Spanish.

1. a causa de because of	**9. querer decir** to mean
2. al contrario on the other hand	**10. al pasar por** on passing through
3. hasta tal punto que to such a point that	**11. negarse a** to refuse
4. hace __ años __ years ago	**12. no sólo __ sino también** not only __ but also
5. al mismo tiempo at the same time	**13. golpe militar** military coup
6. dejar de + *inf.* to stop __	**14. en la actualidad** at present
7. a lo largo de along	**15. en seguida** at once
8. a las claras clearly	**16. así como** just like

E. Preguntas

1. ¿Quién fue Simón Bolívar.   **2.** ¿En qué parte del país vive la mayoría de los bolivianos?   **3.** ¿Qué clase de gobierno estableció Paz Estenssoro?   **4.** ¿Qué perdió Bolivia en la Guerra del Pacífico?   **5.** ¿Qué perdió Bolivia en la Guerra del Chaco?   **6.** ¿Qué elevación tiene la capital de Bolivia?   **7.** ¿Qué importancia tienen las fuerzas militares de Bolivia?   **8.** ¿Cómo caracteriza Alcides Arguedas a su país?   **9.** ¿Por qué es tan peligrosa la coca?   **10.** ¿Cuáles son las grandes riquezas naturales de Bolivia?   **11.** ¿Por qué sufren los extranjeros de náusea?   **12.** ¿Cuáles son los productos más importantes de Bolivia?   **13.** ¿Quién fue Simón Patiño?   **14.** ¿Hay muchos inmigrantes europeos en Bolivia?   **15.** ¿Qué clase de gobierno ha tenido Bolivia en los últimos años?   **16.** ¿Dónde se vende la coca en Bolivia hoy día?   **17.** ¿Qué son las «yungas»?   **18.** ¿Qué clase de comunicaciones tiene Bolivia hoy día?   **19.** ¿A quién se le acusó de haber participado en el tráfico de cocaína?   **20.** ¿Cuánto se gana anualmente en Bolivia en este tráfico ilegal?   **21.** ¿Qué ha dicho Paz Estenssoro de este tráfico? **22.** ¿Qué ha hecho los Estados Unidos en Bolivia para combatir este tráfico? **23.** ¿Qué ha pasado en algunos pueblos al llegar los helicópteros?

Temas de investigación

Trabajo oral o escrito. Repita en sus propias palabras las ideas centrales de la siguiente cita. ¿Está usted de acuerdo? ¿Cree usted que el autor sea objetivo y correcto? Identifique al autor. ¿Hay solución a los problemas indicados? ¿Tiene alguna culpa los Estados Unidos en cuanto a tales problemas de los países latinoamericanos? Consulte la enciclopedia, los artículos y libros necesarios para llegar a conclusiones inteligentes.

El prestigio de los políticos en nuestros pueblos semileídos (*semiliterate*) crece como las bolas de nieve (*snowballs*). Todos los días aumenta de volumen, pero los tales políticos sufren de una ignorancia y de una ordinariez (*uncouth mediocrity*) mental y moral verdaderamente asombrosas (*amazing*), y no se concibe cómo con semejantes gentes se puede conducir un país. Entre ellos sólo en apariencia (*appearance*) tienen distinción de doctrinas o de programas, y su única ambición es mandar y aspirar al poder.

Alcides Arguedas, historiador
y sociólogo boliviano

17

La Argentina

La Plaza de Mayo, Buenos Aires

La palabra «Argentina» significa «de plata», y el río más grande del país lleva el nombre de «Río de la Plata». Aunque no hay minas de plata en la Argentina, todo esto tiene una interesante explicación histórica. En el año 1526 un grupo de españoles llega a la región del Paraguay, donde encuentran una tribu de indios que llevan ornamentos de plata. Así recibe el río su nombre, pero todas las minas de plata están en el Perú. Diez años más tarde, atraídos por este mito (*myth*) de la abundancia de plata en el país, llega a la boca del río una gran expedición de 1.200 españoles bajo Pedro de Mendoza, un noble de la corte de Carlos V. Estos colonizadores continúan su viaje río arriba (*upriver*) una distancia de 170 millas, donde con gran pompa se desembarcan y fundan la ciudad de Buenos Aires.

En este sitio el río tiene veintiocho millas de ancho. Los indios asaltan la colonia, hay hambre y pestilencia, y después de cinco años han muerto mil españoles. Los que quedan vivos abandonan la colonia.* En 1580, desde

---

*The horses of Mendoza's colonists escaped to the open pampas; cattle from other early settlements did the same, and by 1750 there were millions of wild quadrupeds. From them the gaucho made his living.

el Paraguay, Juan de Garay, con sesenta y tres hombres, mil caballos y quinientas vacas, llega a la colonia abandonada y funda por segunda vez la ciudad de Buenos Aires, que desde entonces comienza a progresar.

La historia de la Argentina es la historia de Buenos Aires y de la gran pampa argentina, que es el corazón del país. La pampa argentina es extremadamente fértil, el clima es bueno y los medios de comunicación son fáciles porque no hay obstáculos geográficos. Las vacas y los caballos se multiplicaron rápidamente. También fue fácil el cultivo de granos, sobre todo el trigo y el maíz (*wheat and corn*). La Argentina de nuestros días exporta más carne y más granos que cualquier otro país del mundo. El puerto y centro comercial de estas exportaciones es Buenos Aires, una de las ciudades más populosas, más modernas, más cosmopolitas y más ricas de toda Latinoamérica.

La Argentina es un país de grandes variaciones geográficas. Sólo la parte central es pampa. Hacia el norte, en el Chaco, hay una región de inmensos ríos y de árboles hermosos. En el sur de la Argentina hay una región de hermosos lagos como los de Suiza, en Europa. Y en Patagonia todavía viven innumerables guanacos* y algunos indios muy primitivos.

La Argentina es también un país de grandes dimensiones. Quince de las estancias en la pampa tienen más de 250.000 acres, y una sola contiene más de un millón de acres. Todos estos estancieros tienen sus grandes mansiones en Buenos Aires.

*Members of the llama family

La pampa al oeste de Bahía Blanca

Eva Perón y Juan Perón, Buenos Aires, 1950

Otra ciudad, Córdoba, con sus iglesias y monumentos antiguos, evoca memorias de la época colonial. Mendoza y Tucumán son hermosas ciudades agrícolas, y Rosario es un gran centro industrial. La mayor parte de los habitantes de la Argentina son descendientes de españoles, pero más de cinco millones son descendientes de italianos. La población total del país es de unos treinta millones.

La Argentina es una nación progresista de muchos ferrocarriles y grandes industrias. La Universidad de Buenos Aires es una de las mejores de Hispanoamérica, y los frigoríficos (*meat-packing plants*) de Buenos Aires son los más grandes del mundo.

Desde la segunda guerra mundial la Argentina ha tenido graves problemas económicos y políticos. El general Juan Domingo Perón estableció una dictadura de los «descamisados» (*shirtless ones*) durante los años 1946–1955. Perón dobló los salarios de los trabajadores de la ciudad, pero no hizo nada para las masas rurales. Destrozó el Jockey Club, centro de la vida aristocrática, controló los bancos y los periódicos, y su esposa, Evita, dominó la vida social de Buenos Aires con su «Fundación Eva Perón»,* que «quitaba a los ricos para dar a los pobres». El gobierno de Perón arruinó el país económicamente, y cuando el dictador huyó en 1955 dejó el tesoro vacío

*Eva Perón Foundation. Perón's government passed a decree giving Eva control of all Argentina's charities, which had previously been controlled by the "nice" ladies of Buenos Aires. They had snubbed her because of her lack of education and illegitimate birth. Prudent employers, foreign concerns, labor leaders, and public workers all contributed generously, and the foundaton became a multimillion-dollar enterprise. Its widespread medical and welfare activities made devoted **peronistas** of the poor workers and their families.

(*empty treasury*). Hubo un breve gobierno militar y entonces, con Arturo Frondizi (1958–1962), la Argentina volvió al gobierno democrático. Frondizi estableció un programa de austeridad para luchar contra la inflación, pero tuvo poco éxito y hubo un golpe militar.

En octubre de 1973 Perón volvió a la Argentina después de dieciocho años de exilio en España y llegó a ser presidente por segunda vez. Murió en julio del año siguiente, y su tercera esposa, Isabel, le siguió en la presidencia. Las condiciones económicas iban mal, grupos terroristas asesinaron a centenares de personas y en marzo de 1976 Isabel Perón fue derrocada por una junta militar presidida por el general Jorge Videla.

Después de la época de Perón, la Argentina pasó por una serie de dictaduras militares. El 2 de abril de 1982, el presidente Galtieri, confrontando una miserable situación económica dentro del país, decidió ocupar las Islas Malvinas.* Desde la independencia estas islas han aparecido en todos los mapas argentinos como territorio nacional, porque antes pertenecían a España, según ciertos documentos históricos en manos de aquel país.

Las tropas argentinas fácilmente vencieron a los 84 soldados británicos y se apoderaron de las islas. El Reino Unido (*United Kingdom*) respondió violentamente, mandando buques de guerra, submarinos, fuerzas de infantería y aviones para reconquistar a las Malvinas, y el 14 de junio los 11.000 soldados argentinos capitularon. Esta guerra costó casi dos mil millones (*2 billion*) de dólares, resultó en 1.000 muertos y heridos, y en los meses después de la derrota la inflación argentina subió al 450 por ciento.

Durante la guerra los Estados Unidos apoyó a Inglaterra, enojando así a todos los países latinoamericanos, pero después de la rendición (*surrender*) argentina, nuestro país firmó una resolución de la Organización de los Estados Americanos en la que pidió que se negociara la cuestión de la soberanía sobre las Malvinas.

Después de perder su entusiasmo por la guerra, los argentinos volvieron a vivir intranquilamente bajo el gobierno militar. Galtieri fue derrocado ignominiosamente, pero los militares no dejaron de controlar el gobierno. Crecieron las protestas y las reclamaciones (*complaints*) contra la junta, que había admitido en una declaración oficial haber ejecutado (*executed*) por necesidad pública a unas 30.000 personas. Hubo desfiles (*processions*) de masas de ciudadanos que marchaban por las calles en repudio de este documento militar que procuraba (*attempted to*) justificar las ejecuciones. Los manifestantes exigieron (*demanded*) el fin del terrorismo y la liberación de los presos políticos.

---

*The Malvinas, or Falkland, Islands are only 250 miles off the Argentine coast, and their sovereignty has long been in dispute. They were discovered by the British in 1592, a first landing was made by the British in 1690, and the name *Falkland* was then given to the islands, but no colony was established. In 1764 the French did found a colony, calling the islands *Les Îles Malouines*, from which comes the Spanish name *Malvinas*. Two years later France signed the islands over to Spain, a Spanish colony was established, and when Argentina won independence from Spain in 1816 it took over this settlement and claimed sovereignty. In 1833 the British drove the Argentines out, occupied the settlement, and have held onto the Falklands ever since. Some two thousand British currently live there.

Desde el mes de noviembre 1983, la Argentina tiene un nuevo presidente democrático: Raúl Alfonsín. Subió al poder después de un gran triunfo en las elecciones y con el apoyo de un pueblo ansioso por el retorno de una justa democracia.

A pesar de su inestable situación politica, la Argentina ha producido algunos de los mejores escritores y artistas contemporáneos. Jorge Luis Borges es indudablemente el más famoso cuentista de América, y Julio Cortázar, Eduardo Mallea y Ernesto Sábato son novelistas de mucha fama. La música folklórica del país es sumamente hermosa; Alberto Ginastera fue un distinguido compositor de óperas y de música sinfónica; y la orquesta nacional es una de las mejores del mundo. El Teatro Colón de Buenos Aires es un centro cultural de renombre universal.*

Buenos Aires es una capital con una vitalidad extraordinaria. Los habitantes «presumen de poseer la calle más larga del mundo y la avenida más ancha. Rivadavia es una vía de 35 kilómetros de longitud, y el ancho de la Avenida 9 de Julio se aproxima al medio kilómetro. Su aspecto de día y de noche, con un incesante flujo (*flow*) de automóviles, es realmente asombroso». Buenos Aires es una ciudad espectacular con grandes avenidas, plazas hermosas y edificios impresionantes. La República Argentina es una nación igualmente impresionante y hermosa que tiene la posibilidad de ser una de las grandes naciones del mundo.

En 1986 los presidentes de la Argentina y del Brasil firmaron un acta (*agreement*) de integración económica argentino-brasileña. Quieren crear, con el tiempo, un mercado común entre los dos países. Este programa de cooperación ya se ha puesto en marcha. Entretanto, el mayor problema económico de la Argentina es la deuda externa, de unos sesenta mil millones (*60 billion*) de dólares. El gobierno ya ha impuesto un programa de gran austeridad en el país, pero la inflación llega al 100 por ciento al año, y es imposible pagar los millones que se deben. La Argentina mantiene la posición de que el problema de la deuda es político, y busca una solución política a este problema.

Al mismo tiempo la Argentina necesita urgentemente capital externo para el desarrollo de sus industrias y para desarrollar la Patagonia, «uno de los grandes desiertos[†] del mundo». El ahorro interno (*domestic capital*) no es suficiente para ello. De manera que este país ahora se encuentra entre los cuernos de un dilema cuya resolución será sumamente difícil. El presidente Alfonsín, al enfrentar la crisis, afirma que «el crecimiento de la economía argentina no es negociable, porque constituye la única salida al problema de la deuda externa».

*The Colón is one of the world's great opera houses. It has its own orchestra and opera and ballet companies. The country's cultural life is centered here. The Colón is a replica of La Scala, the famous opera house in Milan, Italy.

[†]*wilderness areas.* Alfonsín plans to move the capital from Buenos Aires five hundred miles southward into Patagonia in order to attract people and industry to this new frontier land. The move would also drastically cut the bloated federal bureaucracy, which would be unwilling to leave Buenos Aires. It is grossly overstaffed, inefficient, and corrupt.

Patagonia, región del sur de la Argentina

Al principio Alfonsín gozaba de gran popularidad en la Argentina. Bajo su administración se ha podido juzgar y encarcelar* a nueve generales argentinos culpables de actos de violencia y asesinatos. Esto prueba definitivamente que el ejército ya no domina la vida política del país. En Washington se admira al presidente argentino, pero los Estados Unidos, teniendo en cuenta (*concerned with*) sus propios problemas, autorizó la venta anual de cuatro millones de toneladas de trigo a Rusia a precios subsidiados. El embajador argentino objetó la decisión, y la razón es clara. La economía argentina sufrirá un golpe cruel si el país no podrá vender su trigo (una de sus principales exportaciones) a precios que le garantizan ganancias. Además, ¿cómo puede la Argentina pagar su deuda externa si no tiene ganancias con que pagarla? En tercer lugar, ¿cómo podrá mantenerse el presente régimen democrático argentino si se desploma (*collapses*) la economía nacional? En 1988 la economía se desplomó y en 1989 fue elegido presidente, Carlos Menem, candidato peronista. Sus problemas son verdaderament formidables.[†]

*se ha podido... = *it has been possible to put on trial and imprison*

[†]Alfonsín suffered a defeat at the polls in the parliamentary elections of 1987, when the Peronists won majority support. As a result, his leadership was greatly weakened.

EJERCICIOS

A. Opciones. Complete these sentences with the correct answer (or answers) that follow.

1. El fundador de Buenos Aires fue el español _____ (Alfonsín, Mendoza, Sarmiento, Pizarro). **2.** La Argentina es uno de los países más _____ (grandes de Sudamérica, pobres de Sudamérica, ricos de Sudamérica, pequeños de Sudamérica). **3.** Entre las ciudades de la Argentina se encuentran las siguientes: _____ (Córdoba, Asunción, Mendoza, Valdivia). **4.** En los frigoríficos argentinos se prepara _____ (la lana, el trigo, la carne, la aspirina). **5.** Perón era muy popular entre los trabajadores argentinos porque _____ (les dio medicinas, los educó, dobló sus salarios, pagó su renta). **6.** La población total de la Argentina es de unos _____ (cien millones, cincuenta millones, treinta millones, diez millones). **7.** El presidente y dictador Galtieri decidió _____ (conquistar a Chile, pagar la deuda externa, ocupar las Islas Malvinas, imponer un programa socialista). **8.** Uno de los resultados de la Guerra de las Malvinas fue _____ (una victoria argentina, una derrota argentina, jubilación en el Reino Unido, más control de la inflación). **9.** Entre los más famosos escritores argentinos se encuentran _____ (Carlos Fuentes, Jorge Luis Borges, Sarmiento, Pablo Neruda). **10.** Los habitantes de las Islas Malvinas son _____ (argentinos, españoles, ingleses, franceses). **11.** El presidente Alfonsín insiste en que la deuda externa de la Argentina es _____ (pequeña, fácil de pagar, un problema político, un error bancario). **12.** Alfonsín dice que la Argentina no podrá pagar su deuda externa si no _____ (recibe más préstamos, crece la economía interna, encuentra más petróleo, desarrolla la Patagonia).

B. Traduzca al español. Replace the English words in italics with Spanish and translate.

1. *The largest river in the country* es el Río de la Plata. **2.** Casi todos *wear* ornamentos de plata. **3.** Todas la minas *are* en el Perú. **4.** Con gran pompa los españoles *disembark*. **5.** Todos los hombres *are hot*. **6.** La mala alimentación y varias enfermedades *kill most of the Spaniards*. **7.** *Five years later* todos los demás salen de Buenos Aires. **8.** *There remain only* unas doscientas personas vivas. **9.** *The* clima de la Argentina *is good*. **10.** *There aren't any* obstáculos geográficos. **11.** La Argentina exporta más carne *than any other* país del mundo. **12.** Algunos de los árboles *are 150 feet high*. **13.** *More than* cinco millones de los habitantes son descendientes de italianos. **14.** La población total del país es *less than* cuarenta millones. **15.** *It is true* que la historia de la Argentina y *that of* los Estados Unidos tienen muchos paralelos.

C. Comentarios. Comment briefly in Spanish on each of the following.

1. el Río de la Plata
2. la colonia de Pedro de Mendoza
3. los frigoríficos
4. la inflación argentina
5. los descamisados
6. el presidente Alfonsín
7. la Fundación Eva Perón
8. Buenos Aires hoy día

9. el Teatro Colón
10. la literature argentina

11. la música argentina
12. la deuda externa

D. Expresiones útiles.   Use each of the following in a sentence of your own in Spanish.

1. **sin embargo**   nevertheless
2. **tiene ___ millas de ancho (pies de alto)**   to be ___ miles wide (feet high)
3. **en el ínterin (entretanto)**   in the meantime
4. **al enfrentar**   on confronting
5. **ya no**   no longer
6. **ponerse en marcha**   to get moving

7. **todos los demás**   all the rest
8. **tener calor**   to be hot (a person)
9. **hacer calor**   to be hot (weather)
10. **se admira a**   (he/she/it) is admired
11. **no hay que olvidar**   one must not forget
12. **tener en cuenta**   to bear in mind

E. Preguntas
1. ¿Por qué no prosperó la colonia de Mendoza?   2. ¿Cuáles son los productos más importantes de la Argentina?   3. ¿Por qué es tan importante en la vida argentina el Teatro Colón?   4. ¿Qué dicen los argentinos de las Malvinas?   5. ¿Por qué es tan famosa la Avenida 9 de Julio?   6. ¿En qué parte de la Argentina está la pampa?   7. ¿Qué importancia tiene la pampa argentina?   8. ¿En qué parte de la Argentina se encuentra Buenos Aires?   9. ¿Qué clase de gobierno tiene la Argentina hoy día?   10. ¿Quién fue Eva Perón?   11. ¿Cuántas personas había en la expedición de Mendoza?   12. ¿Quién fue Juan Domingo Perón?   13. ¿Quién era Alberto Ginastera?   14. ¿Por qué es tan famoso Jorge Luis Borges?   15. ¿Ha habido muchos «desaparecidos» en la Argentina?   16. ¿Quién es el nuevo presidente del país?   17. ¿Qué dice Alfonsín de la deuda externa del país?

Temas de investigación

Trabajo oral o escrito. Repita en sus propias palabras las ideas centrales de la siguiente cita. ¿Está usted de acuerdo? ¿Cree usted que el autor sea objetivo y correcto? ¿Qué importancia tiene la cita? Identifique al autor. ¿Cree usted que en nuestro país seguimos los consejos (advice) del autor argentino? Consulte la enciclopedia, los artículos y libros necesarios para llegar a conclusiones inteligentes.

La escuela es un puente entre el hogar y la sociedad. Siendo el trabajo el primer deber social, debe la escuela preparar el hombre para cumplirlo. Siendo la cultura el primer derecho individual, la oportunidad de aprender debe ser continua e ilimitada. Libres de toda imposición dogmática, los maestros enseñarán a pensar más bien que a repetir, a crear más bien que a copiar.

José Ingenieros,
filósofo y sociólogo argentino

18

El Perú

Plaza San Martín, Lima

Geográficamente el Perú está en la zona tórrida. La región de la costa es un desierto, pero debido a ciertas corrientes oceánicas, Lima, la capital del país, tiene un clima templado durante todo el año. En las montañas el clima es siempre frío. En la selva, al este de los Andes, siempre hace calor.*

    Los principales productos del Perú son el petróleo, la plata, el oro, el cobre, el guano y la papa. Llevada a los Estados Unidos, y de allí a Irlanda, la papa, o patata, peruana más tarde recibió el nombre de «patata irlandesa». Ahora las patatas producidas en el mundo en un solo año valen más que todo el oro del Perú.

    Los indios peruanos, descendientes de los incas, todavía viven en sus comunidades primitivas, que llaman «ayllus». Dividen lo que producen. Muchos de los indios tienen llamas, que usan como bestias de carga, y vicuñas y alpacas, cuya lana usan para hacer sus ponchos y otros textiles.

*Before the days of air travel, Iquitos, Peru's largest jungle city, could be reached from Lima only by water: through the Panama Canal and up the Amazon, a distance of several thousand miles.

La base de la civilización inca fue una de las sociedades comunales más grandes de la historia del mundo. Los incas construyeron inmensos templos de piedra, acueductos, caminos, artículos de oro y plata, y hacían todo el trabajo en común. Un inglés, Tomás More, recibió vagos informes de esta gran sociedad cooperativa del Nuevo Mundo, y en 1516 publicó un libro basado en parte en estos informes y en parte en su propia imaginación. El libro llegó a ser uno de los más célebres de todos los tiempos; su título es *Utopía.* Después de la publicación de este libro los habitantes de Europa comenzaron a considerar al Nuevo Mundo como la tierra de promisión, donde la vida era más rica, más completa, más libre (*free*) que en el viejo continente. Millones de inmigrantes abandonaron sus casas en Europa para buscar en esta tierra la vida de sus sueños y de sus esperanzas.

En la época colonial, el virreinato (*viceroyalty*) del Perú era la parte más rica de las colonias españolas en Sudamérica. La ciudad de los reyes, Lima, capital del virreinato, era el centro político y social de todo el continente. Era una ciudad aristocrática, opulenta, de muchos y notables palacios, ricas iglesias y gran número de conventos. La universidad de Lima (San Marcos), establecida en 1551, fue la primera y la mejor institución universitaria de la América del Sur. La vida limeña de la época colonial forma la base de las famosas *Tradiciones peruanas* del escritor peruano Ricardo Palma, quien la describe con tanta gracia, gusto y anécdotas pintorescas.

En la Guerra del Pacífico, que hicieron el Perú y Bolivia con Chile (1879–1881), las tropas peruanas fueron fácilmente derrotadas (*defeated*) por los chilenos. El ejército chileno invadió el litoral boliviano (*coastal area of Bolivia*), marchó unas mil millas hacia el norte, entró a Lima y la ocupó por

Machu Picchu, ciudad de los incas

El campo entre Puno y Cuzco

más de dos años. Uno de los más famosos escritores peruanos, Manuel González Prada, se negó a (*refused*) salir de su casa durante toda la ocupación. Como consecuencia de esta guerra, el Perú perdió tres de sus provincias sureñas —Tarapacá, Tacna y Arica— y Bolivia perdió su único puerto —Antofagasta— con el territorio que lo rodea. Chile extendió su territorio nacional hacia el norte, tomando para sí todo el desierto de Atacama, rico en depósitos de salitre.

En el Perú contemporáneo, como en México, hay un gran movimiento indigenista inspirado en las masas indias. Escritores, artistas y músicos encuentran inspiración en las antiguas tradiciones y en el folklore de los indios. Uno de los pintores más célebres de Sudamérica es el peruano José Sabogal, cuyas pinturas de los indios de su país son intensas interpretaciones del alma nativa americana. Hay toda una escuela de pintores que continúan la tradición de Sabogal.

En la literatura encontramos el mismo espíritu. Las novelas de Ciro Alegría y José María Arguedas* pintan el alma indígena; y el partido político

*__El mundo es ancho y ajeno__ (*Broad and Alien is the World*), 1941, is the best-known novel of Alegría. The best novels of Arguedas are **Los ríos profundos,** 1958, and **Todas las sangres,** 1964. Another contemporary Peruvian novelist is Mario Vargas Llosa, a prolific young writer of international repute.

de más influencia en el Perú, APRA (Alianza Popular Revolucionaria Americana), cuyas bases son indigenistas, refleja la unión entre las masas indígenas y los intelectuales. Los militares no permitieron su ascensión al poder en 1962 cuando sus candidatos ganaron una tremenda victoria electoral.*

En 1963, después de algunos meses de gobierno militar, Fernando Belaúnde Terry, un moderado, fue elegido presidente. Su administración dedicó el 25 por ciento presupuesto nacional a las escuelas, logró mucho en las regiones más primitivas y ayudó a dos millones de indios a modernizar sus aldeas. Belaúnde Terry también efectuó algunas reformas agrarias, pero su tolerancia con la industria petrolera norteamericana exasperó a los militares, quienes le derrocaron en 1968.† Hubo quince años de gobierno militar, y las condiciones económicas llegaron a ser intolerables.

En 1980, en las primeras elecciones libres en quince años, Belaúnde Terry fue elegido presidente por segunda vez. Este hombre inteligente y honrado inició un programa de reformas agrícolas, trató de proveer (*provide*) mejores servicios públicos y de emprender (*undertake*) una gran expansión de las obras públicas. En 1981–1983, desafortunadamente, la caída de los precios del petróleo, del cobre y de la plata, los tres productos peruanos más importantes, obligó al presidente a reducir o cancelar una gran parte de sus reformas.

Otro obstáculo para el gobierno: un grupo terrorista, el Sendero Luminoso (*Shining Path*), lanzó una campaña de destrucción y asesinatos. Docenas de establecimientos públicos y privados fueron atacados por bombas incendiarias. Lima sufrió en una sola «noche negra» pérdidas de unos $250 millones. El gobierno detuvo (*arrested*) a más de treinta mil personas,

---

*One outstanding example of Peruvian-American cooperation is the Vicos Indian community in the high Andes. The entire village, much like a feudal fief, was up for rent at the time Cornell University professor of anthropology Allan R. Holmberg received a $100,000 grant from the Carnegie Foundation to study life in the Andean highlands. Holmberg leased Vicos for a five-year period and took a Peruvian partner. Holmberg brought his wife and children and settled down in Vicos.

The head of each Indian family owed him three days of work every week, and the wives and children owed him "personal services." Holmberg met regularly with the village elders, addressed their problems with them, introduced improved agricultural techniques, brought in better seed crops, fertilizer, sprays. Vicos began to prosper and community spirit revived. The village slogan became **Se cambiará** (*Things will change*). The Indians remodeled and tidied up their houses, constructed a village school, sold their excess harvest in neighboring towns. By 1962 they had saved up enough cash to buy back their lease and become an independent community. Peru's Communist party made every effort to obstruct Vico's progress, but the community has continued to prosper in the intervening years—a fine example of what can be achieved, at small cost, when aid goes directly to a community.

†When Belaúnde Terry inspected the houses a U.S. oil company had built for its workers, he remarked "If this is an example of U.S. imperialism, we could use more of it." This remark perhaps helped cost him the presidency.

pero el terrorismo continuaba, y el gobierno declaró un estado de sitio. Como resultado de todo esto, el turismo ha decaído (*declined*) un 50 por ciento. El costo de la vida ha subido mucho, la inflación alcanza a 600 por ciento anualmente, y el desempleo (40 por ciento en algunas partes del país) ha llegado a ser una calamidad nacional. Hay barriadas miserables alrededor de todas las ciudades peruanas.*

En los primeros meses de 1983 otra catástrofe sacudió (*struck*) al país: lluvias torrenciales cayeron en el norte, causando grandes inundaciones y derrumbes (*landslides*) que afectaron a un millón de personas y resultaron en pérdidas de un billón de dólares. El gobierno no tenía recursos para dar la ayuda necesaria, y han muerto muchos habitantes. Por el otro extremo, en el sur del Perú, donde no ha llovido en diez años, los cultivos (*crops*) se han secado (*have withered away*) en los campos. Al anotar esta serie de calamidades, sería injusto no mencionar también el notable progreso político del Perú en los últimos años. El presidente Belaúnde Terry, educado en los Estados Unidos, fue un líder sumamemte democrático y progresivo. Su sucesor, el carismático Alan García, del Partido Aprista, elegido en 1985, es un hombre de igual inteligencia. Su vicepresidente, Luis Alberto Sánchez, muy conocido en los Estados Unidos por su obra literaria e histórica, pasó una gran parte de su vida en el exilio, debido a sus violentas protestas contra las acciones anti-democráticas de los gobernantes de su país.

Es lástima que en el momento histórico de tener líderes nacionales de tanta inteligencia y buena voluntad (*good will*), el Perú enfrente problemas económicos y políticos tan abrumadores (*overwhelming*). El presidente Alan García, confrontando una enorme deuda externa, ha proclamado su propio plan de pagos. Su plan consiste en limitar el pago de la deuda a un 10 por ciento del valor de las exportaciones del país. Desafortunadamente, Alan García sabe que, en las condiciones actuales, hay pocas posibilidades de que su gobierno pueda mejorar las precarias condiciones de vida de la mayor parte de sus compatriotas. Lo que necesita el Perú, lo que necesita todo Latinoamérica, es una buena transfusión de capital de las naciones industrializadas del mundo. Lamentablemente, en estas naciones existe la aprensión de que Latinoamérica administrará mal o despilfarrará (*will squander*) estos fondos. Entretanto, Alan García ha establecido muy buenas relaciones con la Unión Soviética.†

*In Lima's biggest shantytown, **El Salvador** (*The Savior*), 300,000 poor live in tiny huts of adobe, scrap lumber, wooden boxes, tin sheets, and oil cans. Public facilities are primitive and unhygienic. At any given moment 50 percent are unemployed, and when working, their average income is $35 a month.

†In the fall of 1987 Alan García decided to nationalize Peruvian banks and savings and loan institutions in order to stop the flight of Peruvian capital. This plan was bitterly opposed by Mario Vargas Llosa, the country's most famous writer, who objects to giving so much power to the state thus creating a costly bureaucracy.

EJERCICIOS

A. Opciones.   Complete these sentences with the correct answer (or answers) that follow.

1. La mayor parte de la población del Perú vive en _____ (los valles, las montañas, la costa, la selva).   **2.** La capital del Perú es _____ (Cuzco, Caracas, Lima, Bogotá).   **3.** El famoso autor peruano Ricardo Palma describe la vida _____ (de los indios peruanos, limeña, de los exploradores, de los franciscanos).   **4.** El Sendero Luminoso es un grupo de _____ (soldados rebeldes, trabajadores desilusionados, terroristas fanáticos, estudiantes revolucionarios).   **5.** Hoy día el Perú tiene un gobierno _____ (democrático, comunista, religioso, autocrático).   **6.** Vicos es una comunidad _____ (religiosa, india, urbana, socialista).   **7.** Lo que necesita el Perú, y lo que necesitan todos los países latinoamericanos, es _____ (más población, más desempleo, más armas, una transfusión de capital).   **8.** Luis Alberto Sánchez, el vicepresidente del Perú, es _____ (un famoso pintor, un general peruano, un autor peruano, el ministro de justicia).   **9.** La ciudad de Iquitos está situada en _____ (la costa, las montañas, la selva, una isla).   **10.** El ex-presidente del Perú, Belaúnde Terry, fue educado en _____ (Francia, España, Cuba, los Estados Unidos).   **11.** Entre las ciudades del Perú se encuentran _____ (Cartagena, Arequipa, Cuzco, Lima).   **12.** Hoy día uno puede viajar a través del Perú _____ (en automóvil, por ferrocarril, en avión, por vapor).

D. Comentarios.   Comment briefly in Spanish on each of the following.

1. los incas
2. la patata peruana
3. el libro *Utopía*
4. los productos peruanos
5. la geografía del Perú
6. Lima colonial
7. Alan García
8. la industria petrolera
9. la inflación
10. la novela peruana
11. los indios peruanos hoy día
12. Vicos

C. Expresiones útiles.   Use each of the following in a sentence in Spanish.

1. **todo el año**   all year long
2. **estado de sitio**   martial law
3. **la tierra de promisión**   promised land
4. **en un solo año**   in a single year
5. **el costo de la vida**   the cost of living
6. **es lástima que**   it is a pity that
7. **hay toda una escuela**   there is a whole school
8. **negarse a** + *inf.*   to refuse to__

F. Preguntas

1. ¿Por qué son importantes los incas en la historia del Perú?   **2.** ¿Cuáles son los productos más importantes del Perú?   **3.** ¿Qué consecuencias tuvo la Guerra del Pacífico para el Perú?   **4.** ¿Por qué fracasó (*failed*) el gobierno de Belaúnde Terry?   **5.** ¿Qué pasó en el Perú después de la caída del gobierno de Belaúnde Terry?   **6.** ¿Por qué fracasó el gobierno militar de los generales?   **7.** ¿Qué hace el gobierno ahora para controlar el desempleo y la inflación? **8.** ¿Cuáles son las tres divisiones geográficas del Perú? **9.** ¿Qué clase de comunicaciones tenía Lima con Iquitos antes de las líneas aéreas? **10.** ¿En qué parte del Perú vive la gran población india? **11.** ¿Qué importancia tiene el libro *Utopía*? **12.** ¿Qué pasó durante la segunda presidencia de Belaúnde Terry? **13.** ¿Qué es el Sendero Luminoso? **14.** ¿Por qué tuvo que declarar el estado de sitio el gobierno peruano? **15.** ¿Qué clase de gobierno tiene el Perú hoy día? **16.** ¿Qué importancia tiene el pueblo de Vicos? **17.** ¿Qué hacen los terroristas del Sendero Luminoso contra la sociedad peruana? **18.** ¿Qué clase de catástrofes sufrió el Perú en 1983? **19.** ¿Qué significan las palabras «El Salvador» en Lima hoy día? **20.** ¿Quién es el nuevo presidente del Perú? **21.** ¿Qué necesita el Perú hoy?

Temas de investigación

Trabajo oral o escrito. Repita en sus propias palabras la idea central de la siguiente cita. ¿Está usted de acuerdo? ¿Cree usted que el autor sea objetivo? ¿Qué importancia tiene la cita? Identifique al autor. ¿Qué clase de obras ha escrito? Manuel González Prada era un anarquista idealista. Explique lo que es el anarquismo político. Consulte la enciclopedia, los artículos y libros necesarios para llegar a conclusiones inteligentes.

El hombre, individualmente, suele perfeccionarse hasta el grado de convertirse en una especie de semi-dios; colectivamente, no ha pasado hasta hoy de un idiota o de una fiera (*wild beast*). No hubo pueblo-Sócrates, ni nación-Aristóteles. En los momentos críticos, las naciones más civilizadas revelan alma de patán (*uneducated brute*).

Manuel González Prada, Perú

19

Chile

Los Andes vistos desde la zona de lagos, Chile

En 1540 el capitán Pedro de Valdivia, uno de los conquistadores del Perú, decide ir a Chile. Valdivia no busca oro, y en una carta que escribe al rey de España, le dice: «No deseo sino descubrir y poblar (*populate*) tierras a Vuestra Majestad para dejar memoria y fama de mí». En otras palabras Valdivia busca la gloria; no quiere ser un explotador, sino un colonizador. Este espíritu de Valdivia caracteriza la historia de Chile.

El 12 de febrero del año 1541 la expedición de Valdivia llega al hermoso valle central y allí funda la ciudad de Santiago. El nombre «Santiago» en español antiguo es «Sant Iago», y se refiere al santo patrón de España. En inglés el nombre es «Saint James». La derivación de la palabra «Chile» es también muy interesante; la palabra ocurre en dos lenguas indias y tiene dos distintos significados. En la lengua aymará de los indios bolivianos significa «el fin de la tierra», y en la lengua quechua del Perú tiene el significado de «frío».*

*The Aymarás and the Quechuas are the two principal Indian groups of the Andean regions. The former live mainly in Bolivia, the latter in Peru.

La conquista de Chile fue para España lenta y difícil. Los indios del país, los araucanos, eran guerreros fuertes y valientes. Aunque la guerra contra los araucanos continuó por más de trescientos años, fue absolutamente imposible conquistarlos. Por consiguiente, durante toda la época colonial de Chile los habitantes civilizados del territorio vivieron en constante peligro. Su colonia fue una sociedad de soldados y de colonizadores pobres. Estos soldados y estos colonizadores tuvieron que trabajar y luchar juntos para poder existir, y esto dio al país y a sus habitantes un fuerte sentimiento de unidad. Cuando llegó el momento de la independencia en el año 1818, Chile fue el primer país latinoamericano que estableció un fuerte gobierno civil y progresista sin pasar por una larga serie de revoluciones.

Chile es un país de inmensas variaciones geográficas. Tiene la cabeza en un desierto tropical, el corazón en el hermoso valle de la zona templada, y los pies en las aguas frías de las regiones antárticas. En el gran desierto del norte no hay árboles, ni animales, ni vegetación. Para dar un tono verde al ambiente, muchos de los habitantes de esta región pintan de verde sus casas. Es el único verde del paisaje. Este desierto contiene casi todo el nitrato natural del mundo y su aridez amarilla y blanca se extiende por millas desde el norte hacia el sur. Desde el avión esta región de Chile se parece a las regiones más áridas de Nevada o de Arizona de los Estados Unidos.

El hermoso valle central de Chile es una cosa muy distinta. Aquí vive casi el 90 por ciento de la población total del país. Esta parte de Chile es como las secciones más hermosas de California. El clima es benigno, la tierra es fértil y hay abundancia de agua. Santiago, capital del país, está en este valle central, y Valparaíso es su puerto. Santiago tiene una población de más de tres millones de habitantes, y Valparaíso tiene unos quinientos mil. En los mercados de estas ciudades se venden frutas de todas clases, melones, uvas, flores, naranjas y otros productos de la tierra.

En el sur de Chile, antes de llegar a la Tierra del Fuego, hay una región de grandes montañas y hermosos lagos como los del sur de la Argentina. Aquí viven muchos inmigrantes europeos: alemanes, suizos, yugoeslavos, etcétera. El paisaje es magnífico, y algunas de las ciudades —por ejemplo, Valdivia, donde hay una colonia grande de alemanes— son muy modernas y hermosas. En esta parte del país hay mucha lluvia y la tierra está verde durante casi todo el año. También hay árboles inmensos, montañas cubiertas de nieve y valles pintorescos.

Casi todo el país sufre de violentos temblores que a menudo destruyen ciudades enteras. A veces 25.000 personas mueren en estas catástrofes. Los habitantes de Chile todavía recuerdan con horror el terrible temblor de 1960 que mató a más de 5.700 personas. Fue mucho más fuerte que el temblor de 1906 en San Francisco, California.

Hoy día Chile es uno de los países más cosmopolitas de Latinoamérica; tiene buenas bibliotecas, escuelas y universidades, y en sus ciudades más grandes hay muchas industrias, edificios modernos y hermosos, y calles magníficas. La Avenida O'Higgins* de Santiago, que pasa por el centro de la

*Named for Bernardo O'Higgins, national hero and first president of Chile.

Avenida Bernardo O'Higgins y Cerro Santa Lucía, Santiago

ciudad, tiene más de trescientos pies de ancho. A pesar de todo esto Chile es un país relativamente pobre. La mayor parte de su fértil valle central está dividido en grandes fundos. El fundo chileno es como la hacienda mexicana, la estancia argentina o la fazenda brasileña. Los propietarios de los fundos dominan la vida del país. La necesidad de dividir estas grandes haciendas feudales es uno de los problemas más fundamentales de los países latino-americanos.

La elección del presidente Eduardo Frei en 1964, a pesar de la fuerte oposición del candidato socialista Salvador Allende, dio a Chile por primera vez un gobierno dedicado a un programa de fundamentales reformas sociales. Frei expropió 1.224 fundos y distribuyó sus tierras, construyó 400.000 casas pequeñas y apartamentos para los pobres y aumentó en un 80 por ciento el total de los impuestos pagados por los chilenos ricos. La matrícula (*enrollment*) universitaria aumentó en un 124 por ciento durante su administración, y la mortalidad infantil bajó más del 20 por ciento.

A pesar de este progreso, Salvador Allende, gran admirador de Fidel Castro y de Mao, fue elegido presidente de Chile en 1970 porque los votos de la oposición se dividieron entre dos candidatos más conservadores. Allende ganó aunque había recibido solamente el 37 por ciento de los votos. Allende trató de convertir a Chile en una sociedad socialista, pero las condiciones económicas se deterioraron, hubo en dos años una inflación de más de 150 por ciento y el país quedó polarizado en dos extremos políticos. En 1973 las

Salvador Allende, 1971

fuerzas militares se rebelaron, mataron a Allende y una junta dirigida por el general Augusto Pinochet asumió el poder. Se suspendieron todas las garantías democráticas, y centenares de chilenos fueron encarcelados o asesinados por la nueva dictadura militar, que se estableció después de cuarenta años de vida democrática en Chile.

El gobierno militar de Pinochet ha reducido la inflación del 600 por ciento en 1978 al 20 por ciento en 1987, pero los bajos precios del cobre y la depresión mundial de 1980–1984 debilitaron (*weakened*) la economía nacional, y el desempleo subió a 23 por ciento. El pueblo chileno está muy descontento con la dictadura militar. Ha habido frecuentes manifestaciones en las calles protestando contra el alto desempleo y la represión de los derechos humanos. Parece que la única salida (*way out*) que tiene Chila para una transición pacífica a la democracia es la formación de un movimiento cívico-militar. En 1988–1989 las condiciones económicas mejoraron mucho.

Mientras tanto, los chilenos se jactan de haber producido dos de los cuatro escritores latinoamericanos que recibieron el Premio Nóbel: Gabriela Mistral (1945) y Pablo Neruda (1971). Gabriela Mistral, además de ser una excelente poetisa, fue la mujer más querida y más admirada de Latinoamérica. Gran feminista, viajaba, escribía y enseñaba en casi todos los países de América. Un fuerte sentido religioso, la maternidad frustrada y el amor perdido caracterizan sus poesías. Neruda, en cambio, es uno de los poetas más variados y sensuales en sus temas y en su lenguaje.*

*Dice Amado Alonso: «En lugar del procedimiento tradicional, que describe una realidad y sugiere su sentido poético entre líneas, los poetas como Neruda describen el sentido poético y sugieren nebulosamente a qué realidad se refiere.» For a complete selection of Hispanic poetry in the best English translations made across the centuries alongside the Spanish originals, see: John A. Crow, *An Anthology of Spanish Poetry* (Baton Rouge: Louisiana State University Press, 1979).

En Chile la oposición del pueblo al gobierno militar es cada vez más fuerte y mejor organizada. Si el general Pinochet consigue mantenerse (*manages to keep himself*) en el poder un año más, esta oposición se consolidará y será o una heroica herencia para la democracia futura o la base para pasar de una dictadura a otra. La violencia suele generar (*generally generates*) sólo violencia. Según un crítico chileno, hace trece años Pinochet prometió al pueblo chileno la erradicación del comunismo en Chile; hoy, lo que logró (*what he achieved*) fue persuadir a todos sus adversarios que un asalto armado será la única salida de la dictadura militar, y el comunismo sigue creciendo. Augusto Pinochet ha empezado a cosechar (*to reap*) lo que sistemáticamente sembró (*sowed*). Desafortunadamente, el ejército es la clave (*key*) en este país.

EJERCICIOS

A. Opciones.   Complete these sentences with the correct answer (or answers) that follow.

1. Después de la muerte de Allende, Pinochet prometió al pueblo chileno la erradicación del _____ (protestantismo, positivismo, comunismo, modernismo).   **2.** Un crítico chileno ha dicho que Pinochet cosechó lo que sistemáticamente _____ (pagó, consiguió, anticipó, sembró).   **3.** La capital de Chile es _____ (Valdivia, Lima, Santiago, Córdoba).   **4.** La conquista de Chile fue bastante _____ (rápida, difícil, lenta, fácil).   **5.** La parte norte de Chile es _____ (una selva, montañosa y fértil, un gran desierto, una región de lagos). **6.** El puerto más importante de Chile es _____ (Concepción, Valparaíso, Valdivia, Santiago).   **7.** Los grandes fundos de Chile están en el _____ (norte, sur, valle central, oeste).   **8.** Los dos escritores chilenos que ganaron el Premio Nóbel de literatura son _____ (Carlos Fuentes, Pablo Neruda, Gabriela Mistral, Blasco Ibáñez).   **9.** Hoy día Chile tiene un gobierno _____ (democrático, socialista, militar, liberal).   **10.** La región de los lagos chilenos se encuentra en _____ (el valle central, el norte, el sur, las montañas del este). **11.** En Chile casi nunca llueve en _____ (el valle central, el sur, la costa, el desierto del norte).   **12.** Salvador Allende dio a Chile un gobierno _____ (democrático, conservador, socialista, dictatorial).   **13.** La clave del futuro de Chile es _____ (la iglesia, el ejército, el cobre, la universidad).   **14.** Uno de los productos más importantes de Chile es _____ (el café, el trigo, el cobre, el azúcar).

B. Traduzca al español.   Replace the English words in italics with Spanish and translate.

1. La oposición al gobierno militar de Chile *grows stronger and stronger*.   **2.** El general Pinochet *manages to* mantenerse en el poder.   **3.** La violencia *generally generates* sólo violencia.   **4.** *Thirteen years ago* prometió al pueblo chileno la erradicación del comunismo en Chile.   **5.** Un asalto armado será *the only way* *out.* **6.** La guerra *against* los indios *continues* por más *than* trescientos años. **7.** *Consequently,* los habitantes viven en constante peligro. **8.** Chile establece un fuerte gobierno civil *without passing through* una serie de revoluciones. **9.** El desierto *extends* por mil millas *from* el norte *to* el sur. **10.** La sección *seems like* las regiones más áridas de Nevada o Arizona. **11.** Hay grandes montañas *like those of the south* de la Argentina. **12.** Las montañas *are covered with snow.* **13.** *Unfortunately,* el ejército es la clave. **14.** Gabriela Mistral, *besides being an excellent poet,* fue la mujer más admirada de Latinoamérica. **15.** Neruda, *on the other hand,* fue uno de los poetas más originales y más difíciles de este siglo.

C. Comentarios. Comment briefly in Spanish on each of the following.

1. la conquista de Chile
2. la época colonial
3. el desierto del norte
4. el fundo chileno
5. los terremotos chilenos
6. el valle central
7. el sur chileno
8. los inmigrantes europeos
9. la poesía chilena
10. la presidencia de Salvador Allende
11. el gobierno actual de Chile

D. Expresiones útiles. Use each of the following in a sentence in Spanish.

1. **a menudo** often
2. **por consiguiente** consequently
3. **por ejemplo** for example
4. **parecerse a** to resemble
5. **por primera vez** for the first time
6. **jactarse de** to boast of
7. **cada vez más** more and more
8. **hace ___ años** ___ years ago
9. **antes de llegar** before arriving
10. **no desear sino** to desire only
11. **se venden frutas** fruits are sold
12. **a veces** at times, sometimes
13. **consigue mantenerse** he/she/it manages to maintain himself/herself/itself
14. **suele generar** it usually generates
15. **la única salida** the only way out

E. Preguntas

1. ¿Quién fue Pedro de Valdivia? **2.** ¿Cuál es la parte más rica de Chile? **3.** ¿Qué pasó en Chile durante la presidencia de Salvador Allende? **4.** ¿Cómo terminó la presidencia de Allende? **5.** ¿Qué clase de gobierno ha tenido Chile desde la muerte de Allende? **6.** ¿Qué poetas chilenos han ganado el Premio Nóbel? **7.** ¿Cuáles son las características de la poesía de Gabriela Mistral? **8.** ¿Por qué pintan de verde sus casas los habitantes del norte de Chile? **9.** ¿En qué parte de Chile vive la mayor parte de la población chilena? **10.** ¿Cómo es el paisaje del sur de Chile? **11.** ¿Cómo es el clima del valle central de Chile? **12.** ¿Qué es el fundo? **13.** ¿Cuál fue el programa social del presidente Frei? **14.** ¿De qué clase de catástrofes geográficas sufre Chile? **15.** ¿Quién fue Bernardo O'Higgins? **16.** ¿Tiene Chile una larga tradición democrática? **17.** ¿De qué país europeo son muchos de los inmigrantes del sur de Chile? **18.** ¿Qué prometió Pinochet al pueblo chileno? **19.** ¿Qué es lo que logró? **20.** ¿Cuál es la clave en Chile hoy día?

F. Cambie al pretérito. Change to the preterit tense. Translate.

1. Busco mi sombrero. **2.** Pago la cuenta. **3.** Llego a las diez de la mañana. **4.** Traigo el contrato. **5.** Siempre digo la verdad. **6.** Hago lo necesario. **7.** Conduzco bien el automóvil. **8.** Traduzco poesías del español al inglés. **9.** Duerme diez horas. **10.** Mueren en la guerra. **11.** Me pide dinero. **12.** Ella se siente enferma. **13.** Consiente en dármelo. **14.** Me da lo mismo. **15.** No ve el problema. **16.** Van al mercado. **17.** Dice las cosas más alejadas (*farfetched*). **18.** Hacen todo el trabajo. **19.** No nos cree. **20.** Leen hasta la medianoche. **21.** Tiene que estudiar.

Temas de investigación

Trabajo oral o escrito. Repita en sus propias palabras las ideas centrales de la siguiente cita. ¿Está usted de acuerdo? ¿Cree usted que el autor sea objetivo? ¿Qué importancia tiene la cita? Identifique al autor. ¿Hay otros países latino-americanos a los que se aplican las palabras de Picón Salas? Consulte la enci-clopedia, los artículos y libros necesarios para llegar a conclusiones inteligentes.

El centralismo de este país estrecho (Chile), sin «hinterland», sin regiones aisladas, con una ciudad que siempre ha sido grande entre las de Sur América y que parecía el centro único del poder y la riqueza, impedía esos movimientos de masas y la agitación de caudillos regionales como en Argentina, México, Venezuela... Pero bajo las sólidas oligarquías que edificaron la plataforma del país —la Ley, el Orden, la Historia escrita— hay un pueblo inquieto que se agita sin forma ni reposo como un movido fuego central (*raging inner fire*). Un sordo rencor irremediable va colmando (*building up in*) el alma de este pueblo.

Mariano Picón Salas, Venezuela,
quien residió muchos años en Chile

20

El Ecuador

Plaza central, Quito

El Ecuador es un país pequeño con una gran historia. Poco antes de llegar los españoles, el rey inca Huayna Cápac abandonó a su esposa e hijo Huáscar en el Cuzco, se enamoró de la hija del rey de Quito y con ella tuvo un hijo llamado Atahualpa, que significa «el bien amado». Cuando el viejo rey se murió, dividió su vasto territorio entre sus dos hijos. A Atahualpa le dio el reino de Quito y a Huáscar el reino del Cuzco al sur. Pronto hubo una guerra entre los dos hermanos, y la tierra de los incas seguía dividida y desorganizada cuando llegaron los españoles bajo Francisco Pizarro. Esta guerra facilitaba mucho la conquista.

Pizarro y sus soldados invitaron a Atahualpa a visitarles en su campamento, pero cuando el inca llegó con algunos amigos desarmados, los españoles los atacaron con violencia, mataron a muchos y capturaron a Atahualpa. Más tarde le prometieron la libertad con tal de que llenara (*provided he would fill*) una habitación de oro. El oro comenzó a llegar, pero los españoles se impacientaron y por fin mataron a Atahualpa. La muerte del inca fue una de las páginas más negras de la conquista española.

Durante la época colonial Quito fue el centro artístico más famoso del hemisferio. Los pintores de la Escuela de Quito decoraron varias de las numerosas iglesias de la ciudad con cuadros magníficos. Algunos artistas del país mandaron cuadros a Europa; en un breve período de diez años, 266 grandes cajas (*crates*) de pinturas pasaron por Guayaquil. El indio «Caspi-cara», uno de los genios más brillantes de Quito, hizo también exquisitas estatuas de madera y miniaturas.

Hay una leyenda muy interesante acerca del pintor más famoso de la Escuela de Quito, Miguel Santiago. Este artista tenía un deseo tremendo de pintar con toda realidad la agonía de Cristo crucificado, pero ninguno de sus modelos podía expresar la emoción que buscaba. El pintor usaba modelos de todas clases: actores, criminales, pobres, enfermos, pero todo era en vano. Entonces un día cuando estaba pintando sin mucho éxito, en un arrebato de furia cogió una lanza y mató al modelo que tenía delante. El pobre cayó al suelo con una expresión de horrible agonía en la cara. Antes de morir per-donó al pintor, quien entonces pintó febrilmente esa expresión de inmenso sufrimiento mezclado con el perdón. El cuadro resultó magnífico pero en retribución Miguel Santiago tuvo que pasar el resto de su vida en un monasterio.

En la época de la revolución contra España el Ecuador hizo un papel importante. Uno de los mejores generales de la causa independiente, Antonio José de Sucre, era ecuatoriano. Sucre fue el amigo más querido de Bolívar, quien siempre le quiso como a un hijo. Cuando Bolívar y Sucre ganaron la independencia de las colonias sudamericanas, formaron un solo gran país del Ecuador, Colombia y Venezuela. Le dieron el nombre de «la Gran Col-ombia». Las posibilidades de esta gran nación eran tremendas, pero existían disensiones violentas entre los generales revolucionarios. En 1830 el general Flores se proclamó presidente del Ecuador, y este país se separó de la Gran Colombia.

En 1860 ganó la presidencia del Ecuador un profesor universitario llamado García Moreno. Este hombre, profesor de química en la universidad de Quito, y luego rector de la misma universidad, era fanáticamente reli-gioso. Tan pronto como llegó a ser presidente del Ecuador quiso poner la nación bajo el dominio absoluto de la iglesia. Los intelectuales se rebelaron, entre ellos, Juan Montalvo, el escritor más famoso de su país. Pero la opo-sición intelectual era débil y por quince años García Moreno fue el dictador absoluto del Ecuador. Juan Montalvo, exilado, continuó sus ataques contra el dictador. En 1875 un miembro de la oposición en Quito mató al presidente, y Montalvo exclamó triunfalmente: «¡Mi pluma le ha matado!»

Muchos viajeros dicen que Quito, a pesar de su pobreza, es la ciudad más pintoresca de Sudamérica. Las muchas iglesias y conventos de esta ciudad están ricamente adornados y son preciosos como obras de arte. Quito, enclavada en las montañas, es magnífica, y el ferrocarril Guayaquil-Quito, al ascender los Andes, pasa por sesenta y siete túneles y llega a una altura de dieciséis mil pies. Hay tanques de oxígeno en todos los coches, porque a esa altura muchas personas sufren del soroche (*mountain sickness*). Es decir, se hace difícil la respiración y sufren de náusea.

Dos norteamericanos, John y Archer Harmon, fueron los constructores de este ferrocarril, pero ambos murieron en el Ecuador antes de concluirse la obra. La línea pasaba por cincuenta millas de desierto tropical y la malaria atacaba a tantos de los trabajadores que moría un hombre por cada dur-miente (*crosstie*) de esas cincuenta millas.

Guayaquil

Existe una grand rivalidad entre Guayaquil y Quito. Guayaquil, en la costa, es el centro comercial del país, y Quito, en las montañas, es el corazón de la vieja cultura colonial. Las dos ciudades tienen distintos estilos de vida. Las Islas Galápagos, a unas ochocientas millas al oeste del Ecuador, tienen varias formas de vida animal y vegetal no encontradas en ninguna otra parte del mundo. Cuando Charles Darwin visitó estas islas en 1835, escribió que había encontrado pruebas (*confirmation*) de su teoría de la evolución. Hoy día hay excursiones regulares a los Galápagos, y algunos vapores transpacíficos hacen escala (*make stopovers*) allí.

También hay excursiones interesantes a la selva ecuatoriana al este de los Andes. Un vapor con camarotes (*staterooms*) para sesenta pasajeros (lo llaman el «flotel») viaja por el río Napo, y lanchas (*launches*) más pequeñas penetran en el corazón de la selva, donde hay árboles magníficos, animales y mariposas (*butterflies*) exóticos, y primitivas tribus indias.

En el año 1541 Francisco de Orellana, uno de los capitanes de Pizarro, salió del Perú conduciendo la primera excursión a esta misma región. Llegaron al río Napo, hicieron a mano una pequeña embarcación (*boat*) y dejándose llevar (*letting themselves be carried along*) por la corriente descubrieron el río Amazonas, sobre cuyas aguas flotaron a la costa atlántica, una distancia de tres mil millas. Orellana escribió que en este viaje fueron atacados por una tribu de indios cuyos soldados eran mujeres, y, recordando la antigua leyenda griega, las llamó «amazonas». Así el río recibió su nombre.

La grandeza del Ecuador no se revela solamente en su historia, sino en su imponente (*imposing*) e indescriptible naturaleza. Nunca se dieron

Indios ecuatorianos

(*have been found*) tantos contrastes en tan pequeño territorio: costa rica, fértiles valles, montañas altísimas, selva tropical. A lo largo de (*Throughout*) su historia, la economía del país ha fluctuado entre la bonanza (*boom*) y la recesión, con la exportación de un solo producto, ya sea (*whether it be*) el cacao, la tagua (*ivory palm*), el arroz, el café, el banano y ahora el petróleo y el camarón.

La selva ecuatoriana tiene una gran importancia económica hoy día, porque recientemente se descubrió petróleo en esta región, y para exportarlo se construyó un oleoducto (*pipeline*) a través de las montañas a la costa en 1972. El gobierno del Ecuador recibe grandes ganancias de las exportaciones de este producto, pero el nivel de vida de la mayoría de los ecuatorianos ha cambiado poco. Por otra parte, los pocos ricos que tienen automóviles pueden comprar toda la gasolina que necesitan a precio barato y sin restricciones de ninguna clase.

El rápido crecimiento económico y financiero del país ha marcado un nuevo ritmo en la vida nacional, especialmente en el desarrollo de la energía hidroeléctrica. Una nueva industria, la cría (*raising*) de camarones, ha crecido rápidamente, y en poco tiempo ha llegado a ser la segunda exportación del país. En la actualidad hay unas treinta empresas (*enterprises*) en el Ecuador que producen camarones por valor de $150 millones anuales en unas 36.000 hectáreas. En los últimos años el país ha tenido un gobierno democrático, pero con la expansión económica han subido los precios de muchos artículos, y ha habido manifestaciones públicas en protesta por el alto costo de la vida.

El presidente León Febres-Cordero, elegido en 1984, afirmó su amistad con los Estados Unidos, y rompió relaciones diplomáticas con Nicaragua, acusando a este país de acciones subversivas en el Ecuador. El presidente acortó la inflación y el desempleo, dio la bienvenida a inversiones de capital extranjera y la economía del Ecuador se puso en marcha. Pero, desafortunadamente, un solo producto, el petróleo, producía más del 60 por ciento de las ganancias de las exportaciones, y cuando bajó el precio del petróleo, la economía ecuatoriana sufrió un golpe salvaje. Bajo estas condiciones el gobierno de Febres-Cordero tuvo poco éxito con su programa de austeridad, y en las elecciones de 1986 los partidos de la izquierda ganaron una mayoría de los diputados en el Congreso nacional (cuarenta y tres de un total de setenta y uno). Fue una gran derrota para el presidente. En consecuencia de esto se ha polarizado peligrosamente la opinión política en el país, y actualmente el Ecuador está pasando por una época muy penosa. En 1988 fue elegido presidente, Rodrigo Borja, candidato de la izquierda.

EJERCICIOS

A. Opciones. Complete these sentences with the correct answer (or answers) that follow.

1. El Ecuador es un país _____ (centroamericano, sudamericano, norteamericano, pequeño). **2.** La capital del Ecuador es _____ (Guayaquil, Cuenca, Quito, Caracas). **3.** Algunos animales y pájaros únicos en el mundo se encuentran en _____ (la costa ecuatoriana, los valles del Ecuador, las Islas Galápagos, los volcanes del Ecuador). **4.** El soroche es _____ (un animal, un soldado, una enfermedad causada por la altura, un árbol). **5.** Los dos productos más importantes del Ecuador son _____ (el oro, los camarones, el petróleo, el cobre). **6.** El primer explorador español del Amazonas fue _____ (Pizarro, Atahualpa, Orellana, Mendoza). **7.** La sierra más alta del Ecuador se llama _____ (los Alpes, la Sierra Morena, la Sierra Nevada, los Andes). **8.** Uno de los escritores más famosos del Ecuador se llama _____ (Sarmiento, Juan Montalvo, Caspicara, Borges). **9.** Miguel Santiago fue un famoso _____ (general, presidente, escritor, pintor). **10.** Para conducir el petróleo de la selva a la costa del Ecuador se construyó _____ (una carretera, un oleoducto, un aeropuerto, un canal). **11.** El Ecuador es un país pequeño con una historia _____ (grande, antigua, no escrita, que no tiene interés). **12.** El famoso inglés que visitó las Islas Galápagos hace más de 150 años fue _____ (Tennyson, Dr. Livingston, Charles Darwin, James Stevenson). **13.** Guayaquil es _____ (el puerto, la capital, una ciudad pequeña, el centro cultural) del Ecuador. **14.** Quito está situado en _____ (la costa, la selva, las montañas, el Amazonas).

B. Práctica. Translate with the proper Spanish verb forms.

1. He gives him. **2.** She dies. **3.** They were looking for it. **4.** They were looking for Mary. **5.** He fell in love with her. **6.** If you can fill this room. **7.** They passed through the city. **8.** They sent them to Europe. **9.** This facilitated the conquest. **10.** It was a wooden statue. **11.** They invited him to visit them. **12.** It begins to arrive. **13.** He picked it up. **14.** He fell to the floor. **15.** He couldn't express it. **16.** I have killed him. **17.** I cannot forget them. **18.** They continue ignorant. **19.** In order to reach Quito. **20.** The plane takes two hours.

C. Comentarios.   Comment briefly in Spanish on each of the following.

1. la Gran Colombia
2. Quito colonial
3. Miguel Santiago
4. Juan Montalvo
5. el ferrocarril Guayaquil-Quito
6. los productos del Ecuador
7. las Islas Galápagos
8. la historia del río Amazonas
9. el soroche
10. Francisco de Orellana
11. la importancia del petróleo

D. Expresiones útiles.   Use each in a sentence of your own in Spanish.

1. **hacer un papel**   to play a role
2. **antes de concluir**   before concluding
3. **tan pronto como**   as soon as
4. **con tal de que**   provided that
5. **enamorarse de**   to fall in love with
6. **acerca de**   concerning
7. **tener que**   to have to
8. **entrar en**   to enter
9. **no quedar más que**   to remain only

E. Preguntas

1. ¿Qué importancia tiene Atahualpa en la historia del Ecuador?   **2.** ¿Cómo pintó Miguel Santiago el Cristo crucificado?   **3.** ¿Quién fue Francisco de Ore-llana?   **4.** ¿Qué clase de excursiones hay hoy día a los ríos de la selva? **5.** ¿Qué famoso inglés visitó las Islas Galápagos?   **6.** ¿Por qué son tan inte-resantes estas islas?   **7.** ¿Qué clase de gobierno tiene el Ecuador hoy día? **8.** ¿Por qué se enferman los turistas cuando están en los Andes?   **9.** ¿Cuáles son los productos más importantes del Ecuador?   **10.** ¿Quién fue Juan Mon-talvo?   **11.** ¿En qué parte del Ecuador se descubrió petróleo?   **12.** ¿Qué tu-vieron que construir para exportar este producto?   **13.** ¿Qué importancia artística tiene la ciudad de Quito?   **14.** ¿Qué importancia tiene Guayaquil?   **15.** ¿Qué nuevo producto del Ecuador ha llegado a ser la segunda exportación del país? **16.** ¿Qué cambios económicos ha causado el descubrimiento del petróleo en el Ecuador?   **17.** ¿Por qué fue Quito escenario reciente de manifestaciones contra el gobierno?   **18.** ¿Qué nueva fuente (*source*) de energía está desarrollando el Ecuador?   **19.** ¿Qué pasó en el Ecuador cuando bajaron los precios del petró-leo?   **20.** ¿Cómo ha cambiado la opinión política en el Ecuador recientemente?

Temas de investigación

Trabajo oral o escrito. Repita en sus propias palabras las ideas centrales de la siguiente cita. ¿Está usted de acuerdo? ¿Cree usted que el autor sea objetivo? ¿Qué importancia tiene la cita? Identifique al autor. Busque datos en la biblioteca.

Los pueblos siempre son más fuertes que sus opresores, porque son grandes en números; si dieran en (*if they realized*) el secreto de la unión, no hubiera (*there would be no*) tiranos. La ventaja de éstos consiste en que celos y aborrecimientos (*jealousies and hatreds*) andan entre sus esclavos mismos.

Juan Montalvo, Ecuador

21

El Paraguay

Las cataratas del Iguazú

El Paraguay es uno de los países más pequeños y más pobres de Latinoamérica. La capital, Asunción, fundada en 1537, es un puerto bastante grande
a pesar de estar en el río Paraguay a una distancia de mil millas de la costa
atlántica.

Un gran porcentaje de los habitantes del país son mestizos, pero hay
varias colonias de extranjeros. La colonia alemana es bastante grande, y hay
también grupos de ciertas sectas religiosas (como los menonitas) de los Estados Unidos y del Canadá. Casi todos los paraguayos hablan dos lenguas,
el español y el guaraní, y hay una literatura floreciente en guaraní.

En el Paraguay tenemos el caso de una dictadura constante. El doctor
Francia, admirado por el inglés Thomas Carlyle, dominó al país durante
veinticuatro años. En 1811, cuando los habitantes del Paraguay se reunieron
para descutir la posibilidad de rebelarse contra España, el doctor Francia
entró en la reunión con un aire grandilocuente y puso en la mesa dos grandes
pistolas.

—Éstos son los argumentos que traigo contra el rey Fernando —dijo.

El Paraguay luego ganó su independencia. La nueva «república» fue
gobernada por un grupo de ciudadanos distinguidos, pero hubo tantas disensiones que el gobierno no podía hacer nada. El doctor Francia presentó

un plan para la organización del gobierno bajo dos cónsules, como en la época romana, y lo adoptaron con entusiasmo. Naturalmente, el buen doctor tendría que ser uno de los cónsules.

Prepararon una gran ceremonia de inauguración. Había dos sillas elevadas para los cónsules, una de ellas marcada con el nombre de «César» y la otra con el de «Pompeyo». Como los dos cónsules iban a gobernar juntos, con el mismo poder, no habían decidido a quién correspondía cada silla. Pero cuando la ceremonia empezó, el doctor Francia corrió hacia el nombre de «César». Al poco tiempo el otro cónsul renunció, y Francia llegó a ser el dictador absoluto del Paraguay.

Gobernó sin ministros, sin congreso y sin tribunales de justicia. Los paraguayos le dieron el título de «El Supremo», y la voluntad del doctor Francia fue la única ley del Paraguay. Durante los últimos años de su vida el doctor tenía tanto miedo de ser asesinado que cada vez que aparecía en la calle sonaban las campanas y todos los habitantes de la ciudad tenían que retirarse a sus casas.

Bajo otro dictador, Francisco Solano López, el Paraguay declaró la guerra a la Argentina, al Brasil y al Uruguay. Esta guerra duró cinco años y casi arruinó el país. En 1870 las tropas aliadas rodearon a los soldados de López y mataron al dictador. El ejército paraguayo estaba compuesto de muchachos de ocho o nueve años y viejos de setenta. Quedaban sólo veintiocho mil hombres vivos en toda la nación. Esta gran disparidad entre la población masculina y femenina continúa hoy día.

Hay un famoso poema hispanoamericano en el que una muchacha del país, quien ha perdido toda su familia en esta horrible guerra, expresa así su lamentación:

> Llora, llora, urutaú,*
> en las ramas del yatay;
> ya no existe el Paraguay,
> donde nací como tú.
> Llora, llora, urutaú.

Hay en el Paraguay grandes bosques de yerba mate. De las hojas de este árbol se hace el té paraguayo o el mate, que es la bebida preferida de millones de latinoamericanos. El Paraguay también produce grandes cantidades de quebracho, un árbol tan duro que su madera se hunde (*sinks*) en el agua como el hierro. Muchas de las antiguas misiones construídas por los jesuitas en el Paraguay son parcialmente de esta madera.

Los jesuitas dominaron el Paraguay entre 1609 y 1767, cuando Carlos III los expulsó de toda Hispanoamérica. Organizaron, cristianizaron y en-

---

*A native Paraguayan bird. The verse reads:

> Weep, weep, urutaú,
> in the branches of the yatay tree;
> there no longer exists a Paraguay,
> where you and I were born.
> Weep, weep, urutaú.

Una misión de los jesuitas, Trinidad

señaron a los naturales, y había aproximadamente doscientas mil almas en sus misiones. Estas misiones fueron abandonadas cuando el rey expulsó a los jesuitas, pero sus ruinas existen todavía hoy.*

Los jesuitas importaron varios árboles frutales de Europa, especialmente los naranjos, y los cultivaron en plantaciones en el Paraguay. Los indios comían las naranjas de estos árboles mientras viajaban por el país, y de las semillas que esparcían han crecido miles de naranjos silvestres (*wild orange trees*) que todavía se encuentran en el Paraguay.†

Blas Garay, un autor paraguayo, escribió un libro titulado *El comunismo de las misiones* que nos da una interpretación interesante de la sociedad cooperativa de los jesuitas. Los indios hacían todo el trabajo en común y dividían lo que producían. Vivían en grandes edificios alrededor de una plaza central con varias familias en cada edificio. Todas las mañanas los trabajadores salían a los campos en una gran procesión cantando como niños. Por la tarde volvían a sus casas de la misma manera.‡

En tiempos más recientes los inmigrantes menonitas han establecido en el Paraguay colonias que recuerdan las misiones jesuitas, con la importante diferencia de que los menonitas tienen una larga tradición de autogobierno. Viven en sesenta pequeños pueblos y cultivan dos millones de acres.

*These old missions are being restored today.

†They produce oil of petitgrain, used in perfumes and flavorings. Wild cattle, almost immune to disease, also thrive in Paraguay.

‡These Indians were **guaraníes.**

Las tierras bajas del Chaco entre el Paraguay y Bolivia fueron causa de la única guerra en Sudamérica en este siglo. Sobre este territorio existía una larga disputa entre los dos países. El Paraguay codiciaba (*coveted*) las riquezas naturales del territorio, sobre todo su petróleo, y Bolivia, habiendo perdido su único puerto en la Guerra del Pacífico con Chile, deseaba tener una salida hacia el Atlántico a través del Chaco por el río Paraguay-Paraná. Bolivia se había preparado militarmente con la ayuda de técnicos alemanes, y creyó poder realizar una victoria rápida, pero no contó con el efecto del clima. La mayoría de sus soldados eran del altiplano y no podían soportar el terrible calor ni las enfermedades tropicales de aquella región. Los paraguayos, más acostumbrados a las tierras calientes, ganaron casi todas las batallas y ocuparon el territorio. Las consecuencias de la Guerra del Chaco (1932–1935) fueron lamentables para ambos países, y el costo en vidas humanas fue tremendo. No se descubrió petróleo en el territorio disputado que adquirió el Paraguay como resultado de la guerra (noventa mil millas cuadradas). Bolivia, a pesar de haber perdido la guerra, quedó con todos los campos petroleros.

Económicamente el Paraguay ha prosperado en los últimos años con la construcción de dos enormes presas (*dams*) para producir energía hidroeléctrica. En 1982 el presidente Stroessner del Paraguay y el presidente Figueiredo del Brasil inauguraron oficialmente la presa de Itaipú, la más grande del mundo. Itaipú creó un embalse (*dammed area*) de más de mil cuatrocientos kilómetros cuadrados (*square*). Cientos de zoólogos y veterinarios pasaron tres años recorriendo la zona que iba a cubrir el agua para salvar la fauna en peligro: jaguares, monos, serpientes, lagartos y otros animales nativos.

«¡Cuando más pobre, más ejército!»* Parece que éste es el lema (*slogan*) de la dictadura más antigua del hemisferio, la del general Alfredo Stroessner, hijo de un inmigrante alemán, que ha dominado el gobierno del Paraguay por más de tres décadas. En los últimos años el ejército paraguayo ha fortalecido (*strengthened*) su presencia en el Chaco, con el pretexto de que Bolivia quiere reclamar los terrenos perdidos hace cincuenta años en la Guerra del Chaco. Esta ficción político-militar permite dos cosas muy importantes: (1) ayuda a mantener el espíritu militar paraguayo con el argumento del peligro exterior, y (2) ayuda a que el ejército continúe siendo el elemento más importante y más decisivo del país. Como resultado de esto el presupuesto militar del presidente Stroessner ha subido entre 1985–1987 en más del 30 por ciento, y el pueblo paraguayo se resigna a seguir viviendo bajo la dictadura.

No se resigna tranquilamente. El éxito y entusiasmo de los regímenes democráticos del Brasil y de la Argentina han inspirado a los paraguayos descontentos a seguir su ejemplo. Por primera vez de su vida el general Stroessner se da cuenta (*realizes*) de que existe en el Paraguay una oposición seria y fuerte.

---

*The poorer the country, the bigger the army!

El general Alfredo Stroessner ante la Cámara de Representantes en 1958. En 1989 Stroessner fue derrocado por el general Cardosís Rodríguez.

En los últimos veinte años ha habido un progreso rápido en la industria editorial (*publishing*) del Paraguay, y la literatura ha florecido. Esto se debe en gran parte a un inmigrante argentino. Un señor llegó de Buenos Aires, abrió una casa editorial y comenzó a publicar libros paraguayos. Todo el mundo pensaba que iba a fracasar (*fail*), pero muchas ediciones se agotaron (*were sold out*) y hubo segundas ediciones.

Entre los escritores contemporáneos del Paraguay se destaca (*stands out*) una mujer de unos ochenta años, Josefina Plá, quien durante más de medio siglo ha publicado excelentes novelas, cuentos, ensayos, obras teatrales y poesías. La mujer paraguaya es la protagonista de la mayor parte de estas obras. Doña Josefina es una reclusa. Recientemente dijo: «No salgo de mi casa. Trabajo quince horas al día. Muy pocos se ganan la vida escribiendo en este país.» En otra ocasión ha dicho: «Para mí los grandes temas son el amor y la muerte. Se ama porque se muere y se muere porque nunca se sabe amar lo suficiente.» En Josefina Plá el Paraguay tiene una escritora de reputación internacional como Grabiela Mistral de Chile y Juana de Ibarbourou (Juana de América) del Uruguay. El horizonte literario del Paraguay es ahora más amplio debido a la obra y a la personalidad simpática de Josefina Plá.

EJERCICIOS

A. Opciones.   Complete these sentences with the correct answer (or answers) that follow.

1. La capital, y la ciudad más grande, del Paraguay es _____ (Lima, La Paz, Asunción, Montevideo).   **2.** El Paraguay está situado en _____ (la costa, las montañas, el Golfo de México, el interior de Sudamérica).   **3.** El dictador más famoso del Paraguay fue el doctor _____ (España, Alfonsín, Francia, Argos). **4.** El nombre del famoso inglés que escribió un libro sobre el doctor Francia es _____ (Walter Scott, Robert Southey, Thomas Carlyle, Ben Johnson).   **5.** En el Paraguay hay grandes bosques de _____ (pinos, robles, yerba mate, sicomoros).   **6.** En la Guerra del Chaco el Paraguay luchó contra _____ (la Argentina, el Uruguay, Bolivia, el Brasil).   **7.** Las antiguas misiones del Paraguay fueron construidas por los _____ (franceses, franciscanos, jesuitas, menonitas).   **8.** Los jesuitas establecieron una comunidad cooperativa entre los _____ (menonitas, españoles, indios paraguayos, incas).   **9.** Hoy día es muy fuerte en el Paraguay el _____ (partido liberal, ejército, Jockey Club, espíritu religioso).   **10.** En los últimos años el Paraguay ha progresado debido a la construcción de dos grandes _____ (fábricas, frigoríficos, presas, ferrocarriles).   **11.** La lengua nativa de los indios paraguayos es el _____ (aymará, caribe, guaraní, araucano).   **12.** Asunción está situada en _____ (el río, la pampa, un valle, una montaña).   **13.** El nombre del río que pasa por el Paraguay es _____ (el Amazonas, el Paraná, el Paraguay, la Plata).

B. Comentarios.   Comment briefly in Spanish on each of the following.

1. la yerba mate
2. el quebracho
3. la sociedad misionera
4. la Guerra del Paraguay
5. los naranjos silvestres
6. el doctor Francia
7. los inmigrantes menonitas
8. el guaraní
9. la dictadura de Stroessner
10. la Guerra del Chaco

C. Expresiones útiles.   Use each one in a sentence in Spanish.

1. **sonar la campana**   to ring the bell
2. **tener miedo**   to be afraid
3. **de la misma manera**   in the same way
4. **al poco tiempo**   in a short time
5. **darse cuenta de**   to realize
6. **por las tardes (mañanas)**   in the afternoon (morning)
7. **por el río**   along the river
8. **mientras viajaban por**   as they traveled through
9. **con el pretexto de que**   with the pretext that
10. **por primera vez**   for the first time

D. Preguntas

1. ¿Quién fue el doctor Francia?   **2.** ¿Qué hicieron los jesuitas en el Paraguay? **3.** ¿Por qué ganó el Paraguay la Guerra del Chaco?   **4.** ¿Quién es el general

Alfredo Stroessner? **5.** ¿Por qué hay tantos naranjos silvestres en el Paraguay? **6.** ¿Trabajaban en grupos pequeños los indios de las misiones? **7.** ¿Cómo viven hoy día los menonitas paraguayos? **8.** ¿Por qué hay muchísimas más mujeres que hombres en el Paraguay? **9.** ¿Por qué existía una larga disputa entre el Paraguay y Bolivia acerca del Chaco? **10.** ¿Cuáles fueron los resultados de la Guerra del Chaco? **11.** ¿Qué ha hecho el Paraguay con el Brasil? **12.** ¿Se descubrieron depósitos de petróleo en el Chaco? **13.** ¿Cuáles han sido los resultados de las nuevas obras hidroeléctricas entre el Brasil y el Paraguay? **14.** ¿Qué lenguas se hablan en el Paraguay? **15.** ¿Qué es el «urutaú»? **16.** ¿Qué es Itaipú? **17.** ¿Cuál es el elemento más decisivo de la política paraguaya? **18.** ¿Cree usted que el Paraguay tendrá un futuro democrático?

E. Práctica.   Change the verbs to the present perfect tense. Follow the model.

MODELO: El general *domina* al país.
El general **ha dominado** al país.

1. Hacen todo el trabajo en común. **2.** El doctor Francia no ve las miserias de su país. **3.** Los dictadores rompen las leyes. **4.** Lo que yo digo es: «Orden, progreso y libertad». **5.** Todos los soldados van a la guerra. **6.** Los españoles descubren tierras nuevas y ricas. **7.** Muchos paraguayos no vuelven a su país. **8.** Miles de bolivianos mueren en la Guerra del Chaco. **9.** Los jesuitas ponen sus misiones en la selva. **10.** Los menonitas abren una nueva época de fertilidad en el desierto. **11.** El rey siempre cubre todas las posibilidades. **12.** Un autor paraguayo, Blas Garay, escribe un libro sobre las misiones. Un argentino, Leopoldo Lugones, escribe otro. **13.** Los gauchos siempre dicen la verdad. **14.** Abro el libro y leo cosas interesantes acerca del Paraguay. **15.** No hay conflictos en este país.

Temas de investigación

Trabajo oral o escrito. Repita en sus propias palabras la idea central de la siguiente cita. ¿Está usted de acuerdo? ¿Cree usted que el autor sea objetivo? ¿Qué importancia tiene la cita? Identifique al autor. ¿Cree usted que esta cita caracteriza a la Argentina, al Brasil y a México? Busque datos en la biblioteca.

La América Latina de estos años está viviendo un proceso revolucionario. Que esa Revolución que en algunos países ha comenzado y en otros se incuba, no nos ofrezca aún soluciones, que todavía no veamos claro en nuestro porvenir, que los impulsos de cambio sean seguidos en nuestros pueblos por movimientos de retroceso (*going backward*), no tiene nada de extraño.

Mariano Picón Salas, Venezuela

22

El Uruguay

Un gaucho uruguayo en una estancia de ganado

El gaucho es casi tan importante en la historia de Uruguay como en la de la Argentina. Inició lo que un autor llama una «edad de cuero» (*age of leather*). En la fundación de Montevideo las casas fueron construídas de cuero, también las puertas, las camas, la ropa, baúles de todas clases, cestas y hasta las cercas (*fences*). Un gaucho llamado José Gervasio Artigas proclamó la independencia del Uruguay y fue el gran héroe nacional. En la plaza central de la ciudad hay una inmensa estatua de Artigas montado a caballo.

  Durante el siglo pasado el Uruguay sufrió una serie de revoluciones entre sus dos partidos políticos, los blancos y los colorados. Pero a principios del siglo XX, con la presidencia del gran Batlle y Ordóñez, el Uruguay entró en una época de orden, paz y relativa prosperidad.

  Uno de los escritores más famosos de Latinoamérica es el uruguayo José Enrique Rodó. En 1900 Rodó publicó *Ariel*, dedicado a la juventud hispanoamericana, que fue el libro más famoso de su generación. Para Rodó *Ariel* representa todos los valores espirituales de la vida: la cultura, el arte y el pensamiento. En una palabra es el símbolo de Latinoamérica. En cambio, *Calibán*, espíritu del materialismo y de la fuerza, representa los Estados Unidos. Rodó afirma que los países latinoamericanos continúan la tradición de la cultura helénica y romana, y que los Estados Unidos, a pesar de su gran fuerza y su riqueza, es un coloso materialista. En los Estados Unidos, escribe Rodó, los ricos «adquieren» obras de arte, pero no son capaces de apreciarlas. (Y naturalmente, son incapaces de crearlas.) El autor uruguayo también dice que las escuelas públicas de los Estados Unidos, a pesar de sus millones de estudiantes, pierden en profundidad lo que ganan en extensión. Es decir, son fábricas de las que salen todos los estudiantes con la misma marca. Hay que juzgar a un país por su minoría selecta, dice Rodó, no por sus masas. La salvación del mundo, continúa, depende de la posibilidad de establecer una armonía entre la cultura aristocrática de los antiguos griegos y romanos y el sentimiento de igualdad y de fraternidad de los cristianos.

Desde el punto de vista de las reformas sociales, el Uruguay es el país más avanzado de Latinoamérica. Hay una ley de sueldo mínimo que incluye a todos los trabajadores: sirvientes, empleados del gobierno, trabajadores industriales y agrícolas. Un sistema de pensiones para la vejez fue adoptado en el Uruguay muchos años antes que en muchos otros países del mundo. El estado provee cuidado médico y seguro social. Están nacionalizados los ferrocarriles y las utilidades públicas, y el estado controla gran parte de la industria química, los bancos, hoteles, teatros y casinos. Por una temporada (*short while*) los uruguayos vivieron bien. El problema de los desempleados no existía; no había ricos pero tampoco había muchos pobres en el país.

Luego cayó el golpe. El Uruguay es el país más pequeño de Sudamérica, con una población de solamente tres millones, y no es rico. Los excesos de su programa de reforma social* causaron graves dislocaciones en la vida nacional. Se creó una burocracia grande e ineficiente, más del 90 por ciento de los trabajadores no pagaban ningún impuesto a la renta (*income tax*) y de un total de un millón de trabajadores había 300.000 pensionistas (*people on pensions*) y 250.000 empleados pagados por el gobierno. Casi toda la población había comprado demasiado a crédito; hubo una desastrosa (*disastrous*) inflación, y el país iba a la bancarrota cuando el presidente Pacheco Areco pidió poderes de emergencia para luchar contra la catástrofe.

La ganadería es la industria más importante del país. Hay tres cabezas de ganado y ocho ovejas por cada habitante. Los uruguayos comen más carne per cápita† que los habitantes de ningún otro país del mundo. Los grandes frigoríficos (*meat-packing plants*) de la capital tienen una capacidad *diaria* de cuatro mil cabezas de ganado y siete mil ovejas. La comida favorita de los montevideanos es el biftec con una copa de vino y una ensalada verde. Montevideo es una de las ciudades más agradables de Latinoamérica, y es un gran centro cultural donde vive la mitad de la población total del país. La importancia de la cultura y del arte del Uruguay es notable.

---

*Uruguay's social reforms got under way in the 1920s.

†Consumption is more than two hundred pounds per person a year.

Montevideo

La historia reciente del Uruguay ha sido muy triste. Entre 1968 y 1978 los precios subieron más del 1.000 por ciento, el gobierno no pudo controlar la inflación y muchos uruguayos perdieron respeto por la ley. Se formaron grupos de jóvenes terroristas llamados «Tupamaros» que secuestraron (*kidnaped*) y asesinaron a docenas de personas, una de las cuales fue el embajador británico. Algunos Tupamaros eran de las mejores familias del país. En 1973, al ver que su gobierno estaba paralizado, el presidente José María Bordaberry pasó el control a los militares. Usando los métodos más fuertes, el gobierno militar liquidó a los Tupamaros. Los Estados Unidos denunció la falta de derechos humanos en el Uruguay, y en 1977 el gobierno uruguayo rechazó (*rejected*) oficialmente toda ayuda norteamericana.

La construcción de la presa (*dam*) Salto Grande en el Río Uruguay durante los años 1974–1981 ha estimulado el desarrollo de nuevas industrias. La presa costó un billón de dólares y fue construída con capital argentino y uruguayo.

En las elecciones de 1980 los uruguayos se negaron a ratificar una nueva constitución que habría dado a los militares el control continuo del gobierno. En la primavera de 1983 el monarca español, Juan Carlos, visitó el país y, en un discurso muy aplaudido, elogió (*praised*) los valores democráticos. Las palabras del rey fueron un gran estímulo para los ciudadanos del país.

Después de doce años de dictadura militar en el Uruguay, en 1985 fue elegido democráticamente el presidente Julio María Sanguinetti. Representa el partido Colorado, el partido liberal de trabajadores y profesionales urbanos. Allá por los años 1905–1907 los colorados pasaron leyes legalizando el divorcio en un país enteramente católico, y establecieron también una rigurosa separación entre el estado y la iglesia. Desde entonces el Uruguay ha sido el país latinoamericano en que los derechos humanos, y especialmente los derechos femeninos, han sido más ampliamente (*widely*) respetados.

Actualmente, para unificar el país, Sanguinetti desea amnistiar a los «militares, policías, cómplices y encubridores (*accomplices and cover-uppers*) responsables de la represión de 1970 a 1980». La guerra interna de aquella década causó la muerte o desaparición de 350 uruguayos y la encarcelación de unos 5.000 prisioneros políticos. El presidente quiere olvidar el pasado para asegurar (*assure*) la unidad del país en el futuro. Recientemente, el Uruguay ha sufrido de una depresión económica, y cada mes 1.500 jovenes emigran del país en busca de mejores oportunidades en otras partes. Entre estos emigrantes hay muchos médicos, ingenieros, arquitectos y otros profesionales.

EJERCICIOS

A. Opciones. Complete these sentences with the correct answer (or answers) that follow.

1. La capital del Uruguay es _____ (Buenos Aires, Río de Janeiro, Salto, Montevideo).   **2.** El Uruguay es un país _____ (muy montañoso, de gente rica, que observa los derechos femeninos, tan grande como el Brasil).   **3.** Los países que tienen una frontera en común con el Uruguay son _____ (Chile, la Argentina, el Brasil, el Paraguay).   **4.** El nuevo presidente del Uruguay quiere perdonar a todos los _____ (ladrones, soldados, médicos, culpables de la guerra interna).   **5.** Las dos figuras simbólicas de José Enrique Rodó son _____ (Judas y Cristo, Daphnis y Chloe, Ariel y Calibán, Facundo y Sarmiento).   **6.** El producto más importante del Uruguay es _____ (el café, el petróleo, el ganado, la plata).   **7.** El Uruguay ha sufrido mucho de _____ (una epidemia de malaria, un terremoto, una guerra con la Argentina, una gran burocracia).   **8.** Los uruguayos comen grandes cantidades de _____ (dulces, tortillas, carne, lechuga).   **9.** Comparado con el Paraguay el Uruguay es un país _____ (pobre, más progresivo, más atrasado, más democrático).

10. Ariel representa simbólicamente el espíritu de _____ (los Estados Unidos, Latinoamérica, Europa, Grecia). **11.** Calibán representa el _____ (positivismo, materialismo, impresionismo, protestantismo). **12.** El Uruguay tomó parte en _____ (la Guerra del Chaco, la Guerra Europea, la Guerra del Pacífico, ninguna de éstas).

B. Comentarios. Comment briefly in Spanish on each of the following.

1. la edad de cuero
2. las ideas de Rodó
3. las reformas sociales del Uruguay
4. la ganadería en el Uruguay
5. la nueva burocracia uruguaya
6. la mujer en el Uruguay
7. los Tupamaros
8. el gobierno militar del Uruguay
9. las relaciones con los Estados Unidos

C. Expresiones útiles. Use each of the following in a sentence in Spanish.

1. **a principios de** at the beginning of
2. **comprar a crédito** to buy on credit
3. **hay que juzgar** one must judge
4. **punto de vista** point of view
5. **más del 90 por ciento** more than 90%
6. **allá por los años** back in the years
7. **montar a caballo** to ride a horse
8. **ningún otro país del mundo** no other country in the world
9. **gozar de renombre** to enjoy renown
10. **así comenzó** thus it began
11. **desde entonces** from then on

D. Preguntas

1. ¿Para quién escribió Rodó *Ariel*? **2.** ¿Cuál es la opinión de Rodó acerca de las escuelas de los Estados Unidos? **3.** ¿Qué industrias ha nacionalizado el gobierno del Uruguay? **4.** ¿Por qué llegó el Uruguay casi a la bancarrota? **5.** ¿A qué clase pertenecían muchos de los Tupamaros? **6.** ¿Qué plan de acción seguían los Tupamaros? **7.** ¿Qué hizo el gobierno militar para suprimir a los Tupamaros? **8.** ¿Cómo respondió el gobierno de los Estados Unidos? **9.** ¿Qué hizo entonces el Uruguay? **10.** ¿Cuál es la capital del Uruguay?

E. Práctica. Use the proper form of the subjunctive in the following sentences.

1. Dudo que Montevideo _____ (*tener*) cinco millones de habitantes. **2.** No creo que Rodó _____ (*decir*) eso. **3.** Queremos que el gobierno _____ (*respetar*) todos los derechos humanos. **4.** Voy a decirle que _____ (*ponerse*) el poncho. **5.** Niego que esa ley _____ (*ser*) muy importante. **6.** No le gusta que _____ (*haber*) tantas reformas sociales. **7.** Deseamos que ustedes _____ (*ir*) al Uruguay la semana que viene. **8.** Ojalá que mis amigos _____ (*llegar*) hoy. **9.** Prefiere que yo _____ (*leer*) *Ariel* en español. **10.** No queremos que nuestro país _____ (*ayudar*) más al Uruguay. **11.** El rey espera que el progreso democrático _____ (*continuar*). **12.** Los españoles no quieren que el rey _____ (*hacer*) una visita al Uruguay. **13.** Niego que la burocracia _____ (*haber crecido*) tanto. **14.** Rodó quiere que *Ariel* y *Calibán* _____ (*tener*) un valor simbólico. **15.** Mi padre no quiere que yo _____ (*recibir*) tanto dinero del gobierno. **16.** La gente desea que el gobierno _____ (*construir*) una presa.

Temas de investigación

Trabajo oral o escrito. Repita en sus propias palabras la idea central de la siguiente cita. ¿Está usted de acuerdo? ¿Cree usted que el autor sea objetivo? ¿Qué importancia tiene la cita? Identifique al autor. ¿Cree usted que seguimos sus consejos en los Estados Unidos? Busque datos en la biblioteca.

La multitud, la masa anónima, no es nada por sí misma (*by itself*). La multitud será un instrumento de barbarie o de civilización según carezca o no de (*depending on whether it has or not*) una alta dirección moral. La civilización de un pueblo adquiere su carácter, no de las manifestaciones de su prosperidad o de su grandeza material, sino de las superiores maneras de pensar y de sentir que dentro de ella son posibles. El deber del Estado consiste en colocar (*placing*) a todos los miembros de la sociedad en condiciones de tender a (*conducive to*) su perfeccionamiento.

José Enrique Rodó, Uruguay

23

Colombia

La iglesia de las Lajas en los Andes, cerca de Ipiales

En el año 1536 el licenciado (*lawyer*) Jiménez de Quesada sale de España para la colonia llamada la Nueva Granada. Todo el mundo dice que es la tierra del oro y que los que llegan pobres después de poco tiempo vuelven ricos.

Después de dos meses la expedición llega al pueblo de Santa Marta en la costa de la Nueva Granada. Todos creen que van a encontrar una colonia bien organizada, limpia y rica. Los caballeros de España se ponen los mejores trajes y se preparan a desembarcar. Sus armas brillan al sol, y con las banderas alzadas y el corazón alegre ponen pie en tierra sudamericana. Representan la ilusión del Mundo Viejo. Lo que ven les asombra (*amazes them*). Ante ellos hay un grupo de hombres sucios y enfermos vestidos de pieles y media docena de casas medio derruidas. Ésta es la famosa colonia de Santa Marta.

No quieren creerlo. Prefieren creer la leyenda que dice que hay en el interior un gran tesoro de oro. Según esta leyenda un rey indio se cubre (*covers himself*) de oro en ciertas ceremonias religiosas.

El gobernador nombra a Quesada jefe de la expedición organizada para buscar a este rey, a quien llaman El Dorado. Cuando salen de Santa Marta son 800 españoles. Algunos meses más tarde, cuando llegan a las montañas del interior, sólo 166 quedan vivos. Su viaje es uno de los más difíciles en los anales de la conquista. Los insectos, los jaguares, los indios caníbales, la constante lluvia, el intenso calor, las grandes serpientes, la malaria, la disentería y cien otras enfermedades atacan a los pobres conquistadores. No pueden encontrar nada para comer y por fin devoran perros, serpientes, ratas y hasta sus propios zapatos. Pero al cruzar las montañas llegan a una sabana verde y hermosa. El aire es claro y fresco y los indios de esta región les dan de comer. El cura que acompaña la expedición escribe:

> Tierra buena, tierra buena
> Tierra que hará fin a nuestra pena
> Tierra de oro, tierra bastecida (*fruitful land*),
> Tierra con abundancia de comida,
> Tierra de bendición, clara y serena,
> Tierra que hará fin a nuestra pena.

Ahí encuentran a un jefe indio llamado Bogotá, y cuando fundan su propia colonia la llaman Santa Fe de Bogotá. No encuentran el oro que buscan, pero la leyenda de El Dorado persiste y reaparece en varias otras regiones de la América española. Es la ilusión que hace posible el épico heroísmo de la conquista.

Durante dos siglos la Nueva Granada es parte del virreinato del Perú, pero en el siglo XVIII llega a ser un virreinato separado. Bogotá es uno de los centros más grandes de la cultura española en el Nuevo Mundo. Muchos bogotanos la llaman «la Atenas (*Athens*) de América».

En casi todas las colonias españolas la capital domina al país, pero Bogotá no es la única ciudad importante de la Nueva Granada. Cartagena, Cali, Popayán, Manizales, Barranquilla, Medellín, todos son centros importantes. De modo que el espíritu de centralización no es tan fuerte aquí como en las otras regiones de Latinoamérica. Aun en los tiempos coloniales existía el sentimiento de una primitiva democracia.

Durante la guerra de la independencia la Nueva Granada (llamada después la Gran Colombia) es el corazón de la lucha contra los españoles. La mayor parte de los soldados del ejército de Simón Bolívar son colombianos. Bolívar es elegido presidente y Santander vicepresidente del nuevo estado independiente.

Los colombianos llaman a Santander «el hombre de las leyes». Dicen que tenía en su mesa una espada (*sword*) y sobre la espada la constitución. Es decir, Santander, aun durante aquella época de guerra, trataba de mantener suprema la impersonalidad de la ley. Quería un gobierno de leyes y no de fuerza. En este sentido Santander era el símbolo de su país, porque durante los años de su independencia Colombia no sufrió tanto de la tiranía militar como los otros países del sur. A pesar de varias revoluciones, ni un solo presidente colombiano ha sido asesinado. Éste es un «record» que ni los Estados Unidos puede igualar.

En el siglo XIX, después de ganar su independencia, los colombianos procuraban (*encouraged*) la entrada de extranjeros para alcanzar el adelanto del país, y las costumbres inglesas estaban muy de moda. Se establecieron en Bogotá carreras (*races*) de caballos, como en Inglaterra, en las cuales se hacían muchas apuestas (*bets*) de dinero; y en las escuelas y oficinas públicas se empezó a usar la escritura (*handwriting*) de forma inglesa en lugar de la española. Se tenía gran respeto a la libertad y a las leyes, y en el edificio en que se reunía la Cámara de Representantes estaban escritas estas palabras: «No hay patria sin leyes».

Entre los escritores de Colombia, Jorge Isaacs ocupa un lugar prominente en la literatura hispanoamericana. Se dio a conocer como poeta y luego como novelista; es autor de una famosa novela, *María* (1867), la historia romántica y sentimental de unos amores tristes que tuvieron lugar en el hermoso valle del Cauca cerca de Cali, ciudad donde nació Isaacs. *María* es tal vez la novela más popular que se ha escrito en Latinoamérica; es conocida en todos los países latinos y se ha traducido a diferentes idiomas.

José Asunción Silva fue uno de los poetas más admirados del siglo XIX. Las poesías de Silva, sobre todo su famoso «Nocturno», son sumamente musicales y producen un efecto casi hipnótico. Silva fue uno de los más importantes precursores de Rubén Darío. Se suicidó a los treinta y un años de edad.

Colombia es el único país de Sudamérica que tiene acceso a los dos grandes océanos: el Atlántico y el Pacífico. Una gran parte del país es montañosa, y la capital, Bogotá, está situada a una altura de 8.600 pies. En Colombia la temperatura depende casi enteramente de la altura. Algunos de los valles centrales tienen una primavera perpetua; en otras partes más altas siempre hace frío, y en la región de la costa siempre hace calor. El río Magdalena pasa por el centro del país y es navegable por una distancia de 750 millas. Los ferrocarriles de Colombia son malos, pero hay un buen sistema de comunicaciones aéreas. El viajero ahora puede ir a Bogotá desde la costa en una o dos horas; este viaje antes duraba dos semanas.

Hay quinientos millones de cafetos (*coffee trees*) en Colombia, y el país produce mucho café de una calidad superior. El café colombiano, a diferencia de las principales exportaciones agrícolas de la mayoría de los países latinoamericanos, se produce en pequeñas parcelas de terreno. Más de la mitad de las fincas (*farms*) tienen una extensión de unos catorce o quince acres. Alemania importa anualmente el 35 por ciento de la exportación colombiana, o casi el doble de la cifra exportada a los Estados Unidos. Colombia también exporta más platino (*platinum*) y esmeraldas que cualquier

Bogotá

otro país del mundo. Otros productos importantes son el oro, el petróleo, los plátanos, el cacao y la cocaína.

En las primeras décadas de este siglo Colombia fue uno de los países

Colombia tiene uno de los mejores sistemas de escuelas y universidades de Latinoamérica. La Universidad Nacional en Bogotá ocupa una nueva ciudad universitaria de varios magníficos edificios modernos. La biblioteca nacional es una de las mejores de Latinoamérica. Los colombianos hacen un fetiche de la cultura, y muchos de los representantes en el parlamento nacional son poetas, profesores, editores, médicos, etcétera.

En las primeras décadas de este siglo Colombia fue uno de los países más tranquilos y estables de Latinoamérica, pero durante los años 1945–1957 los odios entre conservadores y liberales explotaron en una serie de confrontaciones violentas en que murieron más de doscientos mil colombianos. En el campo y en las pequeñas aldeas durante «la violencia», no había gobierno efectivo y los campesinos abandonaron sus tierras para buscar la relativa seguridad de las ciudades.

Desde 1958 Colombia ha sido gobernada por una serie de presidentes progresivos que hicieron reformas agrarias, expropiaron y redistribuyeron tierras, fundaron nuevos pueblos, construyeron escuelas, hospitales y caminos, y lucharon contra los terroristas y criminales. En 1976–1977, el precio del café subió el 300 por ciento y trajo un breve período de prosperidad, pero luego vino la inflación que casi la terminó (*wiped it out*).

En la esfera cultural el novelista colombiano Gabriel García Márquez ha atraído la atención universal. *Cien años de soledad* es la novela más admirada y más discutida de la literatura hispanoamericana contemporánea. Esta novela es una síntesis simbólica de la historia, de los mitos y de la

Gabriel García Márquez

psicología de Hispanoamérica. El autor se expresa en un estilo irónico y con un sentido de humor que fascinan al lector. García Márquez ganó el Premio Nóbel en 1982.

La producción mineral de Colombia está creciendo vigorosamente, sobre todo la producción del carbón,* petróleo y gas natural. El país no tiene una gran deuda externa, y con la tranquilidad doméstica podría progresar rápidamente. En los años recientes la exportación de flores frescas ha producido sorprendentes ganancias. En el año 1973 se exportaron un total de dos mil toneladas de flores, pero en 1987 el país exportó sesenta mil toneladas. Las flores son una nueva industria que promete mucho para el futuro.

El nuevo presidente de Colombia, Virgilio Barco, fue inaugurado el 7 de agosto de 1986. Culto, inteligente, progresivo y buen administrador, Barco representa el partido Liberal. Ha prometido atacar con vigor los problemas fundamentales del país: la pobreza, la violencia y el desempleo. «Mi administración reconoce (*recognizes*) la urgente necesidad de reformas sociales y económicos, y proveerá (*will provide*) fondos federales en los campos de la nutrición, la producción de alimentos, la construcción de viviendas para la clase pobre, la higiene, la educación primaria y carreteras».

No se sabe si los recursos disponibles (*available resources*) serán suficientes para llevar a cabo este programa, y existe en Colombia una actitud de gran hostilidad y frustración de parte de las masas. Aumentó esta frustración la erupción de un volcán que dejó veinte mil muertos, y causó millones de dólares en pérdidas materiales.

---

*Colombia has 60 percent of South America's coal reserves. It is also the largest exporter of publications in Latin America.

La violencia pública ha crecido (*grown*) y ha vuelto a ser un problema nacional. Recientemente, en tres días hubo cuarenta y tres muertos en Bogotá, Cali y Medellín, las tres ciudades más grandes del país, y las más afectadas por la ola (*wave*) de violencia en que pistoleros (*armed hoodlums*) asesinaron a niños, mujeres, mendigos y humildes recolectores de basura (*garbage collectors*) con quienes jugaron al tiro al blanco (*with whom they played target practice*). En el Congreso Nacional los políticos conservadores acusaron a los liberales de no poder controlar la violencia, el desempleo y el narcotráfico, y el enfrentamiento entre los dos partidos ha llegado a ser tan amargo (*bitter*) y polarizado que podrá echar a perder (*make ineffective*) los mejores planes del presidente.*

El gobierno del país está luchando fuerte pero inefectivamente contra el narcotráfico. En esta guerra de la cocaína han sido asesinados cuarenta y siete jueces (*judges*) en crímenes aislados, llevados a cabo por los matones (*hit men*) del narcotráfico. Los jueces, que no tienen seguros de vida (*life insurance*) y con un salario promedio (*average*) de $350 mensuales, han dejado tras de sí familias desamparadas (*destitute*) y las cortes del país paralizadas.

Enrique Parejo González, ex-ministro de justicia, ha dicho:

Ahora hay una guerra hasta sus últimas consecuencias. Es una guerra que sabemos será costosa en vidas y sufrimientos, pero una guerra que tenemos que librar (*wage*) para salvar al país de los que lo convertirían en una madriguera (*thieves' den*) de traficantes de cocaína, de hombres malvados (*evil*) sin conciencia y con inmenso poder y riqueza.

La policía colombiana descubre un laboratorio de cocaína en la selva.

*The highly respected *El Tiempo* of Bogotá reported that 850 persons have "disappeared" in Colombia's wave of violence. Self-appointed vigilantes operate freely. The appalling truth about these paramilitaries is that nobody, least of all persons in the armed forces, has been arrested or prosecuted, let alone convicted.

La industria del tráfico ilícito de cocaína, cuyo valor asciende a unos tres billones de dólares anuales, se ha ampliado (*extended itself*) para llegar a nuevos mercados desde Austria a Australia, mientras que sus ganancias han superado (*exceeded*) a las de los tradicionales productos de exportación como el café y el petróleo.

EJERCICIOS

A. Opciones. Complete these sentences with the correct answer (or answers) that follow.

1. El conquistador español de Colombia fue _____ (Hernando de Soto, Pizarro, Jiménez de Quesada, Santander). **2.** La capital de Colombia es _____ (Cali, Bogotá, Caracas, Lima). **3.** Entre las ciudades más importantes de Colombia se encuentran tres de las siguientes: _____ (Medellín, Cali, Cartagena, Lima). **4.** En la época colonial la región que hoy es Colombia tenía el nombre de la _____ (Nueva España, Gran Colombia, Nueva Granada, Nueva Cartagena). **5.** Entre los mejores escritores colombianos se encuentran los siguientes: _____ (Pablo Neruda, Gabriel García Márquez, José Asunción Silva, Jorge Isaacs). **6.** Muchos bogotanos llamaban a Bogotá _____ (la capital suprema, la Ciudad de Dios, la Atenas de América, el París colombiano). **7.** El poeta José Asunción Silva murió _____ (en un accidente, en la guerra, de la malaria, suicidándose). **8.** El gran río de Colombia se llama _____ (la Plata, el San Francisco, la Magdalena, el Marañón). **9.** Uno de los mejores periódicos de Colombia es _____ (*La Nación, El Mercurio, El Tiempo, El Sol*). **10.** En la nueva ola de violencia en Colombia han desaparecido unas _____ (150, 1.000, 500, 850) personas. **11.** Dos de los productos más importantes de Colombia son _____ (los automóviles, la cocaína, el café, los vinos). **12.** Bogotá hoy día es una gran ciudad de unos _____ (dos millones de, quinientos mil, tres millones de, cuatro millones de) habitantes.

B. Comentarios. Comment briefly in Spanish on each of the following.

1. el río Magdalena
2. los autores colombianos
3. la colonia de Bogotá
4. la expedición de Jiménez de Quesada
5. «la Atenas de América»
6. la influencia de los ingleses
7. el hombre de las leyes
8. los productos de Colombia
9. la biblioteca nacional
10. «la violencia» colombiana
11. *Cien años de soledad*

C. Expresiones útiles. Use each one in a sentence of your own in Spanish.

1. **dar de comer**   to feed
2. **ponerse el traje**   to put on a suit
3. **poner en marcha**   to start off
4. **en otras partes**   in other places
5. **llevar a cabo**   to carry out
6. **cualquier país**   any country
7. **todo el mundo**   everyone
8. **a diferencia de**   unlike
9. **echar a perder**   to ruin, spoil

D. Preguntas

1. ¿Quién fue Jiménez de Quesada? **2.** ¿Cuál es la novela más famosa de García Márquez? **3.** ¿Cuál es el valor de esta novela? **4.** ¿Qué clase de gobierno tiene Colombia hoy día? **5.** ¿Cuáles son los productos más importantes de Colombia? **6.** ¿Cuál es la capital de Colombia? **7.** ¿Por qué llamaron a Bogotá «la Atenas de América»? **8.** ¿Qué importancia tiene la leyenda de El Dorado? **9.** ¿Qué fue «la violencia» colombiana? **10.** ¿Por qué es tan famoso el colombiano Jorge Isaacs? **11.** ¿Qué clase de poesía escribe José Asunción Silva? **12.** ¿Qué premio internacional ganó el escritor colombiano García Márquez en 1982? **13.** ¿Qué comercio ilegal existe en Colombia? **14.** ¿Por qué sigue la violencia en Colombia? **15.** ¿Qué ha dicho el nuevo presidente de Colombia?

E. Práctica.
Change the verbs in the model sentences to correspond with the subjects indicated in parentheses.

1. Modelo: Los caballeros *se pusieron* ropa rica.
(María y yo, Jiménez de Quesada, yo, María y Juan, tú, nosotros los españoles)

2. Modelo: Colombia *se jacta* de producir el mejor café del mundo.
(cuatro países, el señor Méndez, nosotros, ustedes, tú)

3. Modelo: Los turistas no *se sienten seguros* en las calles.
(yo, nosotros, uno, ellas, tú)

Temas de investigación

Trabajo oral o escrito. Repita en sus propias palabras la idea central de la siguiente cita. ¿Está usted de acuerdo? ¿Cree usted que el autor sea objetivo? ¿Qué importancia tiene la cita? Identifique al autor. ¿Cree usted que esta cita se puede aplicar a todos los países latinoamericanos? Busque datos en la biblioteca.

Lo que la democracia tiene de activo, de operante (*as a force*), de vital en América, es el no haberse realizado.

Germán Arciniegas, Colombia

24

Venezuela

Parada de funicular, Mérida, Venezuela

Los primeros españoles que llegaron a las costas del norte de Sudamérica encontraron indios primitivos que vivían en casas elevadas sobre el agua. Pasaban de sitio en sitio en canoas. Esto recordaba a los españoles la ciudad italiana de Venecia y llamaron al nuevo territorio Venezuela, que significa «la pequeña Venecia». La mayor parte de los naturales eran caníbales, y no había una civilización india ni tesoros de oro.

En las costas el clima de Venezuela es cálido, húmedo y casi insufrible a causa de los insectos y la malaria. En el interior del país hay una sección de llanos (*plains*) algo como la pampa argentina, pero no tan grande ni tan rica.

Simón Bolívar, el libertador de cinco países sudamericanos, era venezolano. Era un hombre culto y aristocrático que admiraba mucho a Rousseau, Voltaire y otros escritores liberales franceses. También fue un gran admirador de los Estados Unidos. De este país dijo: «La libertad ha sido su cuna, se ha criado en la libertad, y se alimenta de pura libertad... este país es único en la historia del género humano».*

Bolívar luchó quince años para conseguir la libertad de su propio país. La guerra de la independencia fue terrible en Venezuela. Durante esos quince

*"Liberty has been its cradle, it was reared in liberty, and is nurtured on pure liberty . . . this country is unique in the history of the human race."

años murieron 450.000 personas, más de la mitad de la población total. Venezuela se convirtió en un desierto, sin industrias, sin población, pero todavía con la inmensa esperanza de la democracia. Bolívar, Santander y otros héroes de la guerra de la independencia formaron del Ecuador, Colombia y Venezuela un solo país y le dieron el nombre de la Gran Colombia.

Desgraciadamente, la democracia fue una ilusión en Venezuela. La Gran Colombia, con que el Libertador había soñado, pronto se desintegró. Bolívar murió en 1830 completamente desilusionado. Algunas semanas antes de su muerte los llaneros venezolanos se habían rebelado contra la Gran Colombia, y se declararon independientes. Su héroe fue el general Páez, uno de los subalternos más famosos de Bolívar.

La Plaza Bolívar en Caracas, con su estatua del Libertador *Simón Bolívar (1783–1830)*

Venezuela ha sufrido más de cincuenta revoluciones durante los años de su independencia. Por más de un siglo no conoció más gobierno que el absolutismo militar. Antes de su muerte Bolívar mismo había caracterizado a su patria así: «¡Venezuela es un cuartel (*armed camp*), Colombia es una universidad, el Ecuador es un convento!» Sin duda alguna éstas son las tres características más fundamentales de las divisiones de la Gran Colombia.

Dos cosas dominaron la historia de Venezuela: el tirano Gómez y el petróleo. Venezuela tuvo uno de los dictadores más fuertes y más ricos de la historia de Latinoamérica: Juan Vicente Gómez. Todo el país fue de su propiedad, y cuando murió en 1935 este hombre tenía numerosos ranchos grandes, inmensas plantaciones de café, varias plantas industriales y el control absoluto de la producción del petróleo del país. Su fortuna era aproximadamente de $90.000.000. Los habitantes del país eran tan pobres que más de la mitad vivían como esclavos, y el 80 por ciento no sabían ni leer ni escribir. Este círculo vicioso de un público ignorante y un caudillo intolerante y tiránico es una de las causas principales de la pobreza y de la inestabilidad política de Latinoamérica. Felizmente, Gómez parece haber sido el último de los «tiranos sangrientos», y el ejemplo que dio fue tan terrible que el país no querrá repetirlo nunca.

Venezuela produce más petróleo que cualquier otro país de Sudamérica. Miles de venezolanos han abandonado otras clases de trabajo (sobre todo la agricultura) para trabajar en la industria del petróleo. Por consiguiente, el país no produce muchas de las necesidades importantes de la vida, y los precios son altísimos.

La industria petrolera: cerca del lago Maracaibo, Venezuela

Los comestibles y la ropa son especialmente caros, y pocas familias pueden comprar su propia casa. Un automóvil barato cuesta más de $25.000. Una familia de la clase media necesita unos $35.000 anuales para vivir relativamente bien. El petróleo ha dado a Venezuela el más alto ingreso anual per cápita (más de $4.000) de Latinoamérica, pero esto no indica un alto nivel (*standard*) de vida para la mayoría, porque la distribución ha sido muy desigual (*uneven*).

En los últimos años, después de la dictadura del general Pérez Jiménez (1952–1958), Venezuela ha tenido un gobierno democrático y progresivo. Se ha lanzado (*launched*) un programa de nacionalización de las industrias controladas por compañías extranjeras. En 1975 se nacionalizaron las minas de hierro de las compañías norteamericanas, y en 1976 la industria petrolera fue nacionalizada con el nuevo nombre de Petróleos de Venezuela (Petrovén). Las exportaciones anuales de este producto llegan a unos seis *billones* de dólares. También en 1976 el gobierno adoptó un «Plan de Desarrollo Nacional» en el que se gastaron más de 50.000 millones (*50 billion*) de dólares en cuatro años para aumentar la producción agrícola y diversificar las industrias.* Se está construyendo en Ciudad Guayana, una nueva ciudad situada a unas trescientas millas al sureste de la capital, Caracas, un gran complejo industrial a un costo de 4.000 millones (*4 billion*) de dólares.

En 1978, el nuevo presidente, Herrera Campins, anunció un «Plan de Cinco Años», y prometió inversiones federales de más de 64.000 millones (*64 billion*) de dólares para la expansión de la energía eléctrica, obras públicas, industrias, agricultura, educación y viviendas (*housing*). Unos 20.000 millones (*20 billion*) se utilizaron para desarrollar los grandes depósitos de petróleo al norte del río Orinoco, que se calcula serán cuatro o cinco veces mayores que los de la Arabia Saudita. En 1982 algunos de estos pozos (*wells*) habían empezado a producir.

«La maldición (*curse*) de la sociedad venezolana es el gran estado, el gran gobierno», escribe Carlos Rangel, un distinguido autor venezolano.

> «El monto (*amount*) de nuestra economía en manos del estado pasó del 15% en 1914 al 50% en 1920, y ahora, el estado es propietario de más del 65% de la economía. Es una receta (*recipe*) para el desastre. No creo que nada pueda invertir (*reverse*) este proceso, salvo (*except*) una revolución. Aun los líderes no marxistas han optado por la industrialización controlada por el estado. El sector privado y el estatal se embarcaron en masivos préstamos (*loans*), dejando una inmensa deuda de $34.000 millones (*$34 billion*) que la nación no puede pagar. En la década del 80 todo se desplomó de súbito (*suddenly collapsed*), al bajar los precios del petróleo; del que dependía el 90% de la economía nacional.»

Ésta es la precaria situación en que Venezuela se encuentra actualmente.

*Two million acres were expropriated in Apure and put under irrigation. The country has begun development of the Orinoco tar belt, believed to contain the world's largest oil reserves. Present oil production gives the government at least $10 million a day in income. Since World War II, some 800,000 European immigrants have entered Venezuela, radically changing the racial makeup and adding hundreds of thousands of trained workers to the national labor force. In 1988 Carlos Andrés Pérez was elected president. He adopted a policy of austerity, prices rose, and in 1989 there were riots with 300 killed.

EJERCICIOS

A. Opciones. Complete these sentences with the correct answer (or answers) that follow.

1. El producto de exportación más importante de Venezuela es _____ (la ropa, el hierro, el petróleo, el café). **2.** La capital de Venezuela es _____ (Bogotá, Maracaibo, Valencia, Caracas). **3.** Uno de los más famosos venezolanos del siglo pasado fue _____ (Santander, Rómulo Gallegos, Simón Bolívar, Sandino). **4.** La Gran Colombia incluía los países de _____ (Chile, Venezuela, Colombia, el Ecuador). **5.** El dictador más famoso de Venezuela fue _____ (Porfirio Díaz, Simón Bolívar, Fidel Castro, Juan Vicente Gómez). **6.** El río más grande de Venezuela es _____ (la Magdalena, el Paraná, el Orinoco, el Amazonas). **7.** «Venezuela es un cuartel» son las palabras de _____ (Juan Vicente Gómez, Juan Montalvo, Simón Bolívar, el general Páez). **8.** En el interior de Venezuela se encuentra(n) _____ (la pampa, la selva, los llanos, las montañas). **9.** Venezuela es la escena de una de las mejores novelas latinoamericanas _____ (*Los de abajo, El indio, Los pasos perdidos, Campamento*).* **10.** Un escritor venezolano ha escrito que la maldición de su país es _____ (el ejército, el comunismo, el gran estado, los Estados Unidos). **11.** Un gran complejo industrial se está construyendo en _____ (Caracas, Valencia, Ciudad Guayana, Orinoco). **12.** El costo de la vida en Venezuela es muy _____ (bajo, alto, variable, invariable). **13.** El ingreso per cápita de Venezuela es _____ (alto, bajo, desigual, admirable). **14.** Las dos cosas que dominaron la vida venezolana en este siglo son _____ (Bolívar, Gómez, el petróleo, la agricultura).

B. Comentarios. Comment briefly in Spanish on each of the following.

1. los indios de Venezuela
2. Bolívar y el pensamiento francés
3. los llanos venezolanos
4. el tirano Gómez
5. la ganadería venezolana
6. el petróleo venezolano
7. el ingreso anual per cápita
8. la inmigración europea
9. el programa de nacionalización
10. el nuevo complejo industrial
11. el «Plan de Desarrollo Nacional»
12. el gobierno venezolano
13. la maldición de Venezuela

C. Expresiones útiles. Use each one in a sentence of your own in Spanish.

1. **de sitio en sitio** from place to place
2. **convertirse en** to become
3. **sonar con** to dream of
4. **de súbito** suddenly
5. **no saber ni leer ni escribir** not to know how to read or write
6. **dar un ejemplo** to give an example
7. **todo el país** the whole country
8. **el nivel de la vida** the standard of living
9. **embarcarse en** to undertake

*Véase la página 66.

D. Preguntas

1. ¿Qué dijo Bolívar de los Estados Unidos? **2.** ¿Cómo caracterizó Bolívar a las tres divisiones de la Gran Colombia? **3.** ¿Cuál es el ingreso anual per cápita en Venezuela? **4.** ¿Qué ha hecho el gobierno venezolano en Ciudad Guayana? **5.** ¿Por qué es relativamente rico el gobierno federal de Venezuela? **6.** ¿En qué consiste el «Plan de Desarrollo Nacional»? **7.** ¿Quién fue Juan Vicente Gómez? **8.** ¿Por qué son tan caras las necesidades de la vida en Venezuela? **9.** ¿Cuál es el producto más importante de Venezuela? **10.** ¿Qué quiere decir el nombre «Venezuela»? **11.** ¿Dónde está situada Ciudad Guayana? **12.** ¿Por qué es esta ciudad tan importante para Venezuela? **13.** ¿Qué clase de gobierno tiene Venezuela hoy día? **14.** ¿Qué industrias venezolanas se han nacionalizado? **15.** ¿Qué descubrimiento reciente parece que va a cambiar radicalmente la situación económica de Venezuela? **16.** ¿Cuál es la capital de Venezuela? **17.** ¿Cuál es la maldición de Venezuela según un autor venezolano?

E. Cambie al pretérito.   Put the following sentences in the preterit.

1. Bolívar lucha quince años. **2.** Mueren más de cuatrocientas mil personas. **3.** Venezuela se convierte en un desierto. **4.** Forman un solo país. **5.** Bolívar muere en 1830. **6.** Los llaneros le reciben. **7.** Venezuela sufre más de cincuenta revoluciones. **8.** No la conozco. **9.** Venezuela tiene una dictadura absoluta por treinta y cinco años. **10.** El ejemplo que da es estúpido. **11.** El país no produce las necesidades de la vida. **12.** Se ha lanzado un programa de nacionalización. **13.** Llego a las diez. **14.** Estoy muy cansado. **15.** Se construye una nueva ciudad. **16.** Se gastan $100.000.000. **17.** No sabe lo que pasó. **18.** Quieren hacerlo cien veces. **19.** Lo pago al día. **20.** Juan los tiene. **21.** Yo no sé el resultado.

Temas de investigación

Trabajo oral o escrito. Repita en sus propias palabras las ideas centrales de la siguiente cita. ¿Está usted de acuerdo? ¿Cree usted que el autor sea objetivo? ¿Qué importancia tiene la cita? ¿Qué ha legado (bequeathed) Venezuela a la historia latinoamericana? Identifique al autor. ¿Qué clase de obras ha escrito? Busque datos en la biblioteca.

La historia no se cultiva por el placer baldío (arid) de condenar ni de exaltar. Se cultiva para aprender sus lecciones y atesorar (to store up) experiencia; para conocer el mensaje que cada época y cada raza legan a la humanidad.

Rufino Blanco Fombona, Venezuela

25

El Brasil

El Congreso, Brasilia, capital moderna del Brasil

En la Europa de la Edad Media uno de los tintes (*dyes*) más populares fue el tinte rojo llamado «brasil». Las mujeres también usaban «el brasil» para pintarse los labios. Cuando los portugueses llegaron a la costa sudamericana en 1500, encontraron grandes selvas de árboles que producían un tinte rojo como el brasil. Dieron a este árbol el nombre de «palo brasil», y pronto después usaban el nombre «Brasil» para referirse al país. El nombre viene de la palabra portuguesa «brasa» (*ember*).

Por muchos años el tráfico en este palo brasil fue el comercio más importante del Brasil. Los portugueses no encontraron en la nueva colonia minas de oro ni grandes civilizaciones indias que explotar. El desarrollo del Brasil no fue muy rápido. Después de algunos años, en el nordeste, en la región de Pernambuco, se establecieron grandes plantaciones de caña de azúcar. Surgió una sociedad paternalista de grandes propietarios y esclavos negros como la de nuestro *Old South*. La «casa grande» de estas plantaciones fue el centro de la cultura del Brasil colonial. La «casa grande» fue biblioteca, escuela, hospital, banco y hasta cementerio. Sus muros tremendos y su inmenso tamaño también la hicieron fortaleza, iglesia y casa de residencia. Los propietarios de las «casas grandes» constituían una clase privilegiada en la colonia. Tenían casi toda la riqueza y controlaban el gobierno.

A fines del siglo XVII se descubrieron minas de oro en el estado de Minas Geraes. Casi inmediatamente hubo un éxodo tremendo del nordeste hacia el territorio de Minas. Entonces la sociedad de la «casa grande» gradualmente desapareció.

En 1808, cuando Napoleón invadió a Portugal, el rey portugués con quince mil de sus nobles salieron de Europa y buscaron refugio en el Brasil. Trajeron (*They brought*) grandes sumas de dinero, libros, objetos de arte y todas las tradiciones aristocráticas de la corte portuguesa. La colonia pronto llegó a ser más importante que la madre patria. Cuando el rey viejo volvió a Portugal, su hijo proclamó la independencia del Brasil y se nombró Dom Pedro I (primero). Fue una independencia ganada sin necesidad de una guerra.

Uno de los más famosos monarcas del siglo pasado fue Dom Pedro II (segundo), hijo del primer emperador del Brasil. Pedro II reinó durante medio siglo, 1840–1889. Fue uno de los monarcas más liberales y progresistas de todos los tiempos. El presidente Mitre de la Argentina una vez escribió: «El emperador Dom Pedro II es más democrático que cualquier presidente hispanoamericano.» Y en Francia el famoso Víctor Hugo le dijo al emperador:

—Afortunadamente, no tenemos en Europa un monarca como usted.
—¿Por qué dice usted afortunadamente? —preguntó Dom Pedro.
—Porque entonces no tendríamos ningún interés en ser republicanos —contestó Hugo.

Potencialmente el Brasil es una de las naciones más ricas del mundo. Es más grande que los Estados Unidos sin Alaska, y una gran parte del sur del país es de tierra fértil. El clima de estas regiones es agradable, y las ciudades, todas ellas cerca de la costa, son modernas y magníficas. El río Amazonas, que pasa por el centro del país, es la base de un gran sistema de comunicaciones.

La mayor parte de los habitantes viven en la región de la costa atlántica, porque la parte central es una inmensa selva tropical. Las ciudades más importantes son Río de Janeiro y São Paulo. Río de Janeiro es una de las ciudades más hermosas del mundo. São Paulo es un gran centro industrial de rascacielos que tiene más de ocho millones de habitantes. El estado de São Paulo es el más rico del país; produce la mitad de los productos indus-

La playa Copacabana, Río de Janeiro

triales del Brasil, y paga más de la mitad de los impuestos federales. Brasilia, la nueva capital establecida en el interior del país, es una ciudad de una hermosura fantástica.*

El producto más importante del Brasil es el café, pero en los últimos años la exportación de armas militares ha llegado a ser la segunda industria del país. Hay en el Brasil muchas minas de diamantes y de metales preciosos, y en Itibara hay un inmenso depósito de hierro (*iron*) que contiene el 25 por ciento de todo el hierro del mundo.

El Brasil no tiene muchos ferrocarriles, pero la transportación por líneas aéreas es extensa. Estas líneas usan aeroplanos norteamericanos y cruzan el país en todas direcciones. A los brasileños les gusta viajar en avión, y el aeropuerto Santos Dumont en el centro de Río de Janeiro es el más hermoso de Sudamérica.

*On April 21, 1960, Rio de Janeiro ceased to be the federal capital of Brazil. It was replaced by Brasilia, 600 miles inland, deep in the heart of the undeveloped **sertão**. Brazil needed desperately to find some way to bring inhabitants to the uplands of the great interior. Brasilia is a magnificent city, planned from scratch. Its dazzling modern architecture, designed largely by Brazil's world-famous Oscar Niemeyer, is distinctly twentieth-century. The city's mountain-rimmed location (3,000 feet in altitude), at the confluence of two rivers, is almost perfect. The climate is mild, the humidity low. Brasilia has the shape of a bent bow and arrow; through its center runs the 820-foot-wide Avenida Monumental, which forms the five-mile-long shaft of the arrow. Intersections are avoided by underpasses and cloverleafs. In the heart of the new city is a great artificial lake reflecting the presidential palace and other impressive structures. A beautiful new university campus occupies 625 acres along its shores. The city is accessible by air, rail, and highway. The country's swelling population, now numbering over 140 million, has already begun its great westward expansion.

El río Amazonas cerca de Belem

La lengua del Brasil es el portugués. Las personas que hablan español leen esta lengua sin mucha dificultad, aunque es más difícil hablarla. La mayor parte de los habitantes del país son descendientes de portugueses, pero hay medio millón de alemanes y dos o tres millones de italianos. Hay también una gran población negra y medio millón de japoneses. En la región de la ciudad de Santarem y también en Villa Americana, cerca de Porto Alegre, viven los descendientes de un grupo de veteranos de nuestra Guerra Civil.*

Un escritor alemán, Stefan Zweig, escribió un libro titulado *Brasil, país del futuro.* Es una interpretación muy buena de la vida brasileña, y el título es simbólico. Ese gran país donde no hay conflictos entre las razas tiene un futuro de inmensa promesa.

En cambio, la situación política del país en los últimos años ha sido deplorable. Getulio Vargas dominó el gobierno por veinticuatro años, hasta su suicidio en 1954. Kubitschek, presidente durante el período 1956–1961, construyó la nueva capital, Brasilia, gastando millones de dólares en esta empresa. También prometió cincuenta años de progreso en cinco, pero lo que logró (*achieved*) fue cuarenta años de inflación en cuatro. La inflación llegó a ser tan desastrosa que los precios subieron un 1.900 por ciento en pocos años. Los ricos mandaron sus ahorros (*savings*) al extranjero, y por cada dólar de ayuda norteamericana que llegaba al país huía otro dólar nativo. Hubo varios gobiernos militares.

*After the Union victory, several hundred Confederate soldiers went to Brazil.

La inflación no ha sido controlada todavía, pero usando un sistema de indices (*indexing*), el gobierno ha ordenado que los salarios suban tanto como el costo de la vida. En el vasto nordeste viven millones de campesinos que sufren continuamente de la desnutrición (*malnutrition*); tienen una esperanza de vida de solamente treinta y dos años de edad. La industrialización del país ha continuado a paso rápido (*at a rapid rate*), y el Brasil ha llegado a ser el octavo país del mundo occidental en su producto nacional.

En la inmensa selva del Amazonas existe el mayor depósito de hierro del mundo entero. No muy lejos (a unas 125 millas hacia el sur) hay diez mil toneladas de oro, y hacia el oeste grandes depósitos de estaño. Las maderas de la selva también representan una riqueza natural de gran valor. Más de sesenta empresas extranjeras ya tienen operaciones en esta región cuyos árboles y minerales prometen tanto y cuya ecología es muy frágil.*

En la actualidad el Brasil tiene la deuda externa más alta del tercer mundo, cerca de 114.000 millones (*114 billion*) de dólares. En el año 1985 los gastos del estado llegaron a 1.000 millones (*1 billion*) de dólares más que los ingresos del presupuesto federal. En São Paulo hay 700.000 desempleados, y en el país entero unos 25 millones están sin trabajo.

El Brasil ha sufrido económicamente por cuatro causas: el alza de los precios del petróleo, el aumento de los intereses (*interest rates*), las pérdidas del comercio exterior y la incapacidad (*inability*) de controlar el presupuesto federal. El país tiene que importar el 80 por ciento de su petróleo, y es cada vez más difícil pagarlo con la alta deuda externa y los altos intereses que van con ella. En los últimos años el Brasil ha lanzado un programa nacional de hacer alcohol de la caña de azúcar y otras cosechas. Algunos miles de vehículos brasileños ya están usando este nuevo combustible (*fuel*).

---

*When the rain forest is burned down to make way for farms, the soil below is leached. The farmer quickly moves on to another plot, and this "slash, burn, move along" process leaves in its wake a barren desert. About 20 percent of the forest is already gone, and the fragile ecological balance of the area is rapidly being destroyed. Long regarded as Brazil's "security blanket," the Amazon rain forest is now in serious jeopardy. As a great experiment, encouraged by the Brazilian government, and with the hope of making money and producing foodstuffs, a North American billionaire shipbuilder, Daniel K. Ludwig, in 1967 bought four million acres of forest along the river Jari, north of the Amazon, to cut timber, to use as grazing land, to grow rice, and to replant with quickly growing trees for use in the manufacture of paper and cellulose. A huge wood-burning power plant and a gigantic paper mill were made in Japan and floated on barges across the Pacific, up the Amazon and Jari rivers to Ludwig's land. By the 1980s his project was producing annually over 100,000 tons of rice, 140,000 tons of timber, and 10,000 head of cattle, in addition to an output of 750 tons of paper daily. What the ultimate effect of this project will be, no one yet knows. On the other hand, the extent of the destruction of the **selva** is emphasized in this paragraph from the *Los Angeles Times,* June 14, 1987:

> World Bank loans since 1982 to help Brazil build a 1,100 mile road into the Amazon frontier have opened up a forested area the size of West Germany. The road has encouraged half a million land-hungry laborers displaced by farm mechanization elsewhere in Brazil to stream into the forest to scratch a living from fragile soils unsuitable for either farming or grazing.

Each year Brazil loses 3,650,000 acres of **selva** in this way.

En las elecciones de 1985, después de veintiún años de dictadura militar, el Brasil aprobó (*approved*) un gobierno civil y hubo jubilación en las calles.* Con una mayoría imponente (*imposing*) de diputados democráticos y progresivos, el momento fue propicio para revitalizar la económía del país. Desafortunadamente, por falta de cooperación, organización y dedicación, esta magnífica oportunidad se echó a perder (*was thrown away*). Conflictos entre individuos y partidos políticos paralizaron la marcha de la nación. Bajaron todos los índices económicos; en 1986 hubo una inflación de 62 por ciento, y a principios de 1987 la inflación anual subió al 500 por ciento, pero a fines del año había bajado al 57 por ciento durante un período de cuatro meses.

El 20 de febrero de 1987, a causa de las terribles condiciones económicas, el Brasil suspendió los pagos de intereses sobre $68.000 millones (*$68 billion*) de su deuda externa de más de $114.000 millones (*$114 billion*). El país hoy día confronta un futuro incierto, precario y penoso. Los generales están marcando el paso (*marking time*).

El presidente del Brasil, José Sarney

*The military-appointed Congress *nominated* a presidential candidate, who was later approved by the voters in a plebiscite. It was not a direct election, and the Brazilians are still making an issue of this.

El nuevo presidente del Brasil, José Sarney, en 1986 expresó los sentimientos de muchos latinoamericanos al decir:

> No creo que haya mayor error histórico de parte de los Estados Unidos en sus relaciones con la América Latina que el tratamiento de tercera clase que ha dado a este continente. La América Latina ha sido un amigo cuya fidelidad (*loyalty*) los Estados Unidos ha descontado (*taken for granted*) por mucho tiempo, pero la idea de que somos el patio trasero (*backyard*), o un lote vacante, naturalmente nos hiere y nos inquieta. En reacción a esa política la América Latina está comenzando a nutrir (*nurture*) sentimientos anti-norteamericanos que no existían en el pasado. Cuando aparecen problemas la preocupación de Washington es la seguridad (*security*), su solución, militar.

La conclusión del presidente Sarney fue que esto complica las cosas, no las resuelve. Lo que necesitamos en este momento histórico es más cooperación y menos beligerancia.

EJERCICIOS

A. Opciones.   Complete these sentences with the correct answer (or answers) that follow.

1. Dom Pedro I, el emperador del Brasil, era un hombre muy _____ (tiránico, inflexible, democrático, simpático).   **2.** El presidente Sarney del Brasil _____ (admira a los Estados Unidos, cree que los Estados Unidos busca soluciones militares, dice que los Estados Unidos ha descontado la fidelidad de Latinoamérica, cree que Latinoamérica quiere imitar a los Estados Unidos).   **3.** La capital del Brasil es _____ (Río de Janeiro, Buenos Aires, Montevideo, Brasilia). **4.** El río más importante del Brasil es el _____ (Paraná, Orinoco, Amazonas, Ebro).   **5.** La mayor parte de los habitantes del Brasil viven en _____ (el interior del país, la costa, la selva, las montañas).   **6.** Brasilia, la nueva capital del Brasil, está situada _____ (en el Amazonas, en el interior del país, en la costa, cerca del Río).   **7.** La lengua nacional del Brasil es el _____ (español, francés, portugués, italiano).   **8.** El Brasil produce para la exportación grandes cantidades de _____ (lana, petróleo, café, armas).   **9.** La Avenida Monumental de Brasilia tiene _____ (100 pies, 200 pies, 300 pies, 820 pies) de ancho.   **10.** Debido a la falta de petróleo el Brasil produce para combustible de automóviles _____ (carbón, vapor, alcohol, gasolina).   **11.** La ciudad más grande del Brasil es _____ (Río de Janeiro, São Paulo, Buenos Aires, Montevideo).   **12.** En la actualidad el gobierno del Brasil es _____ (democrático, militar, socialista, clerical).

B. Comentarios.   Comment briefly in Spanish on each of the following.

1. la «casa grande» colonial
2. la gran selva del Amazonas
3. la caña de azúcar
4. las plantaciones de café
5. la opinión de José Sarney
6. las industrias de São Paulo
7. Brasilia, la nueva capital
8. el gobierno del Brasil
9. el sistema de índices
10. Dom Pedro II

C. Expresiones útiles. Use each in a sentence of your own in Spanish.

1. **gustarle a uno**   to be pleasing to one
2. **viajar en avión**   to travel by plane
3. **mandar al extranjero**   to send abroad
4. **a paso rápido**   at a rapid pace
5. **de ninguna clase**   of no kind
6. **en aquel entonces**   at that time
7. **en los últimos años**   in recent years
8. **la esperanza de vida**   life expectancy
9. **al decir**   on saying
10. **de parte de**   on behalf of

D. Preguntas

1. ¿Qué significa la palabra «brasil»?   2. ¿Qué importancia tenía la «casa grande» brasileña?   3. ¿Qué demostraron las elecciones de 1985?   4. ¿Por qué es tan importante el río Amazonas?   5. ¿Qué parte del Brasil es la más rica? ¿Por qué?   6. ¿Qué riquezas naturales se encuentran en la selva del Amazonas?   7. ¿Cuáles son los productos más importantes del Brasil? 8. ¿Por qué vinieron los nobles de Portugal al Brasil? ¿Qué trajeron a esta colonia?   9. ¿Qué escribió el presidente Mitre de la Argentina de Dom Pedro? 10. ¿Cuál es la situación financiera del Brasil hoy día?   11. ¿Cuántos desempleados hay en la ciudad de São Paulo?   12. ¿Qué importancia tiene el petróleo para el Brasil?   13. ¿Qué está haciendo el gobierno del Brasil para producir otro combustible?   14. ¿Qué dijo Víctor Hugo, el escritor francés, al emperador Dom Pedro?   15. ¿Qué ha pasado con la economía del Brasil en los años recientes? ¿Por qué?   16. ¿Cuántos desempleados hay en el Brasil?   17. ¿Qué población tiene el Brasil hoy día?   18. ¿Cuál es la ciudad más grande del Brasil? 19. ¿Cómo se llama la nueva capital del Brasil? ¿Dónde está situada?   20. ¿En qué parte del país está la vieja capital?   21. ¿Cree usted que Latinoamérica es el patio trasero de los Estados Unidos?   22. ¿Qué dice José Sarney?

E. Cambie al imperfecto.   Put all verbs in the imperfect tense.

1. Las mujeres se pintan los labios.   2. Los portugueses encuentran grandes árboles que producen un tinte rojo.   3. Dan a este árbol el nombre «palo brasil». 4. Uno de estos hombres vive en la costa.   5. La colonia comienza a prosperar. 6. La «casa grande» es el centro de esta cultura.   7. El rey busca refugio en el Brasil.   8. Pedro II es un monarca muy democrático.   9. Les gusta viajar en avión.   10. Por cada dólar que llega huye otro dólar.   11. Los ricos mandan sus ahorros al extranjero.   12. Hay depósitos de oro en muchas partes del país.

Temas de investigación

Trabajo oral o escrito. Repita en sus propias palabras las ideas centrales de la siguiente cita. ¿Está usted de acuerdo? ¿Cree usted que al autor sea objetivo? ¿Qué importancia tiene la cita? ¿Qué diferencias hay entre el Brasil y los otros países sudamericanos? Busque datos en la biblioteca.

Queremos un Brasil próspero y eterno, que honre la cultura grecolatina, las tradiciones lusitanas (*Portuguese*), su propia historia, de las cuales debe sentirse orgulloso. El Brasil tiene que cultivar y propagar la lengua portuguesa, de la cual es depositario y, ya hoy, el mayor responsable. Debe ser, ante todo, un pueblo instruído y educado. Sólo hay un camino para la conquista de la naturaleza, de los hombres y de uno mismo: saber (*knowledge*). Y el modo de conseguirlo es querer (*will*).

Afranio Peixoto, sociólogo brasileño

III

VIÑETAS DE LA VIDA
LATINOAMERICANA

26

La villa imperial

Es un día frío de enero del año 1545. La escena es en las montañas de Bolivia, entonces parte de la colonia española del Perú. Un indio, Juan Qualca, y dos de sus amigos están sentados en una roca grande vigilando (*watching*) unas trescientas llamas. Uno de los indios toca una melodía extraña en una quena.* Es la hora de la puesta del sol, y el frío se hace más intenso a cada momento. Qualca dice:

Native reed flute. There are also reed pipes-of-Pan called **rondadores.** Indians sometimes sit for hours and play plaintive strains on these reed instruments. Other native instruments were drums of many kinds and whistling pots. Before the Spaniards came, there were no stringed instruments, but after the conquest, guitars of many sizes and shapes made their appearance. One of these, the **charango,** uses as a sounding board the shell of an armadillo. Harps are also very popular in the Andean region of today.

—Amigos, creo que va a ser necesario pasar la noche aquí. No tenemos tiempo para volver al pueblo ahora. Vamos a hacer un fuego para calentarnos. De otro modo no podemos resistir el frío de la noche.

Los tres indios traen varias plantas, porque no hay árboles, y pronto hay un fuego pequeño que hace siluetas grotescas en las rocas de las montañas. Los tres están al servicio de un capitán español, Juan de Villarroel, propietario de una mina de plata. Villarroel es un hombre rico que los trata muy mal. Al día siguiente tienen que volver a la mina para trabajar, pero ahora están solos y no quieren pensar en una cosa tan desagradable. Hacen el fuego en silencio, y en silencio preparan su pobre comida de carne y quinoa, una planta nativa de esas montañas. Después de comer, comienzan a hablar y así pasan varias horas de la noche. Lamentan la explotación de los indios y la destrucción de sus comunidades, lamentan el carácter cruel de Villarroel y lamentan su trabajo en la mina. El frío es tan intenso que no pueden dormir, y cuando llega el día todavía están hablando alrededor del fuego. Por fin, uno de ellos interrumpe la conversación diciendo:

—Bueno, allí está el sol. Ahora tenemos que volver al pueblo.

—Sí —dice Qualca— es agradable hablar de estas cosas, pero también es necesario trabajar.

—¿Por qué no podemos ser ricos también? —pregunta el tercero. —En los días de los incas... —Y el pobre indio repite con varias exageraciones la historia de la gran riqueza de los incas. Mientras habla echa agua sobre el fuego y nota que una cosa brillante aparece donde cae el agua. Qualca también lo nota y exclama con entusiasmo:

—¡Parece de plata!

Pero los otros dos, después de examinarlo, deciden que no es más que la imaginación de Qualca. El indio que tiene la quena toca una melodía primitiva para atraer la atención de las llamas, y los tres amigos suben la montaña para volver al pueblo y al trabajo de la mina.

La montaña es muy alta y suben con gran dificultad. Es difícil vigilar a los animales que quieren correr en todas direcciones a pesar de la música de la quena. De pronto uno de los indios grita:

—¡Qualca! ¡Qualca! ¡Allí... !

—¿Qué hay? ¿Qué hay? —responde Qualca.

—Esa llama —dice el otro— allí corre al otro lado de la montaña.

—¡Qué animal más perverso! —exclama Qualca corriendo al sitio donde está su llama. Cuando llega, el animal está comiendo tranquilamente, pero en el momento en que Qualca aparece corre a otro sitio. Qualca ahora corre aun más rápidamente detrás de la llama, que desaparece entre algunas rocas.

—¡Allí está! ¡Allí está! —gritan los otros dos indios y Qualca corre al sitio indicado con toda la velocidad posible. La montaña es muy precipitosa y hay muchas piedras sueltas. Qualca tropieza con una de estas piedras y para no caerse (*to fall down*) automáticamente se coge de (*grabs*) una planta. Por un momento todo está bien, pero entonces la planta de pronto sale del suelo y Qualca se cae contra una roca. Sus amigos corren al sitio y uno de ellos coge a la llama. El otro pregunta muy solícito:

—¿Estás bien, Qualca?

Por un momento Qualca no responde, entonces sin moverse del sitio dice:

—Sí, estoy bien.

—Pues vamos —responde el otro.

—Sí, Qualca —dice el tercero— vamos. No queda mucho tiempo.

Pero todavía Qualca no se mueve del sitio. Mientras los dos amigos le miran ansiosos, comienza a examinar el suelo. Después de un momento dice tranquilamente:

—Amigos, miren bien ese suelo. ¿Ven ese color brillante allí? Pues es una vena de plata pura, y esta vez no es imaginación.

Los otros dos examinan el suelo y ven que Qualca tiene razón. Vuelven al pueblo y algunos días después comienzan a trabajar la vena en secreto. A los tres o cuatro meses ya son bastante ricos. El capitán Villarroel pronto se da cuenta, descubre lo que hacen y con un grupo de amigos españoles toma posesión de la mina. Los indios se defienden con gran valor pero es inútil.

Los españoles establecen allí una villa que tiene el nombre de Potosí. De todas partes de la América española vienen blancos, indios y mestizos en busca de su riqueza. La famosa mina de Qualca* da dos mil millones (2 *billion*) de dólares de plata, y fortunas de dos o tres millones son muy comunes entre los españoles que viven allí. Cierto general Pereyra dio a su hija una dote (*dowry*) de más de dos millones de dólares, y otro señor llamado Mejía dio a la suya más de un millón. Cuando murió el rey Felipe III de España, la Villa Imperial gastó casi seis millones de dólares en los funerales.

La vida diaria en Potosí era una cosa fantástica. Casi todos los meses había celebraciones extravagantes, banquetes, carnavales, torneos (*tourneys*) y representaciones dramáticas, pero naturalmente los sesenta mil habitantes indios no tomaban parte en estas fiestas. Mientras los españoles gastaban dinero en grandes cantidades, los trabajadores indios trabajaban, vivían y morían en las minas de plata en las entrañas de la tierra. De cada cinco indios morían cuatro en el primer año de su servicio en las minas.

A pesar de estos contrastes grotescos, la historia de la Villa Imperial es épica. En el año 1545 Potosí no existía; en 1572 la ciudad tenía una población de 120.000 habitantes, y en 1650 la población había llegado a los 160.000. Por casi dos siglos Potosí fue la ciudad más rica y más populosa de las Américas.[†]

---

*The core of the great hill was almost pure silver.

[†]By the end of the eighteenth century, Potosí was on the decline, and today it is but a small village. The story of Potosí in South America and of Zacatecas in Mexico is symbolic of Spain's colonial policy, which was to put mineral wealth first and foremost, because its dividends were immediate. Agriculture, trade, and industries were neglected, and when the mines played out, the colonial economy as a whole was left drained, lopsided, and inadequate.

EJERCICIOS

A. Correcciones.   Each of the following sentences based on the reading contains one or more misstatements of fact. First, read each sentence as it stands, then read the corrected version in Spanish.

1. Hace frío en enero en Chile.   **2.** Bolivia en el siglo XVII era parte de la colonia francesa del Canadá.   **3.** Qualca y sus amigos eran españoles de La Paz. **4.** Los tres amigos trabajaban con el gobierno español.   **5.** El capitán Villarroel era un hombre pobre y bueno.   **6.** Qualca y sus amigos están en las montañas para buscar una mina de plata.   **7.** Hacen un fuego y duermen bien toda la noche.   **8.** Uno de los indios canta para atraer la atención de las llamas.   **9.** Uno de los animales desaparece entre los árboles de las montañas.   **10.** Qualca tropieza con una planta y se cae al suelo.   **11.** Qualca examina bien el suelo y dice tranquilamente que es una vena de estaño puro.   **12.** Los indios no pueden trabajar su mina porque el capitán Villarroel inmediatamente descubre lo que hacen.   **13.** Dos de los indios llegan a ser hombres muy ricos.   **14.** Los españoles tratan muy bien a los indios que tienen que trabajar en las minas.   **15.** La Villa Imperial de Potosí tiene poca importancia en la historia de la América española porque la ciudad de Sucre era siempre más rica y más populosa.

B. Comentarios.   Comment briefly in Spanish on each of the following.

1. el paisaje de Bolivia
2. el trabajo de los indios
3. Juan de Villarroel
4. la quena
5. la comida de los indios
6. los lamentos de los indios
7. Potosí
8. la mina de Qualca
9. los funerales de Felipe III
10. la vida diaria en Potosí
11. la vida de los tres indios
12. la población de Potosí

C. Expresiones útiles.   Use each of the following in a sentence in Spanish.

1. **la puesta del sol**   sunset
2. **tener razón**   to be right
3. **al día siguiente**   on the following day
4. **no ser más que**   to be only
5. **de pronto**   suddenly
6. **darse cuenta de**   to realize
7. **la vida diaria**   daily life
8. **detrás de**   behind

D. Preguntas
1. ¿Por qué estaban los tres amigos indios en las montañas?   **2.** ¿Por qué hicieron un fuego?   **3.** ¿Qué clase de trabajo hacían los tres?   **4.** ¿De qué hablaron toda la noche alrededor del fuego?   **5.** ¿Por qué no podían dormir? **6.** ¿Qué dijo Qualca cuando notó la cosa brillante en el suelo?   **7.** ¿Qué le contestaron sus amigos?   **8.** ¿Por qué tocan los indios la quena?   **9.** ¿Qué pasó (*What happened*) cuando Qualca corrió detrás de la llama?   **10.** ¿Por qué trabajan los indios su mina en secreto?   **11.** ¿Qué hace el capitán Villarroel cuando se da cuenta de lo que están haciendo?   **12.** ¿Puede usted describir la vida diaria de Potosí?   **13.** ¿Qué clase de vida llevaban los habitantes indios? **14.** ¿Por qué es Potosí tan importante en la historia de la América española?

E. Práctica. Use the proper form of the verb **gustar.** Use any tense. Then translate.

1. A Juan le _____ el café. **2.** A María le _____ los dulces. **3.** A mí me _____ viajar. **4.** A nosotros nos _____ leer. **5.** A mí y a mis padres nos _____ las poesías. **6.** A mis padres no les _____ los cigarrillos. **7.** ¿Le _____ a usted el té? **8.** ¿Les _____ a ustedes las canciones españolas? **9.** Yo le _____ a ella. **10.** ¿Les ha _____ a ustedes el museo? **11.** ¿A quién le _____ trabajar doce horas seguidas? **12.** A mis amigos les _____ el viaje.

Diálogo

Preparen un diálogo basado en los datos siguientes.

Personajes*

Qualca y tres amigos suyos   **Dos soldados españoles**
El capitán Villarroel, su patrón (*boss*)

Situación *En las montañas de Bolivia.* Qualca y sus amigos están sentados en sus ponchos quejándose de las crueldades de su patrón, quien no les paga casi nada. Cada día trabajan quince horas seguidas (*straight*). Todos le deben dinero al patrón. Villarroel es un tirano. En este momento aparece el capitán con dos soldados españoles. Al oír a los indios, se enfada (*he gets angry*), los acusa y los denuncia, llamándoles desagradecidos. Grita que la semana entrante tendrán que trabajar sin recibir su cuota de hojas de coca. Se va, hecho una furia (*in a fury*).

Los indios se quejan del frío y preparan el fuego. ¿Qué hacer? ¿Matar al capitán? ¿Escaparse a las montañas? ¿Ir a las autoridades? ¿Tratar de organizar alguna resistencia entre los mineros? ¡Puras fantasías! Hay que seguir trabajando. No hay remedio. Hacen el fuego y preparan la comida, una sopa de quinoa (*Andean grain*), papas y un pájaro que Qualca ha matado. Mientras comen hablan de los buenos días antes de la conquista. Por fin duermen. Qualca se levanta primero y descubre la vena de plata. ¡Da un grito de alegría! Todos se ríen jubilosos (*jubilant*). Con entusiasmo hablan del futuro. Vuelve Villarroel con los dos soldados y oye lo que dicen. Desea comprar la mina, pero los indios dicen que no. El capitán insiste gritando, pero no venden. Por fin los españoles la toman por la fuerza. Los indios no resisten.

*****Personajes** may be either male or female in any of these dialogues. Participants should discuss the dialogue in a group, write it out before class, memorize it, and finally present it. Use suitable props.

27

El café y otros productos

Hace seiscientos o setecientos años los habitantes de Abisinia descubrieron que podían hacer una bebida excelente de las semillas (*seeds*) rojas de un árbol que crecía en gran abundancia en su país. Especialmente cuando estaban fatigados, o tenían frío, o tenían que trabajar muchas horas seguidas, tomaban esta bebida caliente como un tónico o para combatir la fatiga. Los resultados siempre eran maravillosos.

En aquella época Persia era uno de los países más importantes del mundo, y los comerciantes persas iban a todas partes. Uno de estos viajeros fue a Abisinia, donde bebió grandes cantidades de la nueva bebida. Le gustó mucho y llevó muestras (*samples*) de las semillas consigo a Persia. Antes del siglo XV la bebida llegó a ser muy popular en aquel país.

En el siglo XV un musulmán llevó algunas de las semillas a Adén, en Arabia, y desde Adén fueron llevadas a La Meca. Los peregrinos (*pilgrims*) musulmanes, que iban a La Meca todos los años para visitar la tumba de Mahoma, oyeron de la bebida y comenzaron a tomarla con frecuencia. Pocos años después estos peregrinos la habían hecho popular desde el Cairo, Egipto, hasta Constantinopla, Turquía. Dos o tres veces el sultán prohibió su uso porque creía que era una de las bebidas prohibidas por el Korán. Pero fue tan popular entre los habitantes de todas las clases, y su efecto era tan agradable, que las prohibiciones pronto fueron revocadas y su popularidad se extendió por toda Europa.

El árbol que producía la semilla roja crecía fácilmente en Arabia, y hasta el siglo XVIII este país fue el centro de la mayor producción de la bebida. Su nombre, «café», es de origen árabe.* En el año 1652 el café fue introducido en Inglaterra, y poco después las «casas de café» (*coffee houses or cafés*) llegaron a ser muy populares. Todos los escritores y artistas más famosos de Inglaterra iban a estos cafés para beber y charlar.

En 1754 el padre Villaso, monje (*monk*) franciscano, llevó una de las plantas, o cafetos (*coffee trees*), a Río de Janeiro. Lo plantó y lo cultivó en los jardines del monasterio de San Antonio. El árbol, que tenía flores hermosas y olorosas (*fragrant*), fue muy admirado y llegó a tener unos veinticinco pies de altura. Los franciscanos, siguiendo las direcciones del padre Villaso, recogieron algunas de las semillas y prepararon un poco de la bebida. Era tan deliciosa que decidieron plantar algunas de las semillas para tener bastante para todo el año. Éste fue el origen de la gran industria brasileña que hoy día produce casi el 70 por ciento del café del mundo.

Esta industria no llegó a ser muy importante hasta mediados del siglo pasado, cuando el gobierno brasileño, bajo el liberal Dom Pedro II, invitó a venir al país a miles de inmigrantes europeos, les dio tierras y dinero, y así fomentó la expansión de las plantaciones de café. La mayor parte de estos inmigrantes eran italianos que se establecieron en el sur del Brasil. El clima de esta región les gustaba y trabajaron en las grandes «fazendas» o cultivaron sus propias pequeñas fazendas de café. El estado de São Paulo, centro de la nueva industria, por fin llegó a ser tan rico como todos los otros estados del país juntos. Hoy día la ciudad de São Paulo tiene ocho millones de habitantes, y es una de las metrópolis más modernas de Latinoamérica.

En tiempos normales los Estados Unidos consume aproximadamente el 60 por ciento del café del mundo. Ordinariamente compra dos mil millones (*2 billion*) de libras de café de Latinoamérica anualmente. Durante los años de la gran crisis económica, cuando muchas familias de este país dejaron de comprar café, el Brasil también sufrió una terrible crisis y tuvo que destruir millones de libras de su café que no podía vender.

Colombia, los países de la América Central y México también producen grandes cantidades de café. El árbol crece en regiones tropicales que tienen una altura de mil a cuatro mil pies donde la temperatura nunca desciende bajo los cincuenta y cinco grados Fahrenheit. El cafeto da sus semillas cuando tiene dos o tres años, y continúa así por unos veinte o treinta años. Cada árbol produce dos o tres libras de café al año.

*The Arabic word was *gahwah*, which meant either *wine* or *coffee*. From this was derived the Turkish word *gahveh*, from which came both the English term *coffee* and the Spanish **café**.

Es necesario recoger las semillas con gran cuidado. Los peones ponen grandes paños (*cloths*) bajo los árboles, que entonces agitan fuertemente. Luego ponen las semillas al sol para secar. Cuando están secas, las lavan bien, las vuelven a secar y por fin las separan en varias categorías de distintas calidades. En algunas partes de Latinoamérica utilizan máquinas para hacer la mayor parte de este trabajo.

El café es una bebida tan popular que se han inventado varios sustitutos en su lugar. Ya en el año 1880, se vendían en los Estados Unidos anualmente dieciocho millones de libras de varias materias vegetales como sustitutos del café. Hoy día la venta de estos sustitutos es una industria que vale millones de dólares. Esto es fácil de entender porque los habitantes de este país gastan considerablemente más de mil millones (*1 billion*) de dólares por año por la bebida que fue descubierta en Abisinia hace seis o siete siglos.

Valiosos alimentos que Latinoamérica ha dado al mundo son la papa (o patata), cultivada por varios siglos por los incas del Perú (véase Lección 3); el maíz, conocido solamente en este hemisferio antes de la conquista; el chocolate (cacao); la vainilla, el tomate y el frijol. El chocolate ha sido uno de los productos más populares de la América Latina. La palabra «chocolate» se deriva de dos palabras aztecas: «xocotl» (*fruta*) y «atl» (*agua*).

Cortés fue el primer europeo que descubrió el chocolate. En 1520 escribió al rey Carlos I de España: «Una taza de este precioso brebaje (*beverage*) permite a un hombre andar un día entero sin otro alimento.» El chocolate era la bebida preferida de los aztecas, y los granos de cacao eran la moneda (*currency*) en el reino de esta gente. Hoy día el chocolate ha llegado a ser una industria de 3.500 millones (*3.5 billion*) de dólares anualmente en los Estados Unidos solamente. En Suiza se consumen anualmente unos ochenta kilos de bombones (casi cien libras) por familia.

La quinoa, un producto no tan conocido, es un cereal nativo de la región andina. Siempre ha compensado la falta de leche, huevos y carne en el altiplano. La quinoa contiene más proteínas que la avena (*oats*), el maíz, el trigo o el arroz. Se cultiva y se consume casi exclusivamente en el altiplano. Recientemente el presidente del Perú ha organizado una campaña para persuadir a los peruanos que coman más quinoa, porque hoy día el Perú importa anualmente $400.000.000 en alimentos; el 80 por ciento del trigo que se consume en el país es importado.

Valiosos alimentos no nativos producidos en Latinoamérica son el plátano, el trigo y el azúcar. En los países de Centroamérica el plátano es casi tan importante como el café del Brasil o el azúcar de Cuba. El ejército de Alejandro de Macedonia comía plátanos allá por el año 327 antes de Jesucristo. Los árabes llevaron la planta de la India a Egipto, y por fin los portugueses la plantaron en las islas Canarias. El padre Lonias de Berlanga, en el año 1516, llevó una de las plantas al Nuevo Mundo. Hoy día hay millones de estos árboles en las regiones tropicales de Latinoamérica. El árbol produce su fruta quince meses después de ser plantado. Cada árbol produce sólo un racimo (*bunch*), y luego es necesario cortarlo y plantar otro árbol, porque no volverá a producir. El costo de producir la fruta es tan grande que hay muy pocos pequeños plantadores. Por eso la producción está controlada por dos o tres grandes compañías de los Estados Unidos, y la influencia de estas compañías en la política de algunos de los países de la América Central ha sido severamente criticada por los habitantes de estos países.

EJERCICIOS

A. Correciones.   Each of the following sentences based on the reading contains one or more misstatements of fact. First, read each sentence as it stands, then read the corrected version in Spanish.

1. Los habitantes de Arabia fueron los primeros en hacer una bebida de las semillas del cafeto.   **2.** Un comerciante de Abisinia luego llevó algunas de las semillas a su país.   **3.** Los peregrinos musulmanes iban a Roma todos los años. **4.** El sultán prohibió el uso del café porque creía que contenía alcohol.   **5.** La palabra «café» es de origen francés porque Francia era el centro de la mayor producción de esta bebida antes del siglo XVII.   **6.** Un inglés llevó algunas de las semillas a Inglaterra, donde las plantó en un monasterio franciscano.   **7.** La industria cafetera llegó a ser muy importante en Bolivia a mediados del siglo pasado.   **8.** El Brasil produce aproximadamente la mitad del café del mundo. **9.** Dom Pedro II era uno de los hombres más tiránicos de su época.   **10.** Muchos inmigrantes franceses entraron en el Brasil para tomar parte en la industria cafetera.   **11.** La mayor parte de los inmigrantes se establecieron en el estado de Mato Grosso.   **12.** Nuestras crisis económicas tienen poco efecto en el Brasil. **13.** La patata fue descubierta por los habitantes de Irlanda.   **14.** Hay muchos racimos de plátanos en cada árbol.

B. Comentarios.   Comment briefly in Spanish on each of the following.

1. Abisinia
2. los comerciantes persas
3. los peregrinos musulmanes
4. el origen de la palabra «café»
5. «casas de café»
6. el padre Villaso
7. la importancia de los inmigrantes europeos en el Brasil

8. el consumo de café en los Estados Unidos
9. el cultivo del café
10. el maíz, la papa, el chocolate, el frijol

C. Expresiones útiles.   Use each of the following in a sentence in Spanish.

1. poner al sol   to put out in the sun
2. sufrir una crisis   to suffer a crisis
3. por eso   therefore
4. volver a + *inf.*   to _____ again
5. todos los años   every year
6. en su lugar   in its (his/her/your/its) place
7. dejar de + *inf.*   to stop ___; to fail to ___

8. **pocos años después**   a few years later
9. **hasta mediados de**   until the middle of
10. **hace ___ siglos que**   ___ centuries ago

D. Preguntas

1. ¿Por qué bebían tanto café los habitantes de Abisinia?   **2.** ¿Por qué iban los peregrinos a La Meca?   **3.** ¿Por qué prohibió el sultán el uso del café?   **4.** ¿Cuántos pies de alto tiene el cafeto?   **5.** ¿Qué hizo el gobierno del Brasil para fomentar la expansión de las plantaciones de café?   **6.** ¿De qué país era la mayor parte de los inmigrantes y dónde se establecieron?   **7.** ¿Cuántas libras de café compramos de Latinoamérica cada año?   **8.** ¿Cómo recogen los peones las semillas del árbol?   **9.** ¿Por qué hay muy pocas plantaciones pequeñas de plátanos en Latinoamérica?   **10.** ¿Por qué eran importantes las casas de café en Inglaterra durante el siglo XVII?   **11.** ¿Por qué critican los latinoamericanos la influencia de las compañías norteamericanas en Centroamérica?   **12.** ¿Por qué es tan rico el estado de São Paulo?   **13.** ¿Cómo comenzó la gran industria cafetera en Sudamérica?   **14.** ¿Qué pasa en el Brasil cuando los Estados Unidos deja de comprar café?   **15.** ¿Qué productos se usan como sustitutos del café?

E. Cambie el verbo.   Change the verbs to agree with the subjects in parentheses.

1. **Modelo:**   *Vuelven* a secarlas.
   (usted, yo, nosotros, tú, los indios, el peón, el jefe y yo)
2. **Modelo:**   *Dejé de* buscarlo.
   (ustedes, nosotros, él, tú, mis amigos)
3. **Modelo:**   *Lo siento* mucho.
   (mi madre, mis padres, nosotros, la señora y yo, tú)
4. **Modelo:**   El soldado *está muy cansado*.
   (mi amiga, mis padres, nosotros, yo, tú)

Diálogo

Preparen un diálogo basado en los datos siguientes.

Personajes

Cuatro turistas sudamericanos   **El manejador del hotel**
El mesero (*waiter*)

Situación   *Un pequeño hotel de lujo de Córdoba, Argentina.* Los turistas están sentados en el comedor. Tienen hambre y desean pedir un buen desayuno. Llaman al mesero, que explica que tienen de todo, no solamente el pan dulce que está en la mesa. Les pregunta qué van a tomar. Los turistas piden (1) café regular, (2) yerba mate, (3) chocolate y (4) té. El mesero dice que traerá las bebidas mientras miran el menú.

    Los turistas notan que cada uno ha pedido una bebida distinta, y que tres de las bebidas son de Latinoamérica. El mesero trae las bebidas. Los que pidieron café regular y té se quejan del sabor (*taste*). El manejador del hotel ofrece darles otras bebidas. Los dos piden chocolate. Luego hay preguntas acerca del hotel. ¿Cuántos años tiene? ¿Cuántas habitaciones? ¿Hay muchos huéspedes europeos y norteamericanos? ¿De dónde es el manejador? (Es de Suiza.) El suizo pregunta si desean pedir otra cosa. Dos turistas piden más pan dulce, otro pide huevos fritos y el cuarto pide avena (*oatmeal*). Por fín, hay una conversación acerca de dos productos: el café y el chocolate. ¿Qué países producen estos productos? ¿Qué países producen el café de la mejor calidad? ¿Es mejor para la salud el café, el chocolate o el té? ¿Por qué no es más popular la yerba mate?

28

La montaña mágica

Es el año 1940. Un gran avión norteamericano está volando sobre las montañas de Centroamérica. Los pasajeros pronto llegan a hacerse amigos y mantienen una conversación amable. El avión hace escala (*stops*) en todas las capitales: Guatemala, la ciudad más grande de la América Central; Tegucigalpa, capital de Honduras; San Salvador, San José y Managua. Todos admiran el magnífico aeropuerto de Guatemala, y al llegar a San José, capital de Costa Rica, varias señoritas avanzan para ofrecerles a todos una taza de café.

—Yo no sabía que estos países eran tan montañosos —dice uno de los pasajeros. —Casi no hay tierra cultivada. No veo más que montañas y más montañas.

—Pues hay grandes plantaciones de café —responde un pasajero venezolano. —Y en las costas hay también plantaciones de plátanos.

—Me gustó mucho Guatemala —dice una señorita. —Las calles están tan limpias y los hoteles son tan grandes y tan buenos que es un lugar admirable para pasar las vacaciones.

—Me gusta más San José —dice otra muchacha. —Pasé dos meses estudiando en la escuela de verano, y la gente me trató muy bien. Voy a volver el verano que viene.

—¿A qué hora llegamos a Balboa? —pregunta un hombre de negocios. —Mañana salgo para Lima y supongo que será necesario levantarme a las cinco.

—Lima es muy bonita —dice otro pasajero. —Es una de las ciudades más típicamente coloniales de Latinoamérica; su arquitectura y sus calles estrechas y pintorescas siempre me recuerdan la época de los virreyes.

Solamente dos personas no toman parte en la conversación: un joven de unos treinta años, y un señor viejo que parece ser hombre de negocios. Los dos son norteamericanos y siguen mirando por la ventanilla del avión sin decir una palabra. Parecen completamente absortos en sus pensamientos. Por fin, el joven saca un libro sobre aeronáutica y comienza a leer. Casi inmediatamente el viejo le mira con interés, y después de algunos momentos le pregunta:

—¿Es usted piloto?

—Sí, señor —responde el joven— piloto y mecánico.

—¿Trabaja usted aquí en Centroamérica?

—No, señor, en Venezuela —dice el joven.

—Yo vivo en Venezuela también —responde el viejo. —¿Trabaja usted con alguna compañía de petróleo?

—No, señor. Tengo una pequeña línea aérea. Hice este viaje para comprarme un avión nuevo. Los dos que tengo son ya bastante viejos.

—¿Conoce usted bien estos países? —pregunta el viejo.

—Sí, señor. Hace ocho años que vivo en esta parte de Latinoamérica: Colombia, Guatemala y, últimamente, Venezuela.

Luego los dos hombres comienzan a hablar de las ciudades que conocen, de los amigos mutuos y de la vida en Latinoamérica. El viejo pregunta:

—¿Gana usted mucho con esa línea aérea?

—No mucho, no. El trabajo es difícil.

—¿Quiere usted hacerse rico? —pregunta el viejo.

—Naturalmente —responde el joven, pero sin mucho entusiasmo.

—Pues necesito un avión y un piloto —dice el viejo. —Tengo aquí un mapa de una de las minas más ricas del mundo. No es una mina imaginaria, porque ya he estado allí.

—¿De quién es la mina? —pregunta el joven piloto sólo para hacer conversación pero sin mucho interés.

—Está en las montañas de Venezuela y no pertenece a nadie. En realidad, no es una mina exactamente; es una montaña cubierta de oro. Hay tanto oro allí que uno puede recogerlo del suelo.

—¿Cuándo estuvo usted allí?

—Hace dos años. El viaje duró once meses a pie y a burro y casi me mato. Al volver a los Estados Unidos sufrí un ataque al corazón, y natural-mente nunca puedo repetir el viaje excepto en avión.

El joven parece no creer en la mina y trata de cambiar la conversación, pero el viejo saca dos grandes pedazos de oro del bolsillo del abrigo. El joven los examina con cuidado y sabe en seguida que son del oro más puro. El viejo continúa:

—En avión el viaje sería muy fácil.

—Bueno, ¿qué se propone usted hacer? —pregunta el piloto.

—Pues quiero ir allá la semana que viene, y si usted me lleva, divi-dimos el oro a medias. ¿Qué le parece? Usted no tiene nada que perder.

El joven sabe que el viaje no costará mucho y decide hacerlo. Luego examinan el mapa con cuidado, discuten las cosas que necesitarán para el viaje y cuando llegan a Balboa ya han hecho todos los arreglos.

Una semana después los dos hombres salen de Caracas hacia las mon-tañas del interior de Venezuela. El mapa es muy vago, y el joven no puede seguirlo, pero el viejo le da direcciones definidas y después de cuatro o cinco horas llegan a la montaña indicada sin gran dificultad. El avión sufre un pequeño accidente al aterrizar (*upon landing*), pero no es muy grave. Inme-diatamente es evidente que no será necesario buscar el oro, porque toda la montaña está cubierta del precioso metal. En cinco o seis horas recogen todo lo que pueden llevar, y al día siguiente vuelven a Caracas. El día después del viaje el viejo se muere de un ataque al corazón.

El piloto hizo centenares de viajes buscando la montaña de oro, pero sin las direcciones del viejo no pudo encontrarla. Su hijo está todavía en Venezuela y tiene la absoluta seguridad de que dentro de un radio de unas quinientas millas de la capital venezolana hay una montaña cubierta de bastante oro como para hacerle uno de los hombres más ricos del mundo.*

EJERCICIOS

A. Correcciones.   Each of the following sentences based on the reading con-tains one or more misstatements of fact. First, read each sentence as it stands, then read the corrected version in Spanish.

1. El avión está volando sobre la pampa argentina.   **2.** El avión sólo hace escala en la capital mexicana.   **3.** En San José varios señores avanzan para darles a todos los pasajeros recuerdos (*souvenirs*) del país.   **4.** En Centroamérica hay muchísimas plantaciones y pocas montañas.   **5.** La capital de Guatemala es una de las ciudades más feas y más sucias de Centroamérica.   **6.** Dos señores viejos no toman parte en la conversación general.   **7.** El joven por fin dice que trabaja

*This story is true in almost all details, and the unfortunate pilot, who is well known in Venezuela, continued to look for the mine until his death recently. His name is James Angel, and this name was given to Angel Falls, the highest falls in the world, which he discovered. Angel Falls plunges 3,212 feet and is located in the Guiana Highlands of southern Venezuela, which is also the scene of Conan Doyle's *The Lost World*.

en Guatemala con una compañía de petróleo.   **8.** El viejo le ofrece al joven una posición buena con un sueldo grande.   **9.** El joven dice que no quiere hacer el viaje a la mina porque costará demasiado.   **10.** Cuando encuentran la montaña, descubren que no hay oro.   **11.** Al día siguiente el viejo vuelve a los Estados Unidos.   **12.** El joven no volvió a buscar la montaña porque creía que sería imposible encontrarla.   **13.** El joven no descubrió nada en sus vuelos.   **14.** Su nombre es James MacPherson.

B. Comentarios.   Comment briefly in Spanish on each of the following.

1. las plantaciones de café y de plátanos
2. los hoteles y las calles de Guatemala
3. la ciudad más colonial de Latinoamérica
4. los dos norteamericanos
5. el libro del joven
6. la profesión del joven
7. el plan del norteamericano viejo
8. el viaje a la montaña mágica
9. la muerte del viejo
10. los planes del joven

C. Expresiones útiles.   Use each of the following in an original sentence in Spanish.

1. **hacerse amigo**   to become a friend
2. **no ver más que**   to see only
3. **la escuela de verano**   summer school
4. **hacer escala**   to step over
5. **tratarle bien a uno**   to treat someone well
6. **el verano que viene**   next summer
7. **tomar parte en**   to take part in
8. **parece ser**   he/she/it seems to be
9. **sufrir un ataque al corazón**   to have a heart attack
10. **en seguida**   at once
11. **a medias**   fifty-fifty
12. **sin gran dificultad**   without great difficulty

D. Preguntas

1. ¿En qué ciudades hace escala el avión?   **2.** ¿Qué hicieron los pasajeros para pasar el tiempo?   **3.** ¿Hay en Centroamérica muchas plantaciones de café?   **4.** ¿Por qué le gustó tanto a la señorita la capital de Guatemala?   **5.** ¿Qué clase de libro sacó el joven?   **6.** ¿Qué clase de trabajo hacía el joven en Latinoamérica?   **7.** ¿Qué le preguntó al joven el pasajero viejo?   **8.** ¿De quién era la mina de oro?   **9.** ¿Dónde estaba la mina?   **10.** ¿Por qué necesitaba el viejo un avión?   **11.** ¿Cómo había hecho el viaje a la mina la primera vez?   **12.** ¿Por qué no tienen dificultad en encontrar la montaña?   **13.** ¿Es muy difícil encontrar el oro?   **14.** ¿Qué le pasa al viejo el día después de la vuelta (*return*) a Caracas?   **15.** ¿Por qué no ha podido el joven encontrar la montaña de oro otra vez?   **16.** ¿Cómo se llama el joven del cuento?   **17.** ¿Qué famoso monumento natural de Venezuela lleva el nombre del joven de este cuento?   **18.** ¿En qué parte de Venezuela está esta cascada (*falls*)?

E. Cambie al pretérito.   Change all verbs to the preterit tense. Translate.

1. Llegan a hacerse amigos.   **2.** El avión hace escala en todas las capitales.   **3.** No veo más que montañas.   **4.** Nos gusta mucho Guatemala.   **5.** No toman parte en la conversación. **6.** Mi familia vive en Venezuela. **7.** Hace el viaje con frecuencia. **8.** Tengo una pequeña línea aérea. **9.** Comienzan a hablar de los países latinos. **10.** ¿Gana usted mucho con el avión? **11.** El joven trata de cambiar la conversación. **12.** ¿Qué se propone hacer usted? **13.** Una semana después los dos salen de Caracas. **14.** El viejo muere de un ataque al corazón. **15.** Busco el oro para hacerme rico. **16.** Se siente un poco enfermo. **17.** El viejo le pide dinero.

Diálogo

Preparen un diálogo basado en los datos siguientes.

Personajes

James Angel, el piloto   **Dos venezolanos**
El minero   **La esposa del minero**

Situación *Un hotel de Caracas.* James Angel, los dos venezolanos y el viejo minero están hablando. Angel describe algunos vuelos recientes que ha hecho en Centroamérica, Colombia y Venezuela, generalmente para transportar mercancías. Los otros personajes le preguntan si ha buscado alguna vez oro, plata o esmeraldas. Angel dice que no. El minero luego le dice que hay mucho oro en Venezuela. Él sabe dónde. Los venezolanos no lo creen. Luego éstos le preguntan a Angel si ha volado para alguna compañía de petróleo, porque hay grandes depósitos de petróleo no explotados en Venezuela y Colombia. Angel responde que una sola vez, pero que no le gustó. En este momento el minero se levanta y se marcha. Los dos venezolanos entonces declaran que el viejo está loco, y que sus cuentos de una montaña cubierta de oro son puras fantasías. Le ofrecen a Angel una suma bastante grande de dinero para volar con ellos en busca del petróleo, pero el piloto no se interesa. Hablan de la industria del petróleo en Venezuela. El minero vuelve y los dos venezolanos se van. El viejo saca del bolsillo (*pocket*) un mapa y describe la ruta que quiere seguir para llegar a la montaña de oro. Su entusiasmo es contagioso. Angel acepta la proposición y deciden despegar (*take off*) el domingo al amanecer (*at dawn*). Entra la esposa del minero y los tres platican un rato de Latinoamérica, «la tierra de promisión» (*promised land*) del siglo XX. Aquí existe todavía el sueño de El Dorado. El viejo minero termina la conversación diciendo: «Quien no se aventura, no cruza la mar».

29

La cucaracha

Todos los estudiantes de español (y muchos que no lo son) conocen la canción mexicana «La cucaracha» (*cockroach*). Hace unos cincuenta años esta canción apareció en una película (*film*) musical y desde entonces ha sido muy popular en este país. Todo el mundo sabe el significado de la palabra «cucaracha», y casi todos creen que la canción se refiere a una de esas cucarachas mexicanas, pero el hecho (*fact*) es muy distinto. Un escritor mexicano, que tomó parte en la famosa Revolución Mexicana en el ejército de Pancho Villa, ha contado el origen de esta canción.

Una noche un grupo de soldados de Pancho Villa estaban hablando y cantando alrededor del fuego de su campamento. Media docena de ellos tenían instrumentos y formaban una orquesta primitiva que tocaba con mucha animación las canciones de su país. Los otros soldados cantaban la letra (*words*), haciendo la armonía de una manera espontánea y hermosa. Mantenían el ritmo perfectamente y sus voces resonaban (*resounded*) fuertes allí en la soledad de las montañas mexicanas.

—¡Cantemos bien, muchachos —dijo uno de los soldados— porque mañana podemos morir!

Otro soldado dijo: —¿Por qué no cantamos una cosa especial para nuestro querido general? ¡Viva nuestro general! ¡Viva Pancho Villa!

—¡Viva! —gritaron todos los soldados.

—Y nuestra pobre patria... —dijo el sargento.

—¡Viva México! —contestaron los soldados.

—Y nuestra querida Virgen de Guadalupe*... —gritó el sargento.

—¡Viva la Virgen de Guadalupe! —respondieron varias voces.

—¡Viva la Virgen! —gritaron todos.

El sargento iba a continuar con más «vivas» cuando de repente (*suddenly*) rompieron el aire unos estallidos (*loud reports*) como de un rifle. Todos echaron mano a sus propias armas, y en un instante todo el campamento estaba alerta y de pie. Otra vez sonaron aquellos estallidos, ahora mucho más cerca. Por un momento los soldados no pestañaron (*didn't bat an eye*), luego uno de ellos comenzó a reír.

—Es el fotingo (*jalopy*) —dijo— el carro de nuestro general.

—Sí, es el carrito —dijeron varios otros riéndose.

Poco a poco todos se sentaron, pero el susto (*fright*) no les pasó completamente por algún tiempo. Algunos comenzaron a hablar en voz baja, pero nadie quería cantar más. Los estallidos no se repitieron y el carrito de Pancho Villa no apareció. Dentro de unos diez minutos un soldado llegó corriendo y otra vez todos echaron mano a sus rifles y se pusieron de pie. Pero el recién llegado dijo:

—Es el fotingo, muchachos. No camina. Hay que empujarlo (*push it*) otra vez.

—¡Caramba! Ese fotingo no vale nada. ¡Casi nunca anda! —exclamó el sargento.

—F.O.R.D. —gritó otro soldado— ¡Fabricación Ordinaria, Reparación Diaria!†

—Es verdad —respondió el que había llegado corriendo. —Pero vamos, muchachos. El general está esperando.

El sargento nombró a los soldados que debían acompañarle, y este grupo salió del campamento para buscar el carrito de su jefe. Algunos momentos más tarde llegaron al sitio donde estaba esperándoles Pancho Villa. El general todavía estaba sentado en su automóvil. Pintada en grandes letras

---

*The shrine of the Virgin of Guadalupe is the most important in Latin America. In the year 1531 an Indian, Juan Diego, reported to his archbishop that the Virgin had appeared to him in a vision. For proof he brought in a mantle with her image impressed upon it. The Virgin became the patroness of the Mexican Indians, and each year throngs climb on their bare knees to the hilltop where the Virgin was first seen in order to pay devotion to her.

†**Fabricación Ordinaria, Reparación Diaria** = *Mediocre Manufacture, Daily Repair* (poor workmanship, constantly under repair).

en los dos lados del carrito estaba la palabra «la cucaracha».

Villa vio llegar a sus soldados y los saludó diciendo:

—Muchachos, la cucaracha ya no puede caminar.

—¿Qué pasa? —preguntó el sargento.

—No sé —dijo Villa. —Creo que el carrito necesita más mariguana que fumar.

Los soldados se rieron y luego tomaron sus posiciones alrededor del fotingo. El sargento gritó:

—¡Ya muchachos!

Y todos comenzaron a empujar. No fue muy difícil porque había veinte hombres fuertes y el carrito era bastante pequeño. Uno de los soldados, recordando las palabras de su general, comenzó a marcar el ritmo con los pies diciendo:

> —La cucaracha, la cucaracha,
> ya no puede caminar,
> porque no tiene, porque le falta
> mariguana que fumar.

Los otros soldados repitieron las palabras y pronto todos estaban cantando espontáneamente la canción que más tarde llegó a ser tan popular. Las tropas de Villa la adoptaron como su canción de marcha oficial y la cantaron en todas sus campañas. Naturalmente, había mil variaciones en la letra porque cada soldado inventaba el verso que quería, pero el corazón de la canción era siempre ese verso acerca de la cucaracha que no caminaba. En todas partes de México cantaban acerca de esa cucaracha, y muchos ni sabían el significado de la palabra. Años después la misma canción llegó a los Estados Unidos y ahora casi todos los estudiantes de español la conocen bien.

Entre los miles de versos de «La cucaracha» damos los dos siguientes:

> La cucaracha, la cucaracha,
> ya no puede caminar,
> porque no tiene, porque le falta
> mariguana que fumar.

> Con las barbas de Carranza
> voy a hacer una toquilla (*shawl*)
> pa (= para) ponérsela al sombrero
> de ese bravo Pancho Villa.

> La cucaracha, la cucaracha, etcétera.

> Para sarapes (*blankets*), Saltillo,
> Chihuahua para soldados,
> para mujeres Jalisco,
> para amor toditos lados.

> La cucaracha, la cucaracha, etcétera.

EJERCICIOS

A. Correcciones.   Each of the following sentences based on the reading contains one or more misstatements of fact. First, read each sentence as it stands, then read the corrected version in Spanish.

1. Todos los estudiantes de francés conocen la famosa canción inglesa «La cucaracha».   **2.** Esta canción apareció en los Estados Unidos por primera vez en un libro.   **3.** Un pintor argentino ha contado el origen de la canción.   **4.** Los soldados mexicanos cantaban muy bien alrededor del árbol.   **5.** El sargento no continuó con más «vivas» porque oyó un aeroplano.   **6.** Todos los soldados echaron mano a sus armas al oír la canción.   **7.** Por fin uno de los soldados comenzó a reír y dijo que era el rifle de Villa.   **8.** Un soldado llegó corriendo y dijo que había que arreglar el fotingo otra vez.   **9.** El sargento estaba esperando en el fotingo.   **10.** Villa dijo que el carrito necesitaba más gasolina.   **11.** El carrito era muy grande y los diez hombres no podían empujarlo.   **12.** Pancho Villa fue el primer presidente de México.   **13.** La cucaracha es un pájaro.

B. Comentarios.   Comment briefly in Spanish on each of the following.

1. la Revolución Mexicana	**7.** F.O.R.D.
2. el campamento en las montañas	**8.** «La cucaracha»
3. la orquesta primitiva	**9.** las palabras del general
4. la soledad de las montañas mexicanas	**10.** la canción de marcha oficial
5. «las vivas» de los soldados	**11.** las variaciones en la letra
6. la llegada del fotingo	**12.** los estudiantes de español

C. Expresiones útiles.   Use each of the following in an original sentence in Spanish.

1. se refiere a it refers to	**7. en voz baja** in a low voice
2. tomar parte en to take part in	**8. no valer nada** to be worth nothing
3. media docena de half a dozen	
4. de repente suddenly	**9. marcar el ritmo** to mark the rhythm
5. echar mano a to grab	
6. estar alerta y de pie to be alert and standing	

D. Preguntas

1. ¿Cuánto tiempo hace que apareció la canción «La cucaracha» en los Estados Unidos?   **2.** ¿Dónde apareció por primera vez?   **3.** ¿Qué estaban haciendo los soldados de Villa alrededor del fuego?   **4.** ¿A quién quería el soldado cantar una canción especial?   **5.** ¿Por qué dejaron de (*did they stop*) cantar?   **6.** ¿Qué dijo el soldado, y por qué comenzó a reír?   **7.** ¿Por qué salieron algunos soldados del campamento?   **8.** ¿Dónde les estaba esperando Pancho Villa?   **9.** ¿Qué dijo Villa cuando los vio llegar?   **10.** ¿Qué hicieron los veinte soldados con el fotingo?   **11.** Al empujarlo, ¿cómo marcaron el ritmo?   **12.** ¿Qué hicieron las tropas de Villa más tarde con la canción acerca de la cucaracha?   **13.** ¿Quién fue Pancho Villa?   **14.** ¿Quién ha contado el episodio que aparece en la lección para hoy?   **15.** ¿Quién es la Virgen de Guadalupe?

Diálogo

Preparen un diálogo basado en los datos siguientes.

Personajes

Tres estudiantes mexicanos	**Un hombre (o una mujer)**
Dos estudiantes norteamericanos	**de negocios**

Situación   *Un café en la ciudad de Monterrey, México.* Uno de los norteamericanos está hablando de su visita al museo de Chihuahua, donde vio el carro de Pancho Villa. Uno de los mexicanos narra brevemente la historia de este carro. Otro mexicano dice que su padre luchó con Villa y le admiraba mucho. Admiraba aún más el valor de las mujeres que acompañaban a las tropas, las soldaderas. Describe lo que hacían estas soldaderas.* Un estudiante norteamericano pregunta si Villa era un líder bueno o malo. Los mexicanos expresan distintas opiniones. Uno dice que no era más que un bandido, pero el otro explica que representaba simbólicamente la fuerza bruta (*brute force*) de la Revolución. Los dos admiten que ha llegado a ser un símbolo admirado. El hombre de negocios dice que cada revolución necesita su mártir, como Sandino en Nicaragua. Un estudiante mexicano dice que el Partido de la Revolución ha gobernado en México desde 1929, dando al país sesenta años de paz. Los norteamericanos dicen que eso no les parece muy democrático, pero los mexicanos comparan México con Bolivia, Nicaragua y otros países latinoamericanos y afirman que sesenta años de tranquilidad es algo. Sin embargo, todos creen que el Partido Revolucionario ha llegado a un punto de crisis y tendrá que hacer cambios radicales si no quiere causar otra revolución.

---

*The **soldaderas** were women who accompanied the revolutionary troops in their campaigns and on the battlefield. They scoured the countryside for food, cooked for the men, carried backpacks, washed and mended clothes, tended the wounded, cleaned the rifles, and often took part in the fighting. Adelita was the most famous **soldadera** of Villa's soldiers; Valentina held the same place among the men with Carranza. "Adelita" was also the name of Villa's second marching song, while "La Valentina" was the marching song for Carranza's men.

30

La mina del portugués

Es el año 1895 en el pequeño pueblo de Cochabamba en las montañas de Bolivia. El propietario de una de las tiendas del pueblo habla al joven indio que trabaja allí:

—Simón, hoy quiero examinar las cuentas (*bills*).

—Sí, señor —responde el joven. —Aquí están.

—Hay muchas, ¿verdad?

—Sí, señor. Hay muchas. Usted tiene muchos amigos en Cochabamba, señor.

—¿Cree usted que todos pagan?

—No, señor, no todos. Algunos no pueden pagar, señor.

—No, Simón. No pagan porque no quieren pagar. Aquí, por ejemplo, tiene usted la cuenta del portugués que viene a la tienda todos los meses a comprar algo. Ese hombre no tiene la menor intención de pagar.

—Es posible —dice el joven.

—¡Es cierto! —responde el propietario. —Usted y ese portugués son amigos, ¿verdad?

—Amigos no, señor. Él viene y compra, y yo vendo. Nada más, señor.

—¿Nada más, eh? —responde el propietario. —Simón, yo necesito ese dinero, y usted sabe dónde vive el portugués, ¿verdad?

—Sí, señor. Vive a una gran distancia de aquí.

—No importa. Mañana puede usted ir a visitar a su buen amigo, y si no obtiene el dinero que me debe, no puede trabajar más en esta tienda. ¿Comprende usted?

—Sí, señor. Comprendo perfectamente.

Al día siguiente Simón sale de Cochabamba para visitar al portugués, que vive solo en las montañas a una distancia de unas treinta millas. Es un viaje muy largo y muy difícil pero por fin llega a la casucha (*hovel*) de su amigo. Éste lo recibe cordialmente. Después de algunas palabras sobre las cosas en general, Simón le pide el dinero. El portugués responde francamente:

—Amigo, no tengo dinero.

—Pero hombre —dice Simón— si no pagas lo que debes, el propietario me despide.

—¡Pero amigo, no tengo el dinero! No puedo pagar. Probablemente mañana...

—¡Mañana, no; hoy, señor! —responde Simón.

—Un momento —dice el portugués. —Tú sabes que vivo aquí en estas montañas porque tengo la convicción de que hay aquí cerca un depósito de estaño. Creo que es un depósito muy rico, y si quieres, podemos cancelar mi deuda así. ¿No crees que el propietario necesita una mina de estaño?

—Creo que necesita más el dinero —responde Simón.

—Bueno, amigo —dice el portugués— si tú no quieres...

—¡Muy bien, muy bien! —responde Simón. —¿Tienes todos los papeles en orden?

—Sí, los tengo. Un momento y los traigo.

El portugués vuelve con tres o cuatro grandes papeles que le da a Simón para leer.

—Va a ser una mina muy rica —dice el portugués— y no quiero abandonarla, pero no hay remedio.

Simón pasa la noche con su amigo y al día siguiente vuelve a Cochabamba. Cuando el propietario sabe que no tiene el dinero, se pone furioso (*becomes furious*) y dice:

—Simón, ¿cuánto le debo a usted?

—No sé, señor. Creo que son dos meses.

—¿Dos meses, eh? Pues le pago con la mina de estaño.

—No comprendo, señor.

—Bueno, en lugar de su sueldo, la mina... ¿Ahora comprende usted, Simón?

—Sí, señor.

—Pues, adiós.

El pobre Simón, sin dinero, sin empleo y sin la posibilidad de encontrar empleo, se va a las montañas con su joven esposa. La mina está muy lejos de todos los centros de población. El pueblo más cercano es media docena de miserables casas de adobe con el nombre de Llallagua. Simón y su mujer ocupan la pobre casucha de adobe del portugués. El frío es intenso a esa elevación y sufren terriblemente. Dentro de poco tiempo deben dinero a todas las tiendas de la vecindad. Durante varias semanas viven y trabajan allí como dos bestias. Entre dos grandes piedras polvorizan a mano el poco mineral que sacan de la mina; luego lo llevan en llamas a Oruro, donde lo venden. Apenas reciben bastante dinero para vivir. Simón y su mujer tienen las manos hinchadas (*swollen*) y cada día que pasa tienen más hambre. El estaño que la mina produce es muy pobre, y Simón sabe que es absurdo quedarse allí más tiempo. Sin embargo, continúa trabajando con obstinación. Pronto su mujer no puede ayudarle más porque tiene un hijo; dentro de un año tiene otro. Ahora el padre sabe que nunca podrá abandonar su trabajo porque los hijos tendrán que comer. Durante meses interminables la pequeña familia vive en una miseria increíble.

Entonces un día cuando menos lo espera (*when he least expects it*) Simón encuentra una vena rica de estaño muy puro. Con mucha prisa extrae el mineral y lo lleva a Oruro, donde le dan una suma bastante grande de dinero. A los pocos días todo el mundo sabe lo del (*the news about*) depósito, y una compañía extranjera manda allí a un representante para examinar la mina. Esta compañía ofrece un millón de dólares por los papeles de propiedad. Simón lo consulta con su esposa.

—Creo que debemos aceptarlo —dice Simón. —Estoy cansado de este trabajo, de esta miseria y de este frío.

—No —responde la mujer. —No vamos a aceptar. La mina vale mucho más de un millón de dólares.

Simón trata de persuadirla, pero su mujer rehusa absolutamente considerar la proposición. De manera que continúan trabajando su mina, pero ahora es más fácil porque pagan a los campesinos de la vecindad para hacer el trabajo más duro. Al principio Simón tiene una docena de trabajadores, luego ciento y por fin dos o tres mil. Compra otras minas y poco a poco llega a controlar la producción de casi todo el estaño de su país. En el año 1920 sale de Bolivia con una fortuna aproximadamente de $500.000.000. La familia viaja a París, a Londres, a Nueva York. En Nueva York Simón y su familia ocupan un piso entero del Hotel Waldorf-Astoria y entre los amigos que les visitan hay muchos de los más ricos magnates de Wall Street.

Entre los años 1922 y 1927 Simón Patiño es el ministro de su país en España, y más tarde es el ministro boliviano en Francia. Desde el año 1940 hasta su muerte reside en Nueva York y en Buenos Aires.

Las dos hijas de la familia tienen esposos aristocráticos y ricos, y el hijo, Antenor, se casa con una princesa de la casa de los Borbones. Simón compra dos magníficas casas en Bolivia, pero debido a las condiciones en su país no las ve ni una sola vez. Hoy día el nombre de Simón I. Patiño es conocido en todas partes del mundo; la fortuna de la familia es incomparablemente la mayor de Latinoamérica.

EJERCICIOS

A. Correcciones. Each of the following sentences based on the reading contains one or more misstatements of fact. First, read the sentence as it stands, then read the corrected version in Spanish.

1. La tienda de este cuento está en el valle central de Chile. **2.** El joven que trabaja en la tienda es norteamericano. **3.** Simón dice que todos no van a pagar porque no quieren pagar lo que deben. **4.** El portugués vive en la ciudad de Cochabamba. **5.** El portugués dice que está seguro de que hay cerca un depósito de oro. **6.** El propietario de la tienda está muy contento de tener la mina en lugar del dinero. **7.** Simón vende la mina a un amigo y luego se va a la Argentina. **8.** La mina es pobre y Simón y su esposa nunca encuentran una vena rica. **9.** La esposa quiere vender la mina a la compañía extranjera porque está cansada de la miseria y del frío. **10.** En el año 1920 Simón Patiño vale un millón de dólares. **11.** Simón hacer construir (*has constructed*) dos magníficas casas en Chile. **12.** Desde el año 1920 la familia Patiño reside en Bolivia. **13.** Las dos hijas tienen pobres esposos indios.

B. Traduzca al español. Replace the English words in italics with Spanish and translate.

1. Aquí, *for example*, tiene usted la cuenta del portugués. **2.** Yo sé que ese hombre vive *far away from here*. **3.** Usted va a traerme el dinero *that he owes me*. **4.** Viene a la tienda *every month* a comprar algo. **5.** *Around* el año mil novecientos. **6.** Simón visita a su amigo y *asks him for the money*. **7.** Simón *spends* la noche con su amigo en las montañas. **8.** *On the following day* vuelve a Cochabamba. **9.** Cuando Simón vuelve a Cochabamba, el propietario de la tienda *fires him*. **10.** *¿How much* le debo? **11.** *Within a short time* deben dinero a todo el mundo. **12.** Un día *when he least expects it* Simón encuentra una vena rica de estaño. **13.** *At first* Simón tiene una docena de trabajadores, luego más de ciento. **14.** *Gradually* llega a controlar la producción de casi todo el estaño de Bolivia. **15.** El hijo, Antenor, *is married to* una princesa. **16.** *Due to* las condiciones en Bolivia, Simón no ha visto sus dos magníficas casas bolivianas. **17.** Su fortuna es *the greatest in* Latinoamérica. **18.** Su señora *becomes* furiosa.

C. Comentarios. Comment briefly in Spanish on each of the following.

1. el pueblo de Cochabamba
2. Simón, el joven indio
3. las ideas del propietario
4. el portugués
5. el viaje a la casa del portugués
6. la conversación entre Simón y el portugués
7. el sueldo que el propietario le debe a Simón
8. Llallagua
9. la vida de Simón y su familia en Nueva York
10. una vena rica de estaño
11. la compañía extranjera
12. la fortuna y la vida de Simón I. Patiño

D. Expresiones útiles. Use each of the following in an original sentence in Spanish.

1. **examinar las cuentas** to check the bills
2. **la menor intención** the least intention
3. **ponerse** + *adj.* to become ___
4. **estar sin empleo** to be out of work
5. **los centros de población** the population centers
6. **cuando menos lo espera** when he/she least expects it
7. **a una gran distancia** at a great distance
8. **tener en orden** to have in order
9. **con prisa** in a hurry
10. **de manera que** so (that)
11. **al principio** at the beginning
12. **a los pocos días** a few days later

E. Preguntas

1. ¿Quiénes son los dos amigos del cuento? 2. ¿Por qué va Simón a las montañas a visitar a su amigo? 3. ¿Qué le dice el portugués? 4. ¿Qué le da en lugar del dinero? 5. ¿Qué hace el propietario cuando Simón vuelve a la tienda? 6. ¿Qué clase de vida llevan Simón y su esposa en las montañas? 7. ¿Por qué no puede ayudarle mucho su esposa? 8. ¿Qué encuentra Simón un día cuando menos lo espera? 9. ¿De qué habla con su esposa, y qué le dice la esposa? 10. ¿Qué hace la compañía extranjera? 11. ¿Qué países visitó Simón Patiño después del año 1920? 12. ¿Qué hicieron sus hijos? 13. ¿Por qué no ha visto sus casas en Bolivia? 14. ¿Qué hizo Simón en Francia? 15. ¿Qué hizo en Nueva York? 16. ¿Quiénes lo visitaban en Nueva York? 17. ¿Con quién se casó el hijo de Simón? 18. ¿Con quiénes se casaron sus dos hijas?

F. Práctica. Make the following verbs agree with the subjects in parentheses.

1. **Modelo:** Yo no *pido* nada.
   (él, ellos, nosotros, tú, usted, los estudiantes)
2. **Modelo:** José *cuenta* contigo.
   (ellos, nosotros, yo, ella, todos, todo el mundo, nadie)
3. **Modelo:** Mi amiga *se ríe* de todo.
   (yo, usted, ustedes, nosotros, el médico, tú, ellos)
4. **Modelo:** A mí *me duele* la cabeza.
   (a él, a nosotros, a los enfermos, a la niña, al que se cansa)

Diálogo

Preparen un diálogo basado en los datos siguientes.

Personajes

El joven Patiño	**El portugués**
Su esposa	**Un hombre de negocios**
El propietario de la tienda	**norteamericano**

Situación *Una pequeña tienda de Cochabamba.* Los personajes están hablando de la economía subdesarrollada de Bolivia. Hay varias opiniones acerca de la causa: el aislamiento del país, la poca población, la guerra con Chile y la pérdida del único puerto boliviano, el gran número de indios no asimilados. El portugués menciona y cita a Alcides Arguedas, el más famoso escritor del país: «Todo es inmenso en Bolivia, menos el hombre.» Los otros se enfadan. Culpan al clima y al mal gobierno. Luego mencionan las grandes riquezas minerales de Bolivia que no han sido explotadas. El portugués está de acuerdo, y declara que es estúpido pasar la vida trabajando en una tienda en este país. Uno debe buscar oro, plata, estaño, cobre, diamantes. Los otros se ríen. La vida es dura, pero no hay remedio. La señora de Patiño lamenta las largas horas de trabajo y el miserable pago en Bolivia. El norteamericano pregunta si el futuro va a ser mejor. El portugués habla con entusiasmo de la posibilidad de encontrar una mina rica como la de Potosí.

31

La «Casa de los Azulejos»*

En el centro de la capital mexicana, esquina (*corner*) de la Avenida Madero y la Calle de la Condesa, se encuentra uno de los edificios más interesantes de México. Ahora se llama «Sanborn's», y es tal vez el restaurante más conocido del país, porque van allí a comer muchos norteamericanos. Casi podemos decir que es el centro permanente de la vida de los turistas yanquis en México. Puede uno ir a «Sanborn's» a cualquier hora del día o de la noche y estará atestado (*packed*) de estos yanquis, la mayoría de los cuales están hablando en inglés. «Sanborn's» también es popular entre los mexicanos, especialmente entre los que han visitado los Estados Unidos.

Durante la época colonial este edificio fue la residencia de una de las familias más ricas del país. Era una casa muy hermosa, aunque originalmente no tenía los azulejos que tiene ahora. Estos azulejos, en su mayor

---

*Azulejos = *Ceramic tiles*.

parte de un azul brillante, fueron colocados (*put in place*) por uno de los descendientes de aquella familia rica, y desde entonces han sido la marca distintiva de la casa, dándole el nombre de «Casa de los Azulejos». La historia de estos azulejos es la que sirve de base para estas páginas.

En el año 1532 los españoles decidieron construir una nueva ciudad entre la costa del Golfo de México y la capital. Esta ciudad haría más fácil el viaje entre Vera Cruz y México, porque sería fortaleza (*fort*), centro de provisiones y sitio de descanso. Fue escogido un lugar en el gran valle donde los indios habían tenido su famoso centro de Cholula, con la inmensa pirámide de Quetzalcóatl. Llegaron ocho mil indios de Tlascala, Huejotzingo y Tepeaca, donde ya había misiones, para ayudar a los españoles en la construcción del nuevo pueblo. Levantaron casas y edificios públicos; llegaron pronto cuarenta familias españolas, el nuevo pueblo se puso muy alegre y se celebró una misa solemne. Así nació «Puebla de los Ángeles», una de las ciudades más españolas de México.

La situación geográfica de Puebla es magnífica. Hacia el oeste están las altas montañas de la meseta central con los volcanes Popocatépetl (montaña que echa humo) e Ixtaccíhuatl (mujer que duerme); hacia el este se eleva el hermoso Orizaba (montaña de la estrella). El clima de este valle es templado, como el de Andalucía, y muchos andaluces se establecieron allí. La influencia andaluza, con muchos matices (*shadings*) de los moros, dejó su marca en Puebla, no sólo en la gente sino también en la arquitectura y en las costumbres.

Puebla fue por muchos años el centro de la industria de los azulejos. Los moros habían sido maestros en el arte de fabricar azulejos, y dejaron en La Alhambra (en Granada, España) varios salones decorados de unos azulejos de reflejos (*glowing tints*) que no se han podido copiar hasta ahora. Los andaluces continuaron esta tradición de los moros. Fue la cosa más natural que los habitantes de Puebla se interesasen en la fabricación de azulejos y que los usasen pródigamente (*lavishly*) en su arquitectura.

En todas partes de Puebla se ven azulejos azules, amarillos, verdes, rosados, anaranjados y de color café. Muchos de estos azulejos tienen decoraciones de flores, pájaros, animales, figuras humanas o diseños geométricos. A veces cubren la fachada entera de alguna iglesia, dándole un colorido dramático y único.

La industria de los azulejos floreció en Puebla durante casi toda la época colonial; pero a principios del siglo XIX, con la Guerra de la Independencia, se perdieron algunos secretos y algunas fórmulas, y el arte de los azulejos sufrió una decadencia. En casi todas partes de México los azulejos eran populares durante el período de la colonia, pero Puebla fue siempre el centro, y los más hermosos edificios de azulejos se encuentran en esta ciudad. Con una notable excepción: el más famoso de todos está en la capital. Es el de la «Casa de los Azulejos».

Esta casa era una de las más lindas residencias coloniales del país. Su arquitectura sigue el estilo mudéjar.* El exterior está cubierto de azulejos

---

***Estilo mudéjar** = *Moorish style*. Mudéjars were Moors living under Christian rule in Spain.

azules. El interior tiene un patio exquisito, con columnas esbeltas (*graceful*) y una fuente hermosamente tallada (*carved*). Las columnas están igualmente talladas; los portales (*doorways*) y el zócalo de la escalera (*wainscoting along the stairway*) están decorados de azulejos.

La casa tiene una historia dramática. El primer dueño fue don Damián Martínez, allá por el siglo XVI. Este señor se vio obligado a vender la propiedad, que en el año 1596, pasó a manos de don Diego Suárez de Pereda por 6.500 pesos. Algunos años después murió la esposa de don Diego, y éste decidió hacerse franciscano. Su hija, doña Graciana, heredó la mansión. Graciana estaba casada con don Luis de Vivero, segundo conde del Valle de Orizaba. Después de don Luis varios famosos condes del Valle de Orizaba vivieron sucesivamente en la casa.

Así pasan ciento cincuenta años. Llegamos a la época en que el hijo de uno de los condes tenía fama de ser gran derrochador (*had the reputation of being a wastrel*). Era un muchacho bien parecido, amable, que bailaba bien y tenía muchos amigos (y amigas), todos ellos como él. A este joven le gustaban más los caballos, la ropa fina, las mujeres y el vino que los negocios de su padre. Estaba siempre con deudas y su padre, por fin, se cansó de pagar lo que el hijo debía. Un día le regañó (*bawled him out*), gritando con voz furiosa: —¡Hijo, tú nunca harás casa de azulejos! (Es decir, nunca vas a valer nada.) Eres un perdido (*lost cause*).

Estas palabras penetraron en la cabeza del hijo y le hirieron en los más vivo (*wounded him deeply*). No pudo olvidar lo que su padre le había dicho. La idea de tener una casa de azulejos llegó a ser una obsesión, y al poco tiempo (*after a short while*) le dio la espalda al pasado, se casó con una muchacha bonita y seria, y se dedicó a trabajar. Después de la muerte de su padre transformó la venerable casa ancestral, decorándola de arriba abajo (*from top to bottom*) con azulejos; fue la casa más decorada de la Nueva España, y así adquirió el nombre que tiene hoy día.

En el año 1828 la Casa de los Azulejos fue escena de un asesinato. Un joven oficial del ejército que estaba cortejando a una de las hijas de la casa fue rechazado por el padre. El joven se puso furioso, entró en el patio y, en el momento que el conde descendía por la escalera, le atacó con un puñal (*dagger*) y lo dejó muerto. Pocos años después, la mansión pasó a manos de otra familia. Hacia fines del siglo, durante la época de Porfirio Díaz, el gran dictador mexicano, el edificio se convirtió en el famoso Jockey Club. Allí se reunían las personas de más dinero y de más influencia. El Jockey Club fue el centro de la alta sociedad mexicana. Las familias ricas casi siempre tenían una hacienda con caballos, y los caballos eran el símbolo de la categoría social. En la Argentina fue lo mismo. Después de la caída de Porfirio Díaz, el norteamericano Sanborn compró la casa y la convirtió en restaurante. Fue el primero y más famoso de toda una cadena (*chain*) de restaurantes «Sanborn's» que se encuentran ahora en varias ciudades de México.

EJERCICIOS

A. Correcciones. Each of the following sentences based on the reading contains one or more misstatements of fact. First, read the sentence as it stands, then read the corrected version in Spanish.

1. Los azulejos del famoso restaurante son rojos. **2.** El señor Sanborn compró la casa en el siglo XIX. **3.** Taxco fue el centro de la industria de los azulejos en la época colonial. **4.** Los moros copiaron a los españoles en la fabricación de azulejos. **5.** Los moros eran de Portugal. **6.** La Casa de los Azulejos fue construída en el siglo XVIII. **7.** El hijo del conde de esta historia era un buen hombre de negocios. **8.** La expresión «Casa de los Azulejos» quiere decir algo que no vale nada. **9.** Puebla está situada entre Acapulco y la capital de México. **10.** Andalucía es la parte norte de España. **11.** La palabra «mudéjar» quiere decir «barroco». **12.** En el Jockey Club se reunían los pobres trabajadores de la capital. **13.** Porfirio Díaz fue el presidente de México en el siglo XVIII. **14.** Ya no usamos los azulejos en nuestros edificios. **15.** El palacio más famoso de los moros fue La Granja. **16.** Los moros tenían poca influencia en la arquitectura española. **17.** La pirámide de San Juan Teotihuacán está situada en Cholula. **18.** Los condes de Orizaba vivieron en la casa de esta historia unos cincuenta años.

B. Cambie al subjuntivo. Follow the model and use the proper form of the subjunctive.

MODELO: El joven gasta mucho dinero.
No quiero que el joven **gaste** mucho dinero.

1. El conde se pone furioso. **2.** La casa se convierte en restaurante. **3.** El conde llama a su hijo. **4.** Don Diego se hace franciscano. **5.** Colocan muchos azulejos en la casa. **6.** La gente rica se reúne allí. **7.** Los turistas hablan en inglés. **8.** La hija hereda la casa. **9.** La familia vive en la casa. **10.** El joven pide dinero a su padre. **11.** El padre la da el dinero. **12.** El conde se ve obligado a vender la casa. **13.** El norteamericano compra la casa. **14.** Construyen una mansión muy hermosa y muy cara. **15.** El hijo se casa. **16.** Los indios ayudan a los españoles. **17.** Vienen muchas familias españolas. **18.** El hijo paga demasiado. **19.** Llegan en la mañana. **20.** Le regaña al hijo.

C. Expresiones útiles. Use each of the following in a sentence of your own in Spanish.

1. **servir de**   to serve as
2. **estar cubierto de**   to be covered with
3. **verse obligado a**   to be obliged to
4. **cansarse de**   to tire of
5. **herir en lo más vivo**   to wound to the quick (deeply)
6. **al poco tiempo**   a short time later
7. **convertirse en**   to become
8. **ya no**   no longer
9. **tal vez**   perhaps

D. Preguntas

1. ¿Cuál es el restaurante más conocido de México?   **2.** ¿Dónde está situada la ciudad de Puebla?   **3.** ¿En qué parte de España vivían los moros?   **4.** ¿Cuál es el palacio más famoso de los moros?   **5.** ¿En qué siglo se construyó la Casa de los Azulejos?   **6.** ¿Por qué dijo el conde: —¡Tú nunca harás casa de azulejos!?   **7.** ¿Por qué decide Don Diego hacerse franciscano?   **8.** ¿Qué asesinato ocurrió en la casa?   **9.** ¿Por qué decidieron los españoles fundar la ciudad de Puebla?   **10.** ¿Qué famosa pirámide se encuentra cerca de Puebla?   **11.** ¿Por qué llegaron tantos andaluces a establecerse en Puebla?   **12.** ¿Qué influencia han tenido los moros en la historia de España?   **13.** ¿En qué se convirtió la Casa de los Azulejos durante la época de Porfirio Díaz?   **14.** ¿Qué importancia tiene el nombre de «Sanborn» en la historia de la Casa de los Azulejos?   **15.** ¿De qué color son los azulejos de la famosa casa?   **16.** ¿Ha comido usted alguna vez en este restaurante?   **17.** ¿Por qué era tan importante el Jockey Club de México?   **18.** ¿Qué importancia tenían los caballos en la conquista de México?   **19.** ¿Se usan mucho los azulejos en las construcciones hoy día?   **20.** ¿Aproximadamente cuántos años tiene la Casa de los Azulejos?

Diálogo

Preparen un diálogo basado en los datos siguientes.

Personajes

Dos estudiantes norteamericanos   **El profesor**
Sus dos amigas

Situación   *Patio de un pequeño hotel de la capital mexicana.* Los cuatro jóvenes están hablando de los restaurantes en general. Tienen hambre pero no saben dónde comer. Una de las amigas, que es mexicana, sugiere Sanborn's. Dice que la comida es buena y relativamente barata. Describe el aspecto físico de este restaurante, los azulejos, el patio interior, la fuente. Los cuatro jóvenes están en la misma clase, estudiando música. Deciden invitar a su profesor, que está sentado al lado leyendo. El profesor acepta y cuando mencionan el nombre de «Sanborn's» les narra brevemente la historia del edificio. El profesor saca un menú del bolsillo. Se lo dio un amigo suyo. Todos miran el menú y hablan de la comida mexicana. Cada persona tiene un plato favorito y explica lo que es. Algunos platos típicos son: enchiladas, tacos, tamales, carne asada, tortillas, frijoles refritos, quesadillas, mole de guajolote, chile, huevos rancheros, atole, arroz con pollo.

32

Los polvos de la condesa*

A principios del siglo XVII don Luis Fernández de Cabrera, conde de Chinchón, era el virrey del Perú. Su señora, la condesa, era una de las mujeres más hermosas de España. Don Luis era un buen virrey y trataba bien a toda la gente bajo su jurisdicción. Su sentido de justicia se extendía igualmente a los indios del país, a quienes protegía firmemente contra los hacendados (*landowners*) españoles.

Una vez uno de estos hacendados trató de confiscar las tierras que pertenecían a un indio llamado Tupal Amat, quien decía que era uno de los descendientes de los incas. Tupal Amat tenía más de ochenta años, pero a pesar de esto era uno de los yayas (*elders*) más vigorosos de su distrito. «Yaya» es una palabra peruana que significa «hombre viejo que gobierna», y los yayas son siempre muy respetados por los otros indios que viven en la misma región geográfica.

*The countess's powder

Por el contrario, muchos de los hacendados españoles odiaban (*hated*) a los yayas y trataban de enredarlos en pleitos (*to entangle them in lawsuits*) judiciales para llevarlos ante el juez (*judge*), y muchas veces éste, que era amigo del hacendado, le ayudaba a despojar (*to despoil*) al indio. Había tribunales superiores, pero los indios casi nunca iban allá para apelar. Creían que los tribunales del hombre blanco existían solamente para despojarles.

Pero el yaya Tupal era un hombre resoluto, y había oído de la justicia del nuevo virrey don Luis. Por eso cuando el hacendado y el juez dijeron que las tierras que habían pertenecido a su familia por varios siglos eran ahora propiedad del español Bermúdez, Tupal fue directamente al tribunal superior que estaba en Loja, capital de la provincia. El juez de esta corte sostuvo la decisión anterior, pero el gobernador de Loja, un español justo y bueno que era amigo del virrey, fue informado del caso y decidió hablar personalmente con el viejo. Para un indio tal cosa era extraordinaria. Bermúdez también apareció ante el gobernador, y le acompañaron varios de los hacendados más ricos de la provincia. El gobernador interrogó primero a Tupal:

—Usted es uno de los yayas del distrito de Rimac, ¿verdad?

—Sí, señor —respondió el indio.

—Su familia ha vivido allí por más de cinco siglos, ¿verdad?

—Sí, señor, y en las mismas tierras desde los tiempos de los incas.

—Entonces, ¿por qué dice el señor Bermúdez que esas tierras deben ser de él?

—Señor, dice que algunas vacas mías han pasado a sus tierras a comer, que esas vacas han arruinado su maíz, y que por eso tiene derecho de confiscar mis tierras y mi maíz. En efecto, ya ha ocupado mis mejores tierras.

—¿Ha ofrecido usted pagarle el valor del maíz perdido?

—Sí, señor, pero como no tengo dinero prometí trabajar para el señor Bermúdez un día cada semana durante un año, o si él prefiere, plantar sus tierras otra vez. Pero el señor Bermúdez rehusó esto; no quiere mi trabajo ni su maíz. Quiere mis tierras.

—¿Qué dice usted, Señor Bermúdez? —preguntó el gobernador.

—Señor gobernador, yo no necesito más trabajadores, y ya es muy tarde para plantar más maíz. Este indio no puede pagarme el maíz perdido, de manera que tengo el derecho de tomar sus tierras en justo pago de lo que hicieron sus vacas.

Los otros hacendados afirmaron que tal era la costumbre en su distrito, y el gobernador no se atrevió a (*didn't dare to*) hacer una decisión contraria. Pero le pareció que Tupal tenía razón y dijo:

—Señores, no tengo la autoridad para decidir en este caso, pero voy a mandar todos los papeles al virrey en Lima.

Los hacendados estaban muy satisfechos, porque los virreyes casi siempre decidían en su favor, y el indio estaba completamente desilusionado. Pero no conocían al virrey Fernández de Cabrera. Dos o tres semanas después la decisión llegó, y el gobernador los llamó a todos a su palacio para oírla. Leyó lo que sigue:

> Mi decisión es que las tierras, siendo el pan y la vida de nuestros ciudadanos indios, no pueden ser confiscadas por ninguna causa. En este caso las tierras de la familia Tupal Amat quedan en manos de esta familia y sus descendientes. El

yaya Tupal no debe pagarle al señor Bermúdez el valor de su maíz perdido ni plantar sus tierras otra vez. El señor Bermúdez ha sido culpable de un acto de injusticia y ese acto va a costarle la justa recompensa que era suya.

Tupal oyó estas palabras con lágrimas en los ojos, expresó sus gracias al gobernador y al virrey, y salió del palacio.

Algún tiempo después, en el año 1638, la señora del virrey se puso gravemente enferma con una fiebre alta. Don Luis llamó a los médicos más famosos de Lima, pero todos dijeron que era la terrible malaria y que ellos no podían hacer nada para curarla. Pasaron varios días, y la pobre condesa iba rápidamente hacia la muerte. En las iglesias se rezaba (*prayers were said*) por ella, y los periódicos publicaban noticias diarias acerca del estado de su salud.

Un día un sirviente del virrey anunció que un mensajero del gobernador de Loja quería hablarle. Don Luis no quería ver a nadie, pero el gobernador era un buen amigo suyo, y mandó subir al mensajero. Apareció un indio viejo.

—Señor virrey —dijo el viejo— mi nombre es Tupal. Soy descendiente de los incas y he venido aquí para darle uno de nuestros secretos más celosamente guardados.

—¡Un secreto de los incas! —exclamó don Luis, irritado. —¡Mi señora está a punto de morir y usted me habla de los secretos de los incas!

—Perdone, señor —respondió Tupal— pero es un secreto que bien puede salvarle la vida a la señora condesa.

Luego explicó que traía un polvo medicinal que los incas habían usado por varios siglos para curarse de la misma fiebre. Era un secreto que los españoles habían tratado de descubrir por más de cien años sin éxito (*success*), el único secreto que los descendientes de los incas todavía guardaban. Tupal dio un pequeño paquete al virrey, la condesa se tomó varias dosis de la medicina y pronto quedó completamente curada. Después de su cura, ella misma distribuyó la medicina a los enfermos de Lima, quienes la llamaron «los polvos de la condesa».

Cuando el virrey y su señora salieron del Perú en 1640 llevaron varios paquetes de los polvos a España. La condesa murió en Panamá de otra enfermedad, pero el conde llegó a Europa con los paquetes y para el año 1650 «los polvos de la condesa» habían efectuado curas en casi todos los países del continente. La medicina se hacía de la cáscara (*bark*) de un árbol peruano y hoy día se llama «quinina». Ha sido una de las medicinas más importantes del mundo, porque sin ella la vida en los trópicos sería casi insufrible.*

*Besides being called "the countess's powder," quinine was also widely known as "Jesuits' powder" or "Jesuits' bark." The Jesuits rather than the count of Chinchón were responsible for its wide use in Europe, for while the latter did little to broaden its use, the Jesuit cardinal de Lugo fought unceasingly against the obstinate superstitions and backward medicinal ideas of his day in order to make the powders more widely available. The Jesuit missions in Peru continued sending the bark to Europe.

EJERCICIOS

A. Correcciones.   Each of the following sentences based on the reading contains one or more misstatements of fact. First, read each sentence as it stands, then read the corrected version in Spanish.

1. El virrey trataba mal a los indios bajo su jurisdicción.   **2.** Don Luis era muy amigo de los hacendados y casi siempre les favorecía (*favored them*).   **3.** Los indios creían que los tribunales eran muy justos.   **4.** Los hacendados nunca trataban de despojar a los indios.   **5.** La palabra «yaya» significa «hombre joven».   **6.** La familia del indio Tupal Amat había vivido en sus tierras durante unos veinte años.   **7.** Tupal había ofrecido pagarle al español Bermúdez el valor del maíz arruinado.   **8.** El señor Bermúdez no quería las tierras sino el dinero del indio.   **9.** El juez dijo que no podía decidir el caso dentro de tan breve tiempo.   **10.** Más tarde el indio Tupal fue al palacio del virrey para darle las gracias.   **11.** El secreto de los incas fue una medicina para curar los resfriados (*colds*).   **12.** Todos los médicos de Lima sabían de la existencia de esta medicina.   **13.** Se ha perdido el secreto de esta medicina.

B. Comentarios.   Comment briefly in Spanish on each of the following.

1. don Luis Fernández de Cabrera
2. el indio Tupal Amat
3. el trato de los indios por los españoles
4. el sistema «legal» de los españoles
5. la fama de don Luis

6. la decisión de los jueces
7. la decisión del gobernador
8. la decisión de don Luis
9. la salud de la condesa
10. «los polvos de la condesa»

D. Expresiones útiles.   Use each of the following in an original sentence in Spanish.

1. sin éxito   unsuccessfully
2. proteger contra   to protect against
3. por el contrario   on the other hand
4. llevar ante el juez   to take before the judge
5. salvarle la vida   to save one's life

6. en justo pago   in fair payment
7. a su favor   in his/her/your favor
8. quedar en manos de   to remain in the possession of
9. estar a punto de   to be on the point of
10. guardar un secreto   to keep a secret

D. Preguntas

1. ¿Qué clase de hombre era el virrey Luis Fernández de Cabrera?   **2.** ¿Qué significa la palabra «yaya» en el Perú?   **3.** ¿Qué opinión tenían los indios acerca de los tribunales de los blancos?   **4.** ¿Qué trataban de hacer los hacendados con los indios?   **5.** ¿Por cuántos años había vivido en esas tierras la familia del indio Tupal?   **6.** ¿Por qué quería Bermúdez confiscar las tierras de Tupal?   **7.** ¿Qué habían hecho las vacas en las tierras de Bermúdez?   **8.** ¿Qué había prometido el indio Tupal?   **9.** ¿Por qué no pudo hacer una decisión final el gobernador de Loja?   **10.** ¿Qué decidió hacer el gobernador?   **11.** Cuando la condesa se puso enferma, ¿qué dijeron los médicos?   **12.** ¿Quién fue a Lima para hablar con el virrey? ¿Qué le dijo?   **13.** ¿Cómo se hacía el polvo medicinal que traía el indio Tupal?   **14.** ¿Por qué lo llamaron «los polvos de la condesa»?   **15.** ¿Por qué es tan importante la quinina?

E. Cambie el verbo.   Change the verbs to agree with the subjects in parentheses.

1. **Modelo:**   El virrey *mandó subir* al mensajero.
    (yo, nosotros, la condesa, tú, ellos, el profesor)
2. **Modelo:**   El yaya no *se atrevió* a hacer nada.
    (ellos, yo, nosotros, tú, los españoles, usted)
3. **Modelo:**   ¿Qué *dijo* el médico?
    (los médicos, yo, nosotros, tú, ustedes, usted, la condesa)

Diálogo

Preparen un diálogo basado en los datos siguientes.

Personajes

Tupal
Bermúdez
El gobernador de Loja
El virrey

La condesa
Dos amigas suyas
El médico de la condesa

Situación   *Palacio del virrey en Lima.* Los ocho personajes están sentados en el salón del palacio. En un grupo están la condesa y sus dos amigas; detrás de ellas están sentados los otros personajes. La condesa está narrando la historia de los polvos a sus dos amigas, quienes le hacen preguntas. Cada vez que la condesa menciona el nombre de uno de los participantes, éste se levanta y se identifica diciendo: «Yo soy Tupal» (o «Yo soy Bermúdez», o «Yo soy el gobernador», etcétera). El personaje así identificado luego narra su parte en la historia de los polvos. Los otros personajes pueden hacerle preguntas. El médico declara que la quinina ha sido de más valor que toda la plata de las minas del Perú. Entonces lamenta la destrucción de la cultura india. Hay comentarios acerca de esto. Los indios dieron muchas cosas a Europa. El médico dice que los españoles, en cambio, trajeron enfermedades, opresión política, codicia (*greed*) y un sistema de valores que hacía de los indios ciudadanos de segunda clase. No todos están de acuerdo. Dicen algunos que trajeron también la civilización, la lengua, la religión y muchas otras cosas de gran valor. El médico declara que la viruela, traída de Europa, mataba a millones de indios. El sarampión (*measles*) y otras enfermedades de los niños mataban a otros millones, porque los indios no tenían ninguna inmunidad contra estas enfermedades. Todos los personajes concluyen que hay que tratar mejor a la gran población nativa del Perú.

33

El secretario de Santa Anna

El general Antonio López de Santa Anna, presidente de la República Mexicana, tres veces exilado y tres veces invitado a volver, fue uno de los hombres más temidos (*feared*) y más odiados en la historia de México. Proclamado presidente en 1833, fue el dictador absoluto de su país hasta el año 1855, si excluimos los años que tuvo que pasar en el extranjero en el exilio.

Santa Anna gobernó muy mal a su país. Bajo su dictadura México perdió el estado de Texas, el territorio de California y sufrió una guerra con los Estados Unidos. En esta guerra las tropas norteamericanas invadieron a México y capturaron la capital del país. Santa Anna también fue responsable del episodio del Álamo, tan famoso en la historia de Texas. Hoy día hay muy pocos mexicanos que admiran a este dictador del siglo pasado a quien le gustaba llamarse «el Napoleón del Oeste».

Santa Anna fue el oportunista perfecto, y como todo oportunista siempre pensaba más en sus propios deseos que en las necesidades de su pueblo. En 1855, cuando los mexicanos por fin se sintieron completamente cansados de sus ridículas y grotescas acciones, Santa Anna decidió ir a Nueva York para ver la gran metrópoli norteamericana. El presidente siempre pasaba sus años de exilio con todo confort, de manera que para el viaje hizo preparar (*ordered prepared*) unos cien baúles (*trunks*) de sus efectos personales. Llegó a Nueva York con una docena de sirvientes e inmediatamente mandó buscar (*had them look for*) un secretario norteamericano. Después de consultar a varios candidatos, dio a un señor llamado James Adams el dudoso honor de ocupar esta posición.

Adams acompañaba a Santa Anna a todas partes y trataba de enseñarle inglés, pero el ex-presidente aprendía muy poco. En realidad, insistía en hablar español con Adams, que comprendía bastante bien esta lengua. Pero el secretario pronto se acostumbró al carácter raro de Santa Anna y pasaba horas muy agradables en su compañía.

Un día cuando los dos estaban en Staten Island, Adams notó que el general estaba mascando algo que parecía gustarle mucho. Lo mascó dos o tres horas, a veces con la boca cerrada y otras veces con la boca abierta, pero siempre haciendo mucho ruido con la lengua, los dientes y los labios. Adams, que nunca había visto una cosa así, preguntó al general:

—Señor, ¿qué es esa cosa que está mascando?

—Oh —dijo Santa Anna riéndose— es una cosa de mi tierra. Se llama chicle. Creo que ustedes no lo tienen aquí en los Estados Unidos.

—No, no lo tenemos —respondió Adams. —No sé lo que es el chicle.

—Pues es la savia (*sap*) de un árbol que crece en los trópicos de Latinoamérica —explicó Santa Anna. —El árbol es la «sapodilla».

—¿Cómo obtienen la savia? —preguntó Adams.

—Unos trabajadores, que se conocen con el nombre de «chicleros», entran en las selvas tropicales, hacen cortes en los troncos de los árboles con sus machetes y ponen al pie de los árboles una lata para recoger la savia. Algunos meses más tarde recogen esas latas y hierven el chicle. Al final obtienen una sustancia más o menos dura que preparan en bultos de veinte libras. Llevan estos bultos a las ciudades, donde los cortan en pedazos más pequeños para venderlos. Esto que estoy mascando es un pequeño pedazo de chicle.

Entonces el general Santa Anna sacó el chicle de la boca y se lo enseñó a Adams.

—¿Y ese chicle es muy popular en México? —preguntó Adams. —¿Hay muchos que lo mascan como usted, general?

—Claro —dijo Santa Anna. —El chicle ha sido popular en nuestro país desde los tiempos de los aztecas.*

Adams quedó pensando un momento, luego preguntó:

*At the present time more than thirty thousand **chicleros,** mostly Indians, gather the sap, exposing themselves to the jungle vipers, mosquitoes, and the bite of the **mosca chiclera,** or chicle fly, all of which may inflict serious diseases. There are an estimated eighty-seven million gum trees in southern Oaxaca. The **chicleros** must make certain that the gum contains no dirt, insects, stones, or leaves. Mexico consumes only 8 percent of the production; the rest is exported, mostly to the United States.

—¿Quiere usted hacerme un gran favor, general?

—Por supuesto, amigo —respondió Santa Anna.

—Bueno —dijo Adams— cuando usted vuelva a México, ¿quiere hacerme el favor de mandarme veinte libras de chicle?

—Con mucho gusto —dijo Santa Anna.

Algunos años después Adams recibió el paquete. Lo abrió con gran anticipación, pero cuando cortó un pedazo de chicle y trató de mascarlo, no le gustó nada. Estaba muy duro y casi no tenía sabor.

—¡Esto es como mascar un zapato de tenis! —murmuró Adams.

Pero días después hirvió (*boiled*) el chicle, y añadió (*added*) varios sabores, uno después del otro. Por fin, encontró uno que le gustó. Era el sabor de la hierbabuena, en inglés «peppermint». Luego Adams visitó a varios de sus amigos, les dio a todos algunos pedazos de su chicle y si decían que les gustaba inmediatamente les pedía dinero. En 1870 estableció su fábrica, la primera de su clase en los Estados Unidos. El nombre fue (y todavía es) «The Adams Chewing Gum Company». El ex-secretario del general Santa Anna vendía su producto en pequeños paquetes de 5 pastillas que llamaba «Yucatan», «Jucee Kiss» y «Kiss-Me». Así comenzó una gran industria norteamericana, en la que hoy día los habitantes de nuestro país gastan *tres mil millones (3 billion)* de dólares al año, es decir, 124 pastillas por cada hombre, mujer y niño de nuestro país.

EJERCICIOS

A. Correcciones.   Each of the following sentences based on the reading contains one or more misstatements of fact. First, read each sentence as it stands, then read the corrected version in Spanish.

1. El general Santa Anna fue uno de los presidentes más queridos de México.
2. Bajo Santa Anna las tropas mexicanas capturaron la capital de los Estados Unidos.   **3.** Los mexicanos de hoy día admiran mucho a Santa Anna porque era un presidente muy liberal.   **4.** El general sufrió mucho durante sus años de exilio.
5. El secretario del general mexicano era francés.   **6.** El secretario le enseñaba al general el español.   **7.** Un día el secretario notó que el general estaba bebiendo algo.   **8.** La bebida se llamaba pulque.   **9.** Santa Anna prometió mandarle a Adams treinta libras de la bebida.   **10.** Cuando Adams mascó el chicle que el general le mandó, le gustó mucho.   **11.** Santa Anna había dicho que el chicle era muy popular en España y en Sudamérica.   **12.** En Centroamérica recogen el chicle con una escoba (*broom*) y lo ponen en una caja.   **13.** El trabajo de los chicleros no es peligroso.   **14.** El chicle se encuentra en la costa cerca de Vera Cruz.

B. Comentarios.   Comment briefly in Spanish on each of the following.

1. «el Napoleón del Oeste»
2. las consecuencias de la dictadura de Santa Anna
3. el Álamo
4. 1855
5. el secretario Adams

6. la costumbre extraña de Santa Anna
7. la sapodilla
8. los chicleros y su trabajo
9. veinte libras de chicle
10. un zapato de tenis
11. el sabor de la hierbabuena
12. *The Adams Chewing Gum Company*

C. Expresiones útiles. Use each of the following in a sentence of your own in Spanish.

1. **en el extranjero** abroad
2. **sufrir una guerra** to undergo a war
3. **con todo confort** very comfortably
4. **pasar en exilio** to spend in exile
5. **mandar hacer** to order something done
6. **reírse de** to laugh at
7. **insistir en** + *inf.* to insist on __
8. **acostumbrarse a** to become accustomed to
9. **parecer gustarle** to seem to please
10. **algunos meses más tarde** a few months later
11. **por supuesto** of course
12. **en efecto** in fact, indeed

D. Preguntas

1. ¿Por qué tuvo Santa Anna que vivir en el extranjero? 2. ¿Qué hicieron las tropas norteamericanas durante la dictadura de Santa Anna? 3. ¿Cómo le gustaba al general mexicano llamarse? 4. ¿En qué pensaba siempre Santa Anna? 5. ¿Qué hizo cuando se exiló de México y decidió irse a Nueva York? 6. ¿Qué hizo al llegar a la gran metrópoli norteamericana? 7. ¿Qué notó el secretario cuando estaban los dos en Staten Island? 8. ¿Puede usted explicar lo que es el chicle? 9. ¿Cómo obtienen la savia del árbol que lo produce? 10. ¿Qué favor pidió Adams a Santa Anna? 11. ¿Qué murmuró Adams al mascar el chicle que el general le mandó de Latinoamérica? 12. ¿Cómo mejoró (*improved*) Adams el chicle que Santa Anna le había mandado? 13. ¿Por qué visitó Adams a todos sus amigos? 14. ¿Cómo llegó Adams a ser un hombre rico? 15. ¿Dónde se encuentran los árboles que dan el chicle? 16. ¿Cuántos chicleros hay para recoger la savia? 17. ¿Por qué es peligroso el trabajo del chiclero? 18. ¿Cree usted que es buena costumbre mascar el chicle? 19. ¿Qué estado de los Estados Unidos ganó su independencia de México cuando Santa Anna era presidente de aquel país? 20. ¿Se unió este estado a los Estados Unidos inmediatamente después de ganar su independencia?

E. Cambie al futuro. Change the verbs to the future tense and then translate.

1. Lo hace preparar en la tarde. 2. Me hago entender sin dificultad. 3. Voy a mandar arreglar mis zapatos. 4. Mando venderlos. 5. ¿Puedes hacerte entender en español? 6. Mandé cambiar el cheque. 7. Nos hicimos entender. 8. Mandaron escribirlas. 9. Lo hicieron preparar. 10. Se hacían entender.

Diálogo

Preparen un diálogo basado en los datos siguientes.

Personajes

Santa Anna   **El botones (*bellboy*)**
Su amigo mexicano   **Adams**

Situación *Habitación de Santa Anna en un hotel de Nueva York.* El general y su amigo están hablando. Santa Anna se queja de que no hay sitio para sus baúles. El amigo le asegura que todos están en el sótano (*basement*). El general entonces le dice a su amigo que necesita un secretario. Quiere aprender inglés. El amigo dice que conoce bien a un joven que sería ideal para esta posición. Es un joven que tiene muchos amigos en el hotel que pueden recomendarle. Es inteligente, paciente, trabajador. Ha sido secretario en algunas compañías importantes, y habla español. Santa Anna pide más detalles, y el amigo se los da. En este momento entra el botones. Dice que el joven está en el hotel y quiere subir. Alguien le había dicho que el general necesitaba un secretario. «Dígale que suba», dice Santa Anna, y unos momentos después entra Adams. El general y su amigo le hacen varias preguntas, que Adams contesta a su satisfacción. Luego los tres hablan de México, de su situación política y de la mala fortuna del general, que perdió la guerra con Texas. Adams menciona a Sam Houston, quien derrotó (*defeated*) a Santa Anna en la batalla de San Jacinto. Santa Anna se enfada, y saca un pedazo de chicle, que comienza a mascar. Adams desea saber lo que es, y el general explica, diciendo que le dará a Adams un paquete. «Es decir, si promete nunca mencionar ese nombre otra vez», añade.

34

Los ajedrecistas*

Los moros, que durante casi ocho siglos dominaron grandes partes de España, introdujeron en el país la afición al juego de ajedrez (*chess*). En aquellos tiempos el ajedrez era el juego favorito y exclusivo de los hombres de guerra, pero después de la conquista de los moros, efectuada en 1492, llegó a ser popular también entre la gente de la Iglesia: obispos, canónigos y frailes (*bishops, canons, and friars*). Con el descubrimiento y conquista de América, este juego pasó al Nuevo Mundo, donde continuó siendo popularísimo entre los conquistadores. El ajedrez era casi el pasaporte de cultura para los hombres de importancia que venían a las colonias. Él que no sabía jugar al ajedrez no era nadie.

****Ajedrecistas** = *Chess players.*

Entre los soldados aficionados (*fond of*) al juego se hallaba el famoso Hernando de Soto, uno de los conquistadores del Perú y después el descubridor del río Misisipí. Prudente, liberal, generoso, Hernando de Soto era una de las figuras más simpáticas entre los conquistadores. Soto se unió a Pizarro en Panamá con dos buques, en los que traía sesenta hombres y diez caballos.* El jefe de la expedición, reconociendo la importancia de Soto, lo nombró su segundo.

En la conquista del Perú, Soto fue el primer español que habló con Atahualpa, el gran jefe de los incas. Los españoles laboriosamente habían subido las sierras, y por fin habían llegado a la tierra de los incas. Atahualpa los esperaba con sus soldados. Hernando de Soto fue mandado al campamento de los indios con carácter de embajador (*ambassador*). Persuadió a Atahualpa que continuase su marcha hasta la ciudad de Cajamarca, pues allí estaban los españoles, sus amigos. Como bien se sabe (*As is well known*) Atahualpa continuó y llegó a Cajamarca, donde los soldados de Pizarro, después de recibirle como amigos, le tomaron preso y brutalmente mataron a muchos de sus soldados desarmados.

A Soto no le gustó nada esta acción de parte de sus compañeros, y en los días siguientes trató de proteger al Inca. Atahualpa, en su prisión, le tomó gran cariño a Soto, en quien vio siempre un amigo y defensor. Hernando de Soto era un verdadero caballero, tal vez el único corazón noble entre los ciento setenta españoles que capturaron al hijo del Sol, pues así se llamaba Atahualpa. El conquistador pasaba horas acompañando en su prisión al monarca, hablándole, enseñándole cosas y después invitándole a observar los juegos de ajedrez.

Casi todos los conquistadores eran aficionados al ajedrez, y jugaban día y noche. Entre los más dedicados estaban el tesorero Riquelme, Juan de Rada, Francisco de Chávez y algunos más. Las piezas (*chess pieces*) eran hechas del mismo barro (*clay*) que usaban los indios para la fabricación de sus ídolos y demás objetos de alfarería (*pottery*).

Hernando de Soto fue el único de los conquistadores que simpatizaba con Atahualpa. Los demás españoles no querían establecer amistad con el Inca. Durante las tardes éste tomaba asiento junto a Hernando de Soto, su amigo y protector, y observaba con mucho cuidado los juegos. No daba señales de (*He gave no sign of*) entender nada de lo que allí pasaba. Pero una tarde, en las jugadas finales de una partida (*match*) entre Soto y el tesorero Riquelme, Soto hizo ademán de movilizar el caballo (*indicated that he was*

---

*The horses Hernando de Soto, Pizarro, and their followers rode on the plains and through the high mountain passes of Peru were a mixed breed of Arabian, Andalusian, Friesian, and Spanish jennet blood. Their descendants are now known as the Peruvian Paso, a horse celebrated in poetry, in fiction, in statues, and on postage stamps. The breed, which glides along and does not trot, was brought to the United States only twenty or so years ago. Tradition has it that soon after Atahualpa's capture, de Soto, to test the Indian's mettle, rode his horse at full speed directly at the Inca, who was sitting surrounded by his guards. He stopped his mount barely a foot away. When Atahualpa did not so much as blink an eye, his display of courage earned him de Soto's lasting admiration.

about to move the knight) y el Inca, tocándole ligeramente (*lightly*) el brazo, le dijo en voz baja:

—¡No, capitán, no... el castillo!

La sorpresa fue general. Soto, después de breves segundos de meditación, puso en juego el castillo, como le había dicho Atahualpa, y pocas jugadas después, sufrió Riquelme inevitable «mate» (*checkmate*).

Después de aquella tarde, y cediéndole (*giving over to him*) siempre las piezas blancas en muestra (*expression*) de cortesía, el capitán Hernando de Soto invitaba al Inca a jugar. Después de un par de juegos el discípulo era ya digno del maestro. Jugaban igual a igual.

Los demás capitanes españoles, con excepción de Riquelme, invitaron también al Inca; pero éste se excusó siempre, diciéndoles por medio del intérprete Felipillo:

—Yo juego muy poquito y vuestra merced juega mucho.

La tradición popular afirma que el Inca no habría sido condenado a muerte si hubiera permanecido ignorante en el ajedrez. Dice la gente que Atahualpa pagó con la vida el «mate» que por su consejo había sufrido Riquelme en aquella memorable tarde. En el famoso consejo (*tribunal*) de veinticuatro jueces, consejo convocado por Pizarro, se impuso la pena de muerte por trece votos contra once. Antes del voto Pizarro deliberadamente había mandado a Hernando de Soto en una expedición, y Riquelme fue uno de los trece que suscribieron la sentencia.

Soto, cuando regresó de la exploración, manifestó gran enojo (*anger*) por el crimen de sus compañeros, y disgustándose cada día más con la conducta de Pizarro y sus hermanos, volvió a España en 1536, llevándose 17.700 onzas (*ounces*) de oro que le habían correspondido en el rescate (*ransom*) del Inca. El rey le concedió muchos honores y lo autorizó para emprender la exploración y conquista de la Florida. En esta expedición Soto y sus soldados llegaron hasta el río Misisipí. El capitán murió, en medio de los bosques, atacado de una fiebre maligna, a la edad de cuarenta y cinco años.

La historia es injusta. Toda la gloria en la conquista del Perú refleja sobre Pizarro y apenas hace mención del valiente y caballeroso Hernando de Soto. Era hidalgo (*aristocrat*) de nacimiento, buen mozo, el primero en los peligros, con lo que daba ejemplo a los soldados, clemente en perdonar y de gran juicio (*judgment*) y generosidad. Tal es el retrato (*portrait*) que de Hernando de Soto hace un cronista de aquellos teimpos.

Adaptation of one of Ricardo Palma's *Tradiciones peruanas*.

EJERCICIOS

A. Correcciones.   Each of the following sentences based on the reading contains one or more misstatements of fact. First, read the sentence as it stands, then read the corrected version in Spanish.

1. Cajamarca era la capital de los incas.   **2.** El ajedrez era un juego traído a España por los negros.   **3.** El ajedrez era popular en América antes de la conquista.   **4.** Hernán Cortés capturó a Atahualpa y le condenó a muerte.   **5.** Todos los soldados eran amigos de Atahualpa.   **6.** El inca atacó a los españoles y mató a Pizarro.   **7.** Los soldados de Atahualpa estaban armados.   **8.** El rey de España rehusó recibir a Hernando de Soto.   **9.** Después de visitar la corte Soto se marchó a explorar y conquistar el norte de África.   **10.** Pizarro visitó a Atahualpa en la prisión.   **11.** Hernando de Soto murió en el Perú a la edad de setenta años. **12.** Atahualpa no pudo aprender a jugar al ajedrez.   **13.** Atahualpa le dijo a Soto: —¡No, capitán... el caballo!   **14.** La conquista del Perú se llevó a cabo antes de la conquista de México.   **15.** El año 1492 fue terrible para España. **16.** Hernando de Soto simpatizaba con Pizarro.   **17.** Atahualpa le tocó el brazo a Riquelme.   **18.** Hernando de Soto nunca estuvo en Norteamérica.

B. Cambie al futuro.   Change the following sentences to the future.

1. El ajedrez llegó a ser popular en el Perú.   **2.** Soto se unió a Pizarro en Panamá.   **3.** Los españoles mataron a los soldados incas.   **4.** Pizarro recibió a los incas como amigos.   **5.** Condenaron al Inca a la muerte.   **6.** Hernando de Soto regresó a España muy disgustado.   **7.** Soto luego fue a la Florida.   **8.** Soto y sus compañeros descubrieron el río Misisipí.   **9.** Pizarro le nombró su segundo. **10.** Los españoles eran aficionados al ajedrez.   **11.** Se convocó el consejo. **12.** El rey de España le recibió como un héroe.   **13.** Soto puso en juego el castillo.   **14.** Soto simpatizaba con el Inca.   **15.** Los soldados estaban desarmados.   **16.** Atahualpa no dijo una sola palabra.

C. Expresiones útiles.   Use each of the following in a sentence of your own in Spanish.

1. **unirse a**   to join
2. **de parte de**   on behalf of
3. **tomarle cariño a una persona**   to take a liking to a person
4. **los demás**   the rest of
5. **tocarle el brazo a una persona** to touch a person's arm
6. **ser aficionado a**   to be fond of
7. **simpatizar con**   to take a liking to
8. **cada día más**   more and more every day

Preguntas

1. ¿Cuántos siglos dominaron los moros en España?   **2.** ¿De dónde eran los moros?   **3.** ¿Qué trajeron los moros a España?   **4.** ¿En qué año fueron conquistados los moros?   **5.** ¿Quién fue Francisco Pizarro? ¿Hernando de Soto? ¿Atahualpa?   **6.** ¿Cómo tomaron preso a Atahualpa?   **7.** ¿Dónde se unió Hernando de Soto a Pizarro?   **8.** ¿Dónde está la ciudad de Cajamarca?   **9.** ¿En qué parte del Perú vivían los incas?   **10.** ¿Cuántos soldados españoles conquistaron a los incas?   **11.** ¿Cómo se hicieron amigos Soto y Atahualpa? **12.** ¿Por qué regresó Soto a España?   **13.** ¿Qué le pasó en España? **14.** ¿Dónde murió Hernando de Soto?   **15.** ¿A qué edad murió Soto? **16.** ¿Cuál era el carácter de Hernando de Soto?   **17.** ¿Por qué es importante Soto en la historia de los Estados Unidos?   **18.** ¿Por qué odió Riquelme a Atahualpa?   **19.** ¿Qué decidió el consejo convocado por Pizarro?   **20.** ¿Qué había prometido hacer Atahualpa?   **21.** ¿Simpatizaba Hernando de Soto con Pizarro? **22.** ¿Cómo aprendió a jugar al ajedrez Atahualpa?

Diálogo

Preparen un diálogo basado en los datos siguientes.

Personajes

Atahualpa   Riquelme
Hernando de Soto   Cuatro soldados españoles

Situación   Hernando de Soto y Riquelme están jugando una partida de ajedrez en la presencia de los otros personajes. Durante la partida los soldados hablan de sus familias en España, se quejan del frío y mencionan el tesoro de oro que ya habían mandado al rey. Ellos mismos recibieron muy poco. La partida progresa lentamente. Por fin Soto agarra (*picks up*) el caballo, pero Atahualpa le toca el brazo diciéndole: «No, mi capitán, el castillo». Soto le agradece y gana la partida. Luego dice que al día siguiente él y Atahualpa jugarán una partida, y añade «pero me parece que usted me ganará». Atahualpa dice que no. Atahualpa entonces se marcha. Los españoles hablan de su inteligencia, su carácter y la posibilidad de una rebelión de los incas para librarle. Algunos declaran que Atahualpa algún día les va a causar grandes dificultades, y por eso deben ejecutarle. Otros no están de acuerdo. Todos explican sus razones. Soto defiende al Inca, pero Riquelme le acusa de ser inconfiable (*untrustworthy*). Declara que Soto es muy inocente (*naive*) en estas cosas. Para mandar es necesario tener mano de hierro. Soto responde diciendo que sería mejor ejercer inteligencia y compasión humana. Los soldados expresan sus opiniones.

35

Un famoso brasileño

La familia Santos-Dumont vivía en una gran fazenda, o plantación, de café en el estado de São Paulo, Brasil. El padre de la familia era uno de los hombres más ricos del país, y en la fazenda tenía su propio ferrocarril con coches y locomotora. Uno de los diez hijos de la familia, Alberto, un muchacho de doce años, pasaba varias horas todos los días en la locomotora, que era el gran entusiasmo de su vida. Pasaba otras horas leyendo, mejor dicho (*rather*), devorando las fantásticas novelas de Jules Verne.* Este entusiasmo por las cosas mecánicas continuó, y cuando se matriculó en la universidad de Río de Janeiro en 1890 sabía exactamente lo que quería estudiar; pero sería necesario persuadir a su padre. Un día el padre le preguntó:

*Jules Verne, famous French writer of the nineteenth century, whose romances of adventure and invention were prophetic of things to come. *Twenty Thousand Leagues under the Sea* and *Around the World in Eighty Days* are perhaps his most famous books.

—Alberto, ¿qué carrera vas a estudiar en la universidad?

—Quiero especializarme en ciencias mecánicas —respondió el hijo.

—¿Y la historia, la literatura, la filosofía?

—No me gustan nada —dijo Alberto. —Quiero dedicar todo el tiempo a las ciencias mecánicas.

—¿Por qué? ¿Qué piensas hacer después de graduarte?

Alberto pensó por algunos momentos, luego respondió:

—Quiero inventar una máquina aérea. Dicen que Leonardo da Vinci,* el gran artista del renacimiento italiano, tenía la misma idea.

El padre se rió y luego preguntó:

—¿Sabes si tienen un buen curso en ciencias mecánicas en Río de Janeiro?

—Sí, para comenzar —dijo Alberto.

—¿Cómo? —exclamó el padre.

—Después de graduarme allí quiero ir a París —respondió el hijo.

—Pues, te voy a hacer una propuesta —dijo el padre. —Si recibes buenas notas en todos tus estudios en Río, te daré el dinero para estudiar en París.

En 1894, a la edad de veinte años, Alberto Santos-Dumont se graduó con honores en la universidad de Río y se fue a París a estudiar aeronáutica. Allí también se distinguió como estudiante, y su padre seguía mandándole dinero.

Alberto era un joven pequeño que apenas pesaba cien libras, pero era muy simpático y tenía muchos amigos. Siempre se vestía (*dressed*) de una manera impecable e iba por las calles de París en un gran automóvil rojo, uno de los primeros autos con motor de gasolina. Muchos de los habitantes de París creían que estaba loco, pero todos le trataban bien.

Cuatro años después de llegar a Francia construyó su primer «automóvil aéreo». Le costó treinta mil dólares y tenía el nombre de *Santos-Dumont, Número Uno.* Parecía un gran cigarro. Usaba un pequeño motor de gasolina de tres caballos y tenía ochenta pies de largo. Fue la primera vez que un inventor había usado un motor de gasolina para volar, y los expertos decían que era imposible. Sin embargo, el *Santos-Dumont I* voló. No voló mucho pero voló, y el joven brasileño pudo guiarlo sin dificultad. Miles de personas estaban en el parque zoológico de París para ver el espectáculo, y Santos-Dumont pronto llegó a ser un gran héroe como Lindbergh. Muchas de las madres francesas esperaban ver a sus hijas en la compañía del joven y rico brasileño que había volado en el primer aeroplano con motor, y Santos-Dumont recibía invitaciones a todas las funciones sociales de la sociedad francesa.

Alberto no tenía gran interés en las mujeres y pasó la mayor parte del tiempo construyendo, uno tras otro, cinco más de sus automóviles aéreos, cada uno de los cuales le costaba aproximadamente treinta mil dólares. Con

*Leonardo da Vinci, fifteenth-century Italian artist and scientist, in whose notebooks were found drawings of a flying machine that show a considerable knowledge of aeronautics.

una de sus máquinas ganó un premio de 125.000 francos, y en otra chocó contra un edificio alto y casi se mató. También inventó el globo (*balloon*) más pequeño del mundo, *el Brasil*, que podía llevar en su maleta. Muchas veces iba en su gran automóvil rojo a uno de los pueblos cerca de París y volvía volando en *el Brasil*. Otras veces volaba de su hotel a uno de los cafés de París, donde descendía y bebía algo; y algunas veces, por la noche, los habitantes de la ciudad veían en el cielo las luces de uno de sus automóviles aéreos. Santos-Dumont quería convencer al público que su invención pronto formaría parte de la vida diaria.

En el año 1906 dio una demostración pública en un aeroplano sin globo dos años antes que los hermanos Wright (1908). Más tarde hizo varios aeroplanos de bambú que sólo pesaban unas 150 libras. Todos volaban. En 1909 uno de sus aeroplanos llegó a una velocidad de sesenta millas por hora. Santos-Dumont, como Nóbel,* creyó que con su invención la guerra sería tan horrible que los hombres dejarían de hacerla, pero cuando la Primera Guerra Mundial comenzó en 1914, él vio que esto era imposible y sufrió graves ataques de melancolía. Por fin, casi llegó a la conclusión patológica de que él mismo había sido responsable de la catástrofe.

En 1928 Santos-Dumont volvió al Brasil, donde observó con temor los grandes aeroplanos que entonces comenzaban a volar regularmente entre las ciudades del mundo. Uno de estos aeroplanos se cayó en el Atlántico, matando a todos sus pasajeros, y por cinco días el inventor no salió de su casa. En 1932 hubo una revolución en São Paulo contra el gobierno nacional del país, y vio con horror el poder destructivo de la máquina que había inventado. Durante varios días no quiso hablar con sus amigos ni con su familia. Un día desapareció en el interior de la casa y no volvió a salir. Cuando sus amigos fueron a buscarle, le encontraron muerto.

Algunos años después los habitantes de Río de Janeiro decidieron construir un gran aeropuerto moderno. La ciudad estaba casi completamente rodeada de montañas, de manera que sería un proyecto muy difícil. Pero había en medio del puerto un cerro (*hill*) que sería un sitio casi perfecto, y determinaron nivelar (*to level*) ese cerro para poner allí mismo su aeropuerto. Cuando terminaron no sólo tenían el aeropuerto más hermoso de Latinoamérica, y probablemente del mundo, sino que encontraron que las brisas del verano ahora entraban más fácilmente en la ciudad, y la temperatura de los días más calientes bajaba unos cinco grados. Este magnífico aeropuerto moderno lleva el nombre de «Santos-Dumont», el famoso inventor brasileño.

---

*Alfred Nobel, the great Swedish scientist, discovered how to make nitroglycerin, which at first was called "Nobel's blasting oil." When the scientist found out how destructive this new explosive was in warfare, he became extremely melancholy, and in order to make up to humanity for this use of his discovery, he established the famous Nobel prizes, which he hoped would bring the world closer to international brotherhood and peace.

EJERCICIOS

A. Correcciones. Each of the following sentences based on the reading contains one or more misstatements of fact. First, read each sentence as it stands, then read the corrected version in Spanish.

1. La «fazenda» brasileña es una gran extensión de tierra cubierta de árboles.
2. Alberto Santos-Dumont pasaba mucho tiempo cultivando la plantación de su padre. **3.** A Alberto le gustaba mucho leer las novelas de H. G. Wells. **4.** No le gustaban nada las ciencias mecánicas. **5.** Quería inventar una máquina para cultivar la tierra mecánicamente. **6.** Después de graduarse en Río, Alberto estudió en Berlin. **7.** Iba por las calles de París en una gran locomotora verde.
8. Alberto era un hombre alto y fuerte que pesaba casi doscientas libras.
9. Pasó muchos años en París leyendo y escribiendo. **10.** El deseo de Alberto Santos-Dumont fue de inventar un aeroplano para utilizar en la guerra. **11.** Sus amigos le encontraron muerto en un hotel francés. **12.** Hay pocas montañas cerca de Río de Janeiro, de manera que fue muy fácil construir el aeropuerto Santos-Dumont. **13.** El inventor brasileño era un hombre sumamente contento.
14. Tomó parte en la Primera Guerra Mundial.

B. Comentarios. Comment briefly in Spanish on the following.

1. la «fazenda» de la familia Santos-Dumont
2. los pasatiempos de Alberto
3. el plan de estudios de Alberto
4. la propuesta del padre
5. 1894
6. una descripción de Alberto en Paris
7. *Santos-Dumont, Número Uno*
8. el espectáculo en el parque zoológico de París
9. el costo de cada aeroplano
10. la conclusión patológica de Alberto
11. la muerte de Alberto
12. el aeropuerto más hermoso de Latinoamérica

C. Expresiones útiles. Use each of the following in an original sentence in Spanish.

1. **pasar varias horas** to spend many hours
2. **mejor dicho** rather
3. **especializarse en** to specialize in
4. **con temor** with fear
5. **vestirse de una manera impecable** to dress impeccably
6. **__ pies de largo** __ feet long
7. **sin embargo** nevertheless
8. **pensar** + *inf.* to intend to + *inf.*
9. **chocar contra** to bump into
10. **no sólo __ sino que** not only __ but
11. **allí mismo** right there

D. Preguntas
1. ¿Dónde vivía Alberto Santos-Dumont cuando era niño? **2.** ¿Qué hacía para pasar el tiempo? **3.** ¿En qué quería especializarse? **4.** Por fin, ¿qué le dijo su padre? **5.** ¿Por qué fue Alberto a Francia? **6.** ¿De dónde recibió todo el dinero para construir sus aeroplanos? **7.** ¿Por qué sufrió graves ataques de

melancolía?   **8.** ¿Dónde vio Alberto con horror el poder destructivo de su invención?   **9.** ¿Por qué querían las madres francesas ver a sus hijas en la compañía de Santos-Dumont?   **10.** Era Santos-Dumont un hombre alto y fuerte?
11. ¿Era un hombre alegre y contento?   **12.** ¿Qué clase de aeroplanos inventó Santos-Dumont?   **13.** ¿Por qué bajó la temperatura de Río después de la construcción del aeropuerto?   **14.** ¿Dónde está el aeropuerto más hermoso de Latinoamérica?   **15.** ¿Cómo se llama este aeropuerto?

Diálogo

Preparen un diálogo basado en los datos siguientes.

Personajes
**Alberto Santos-Dumont   Un mecánico francés
Tres amigas españolas**

Situación   *Un café de París.* Los amigos de Alberto le hacen preguntas acerca de su país. Alberto describe el Brasil y declara que algún día va a ser uno de los países más importantes del mundo. Luego hay preguntas acerca de su familia y su juventud en aquel país. Alberto responde dando detalles de sus relaciones con su padre y su interés en las cosas mecánicas. Las amigas entonces hablan de sus vuelos y de sus automóviles. Alberto recuerda a da Vinci, y describe el futuro de la aeronáutica. Insiste en que el hombre pronto podrá cruzar los océanos en un globo grande o en otra clase de máquina aérea. Las muchachas expresan sus dudas, pero desean hacer tal vuelo. El francés dice que eso sería imposible. El hombre no es un pájaro. Alberto dice que no desea imitar a los pájaros. El francés le aconseja (*advises*) que no piense tanto en la aeronáutica. Es joven y debe gozar más de la vida, escuchar más música, bailar, cantar. Pero parece que Alberto tiene otras ideas. Sus héroes son Colón, Galileo y Jules Verne.

36

El mundo es ancho y ajeno*

Una vez cuando yo viajaba por los Andes de Sudamérica —dijo el profesor—
pasé una noche en el pequeño pueblo indio de Rumi. Llegué a las siete de la
noche y al entrar en el pueblo oí la música de la orquesta del pueblo tocando
melodías indias. Estos instrumentos primitivos —guitarras hechas de ar-
madillos, flautas de cañas, arpas, ocarinas y violines primitivos— producían
una música triste, melodiosa y de una intensidad profunda. Después de la
fiesta hubo una reunión de los viejos, o «yayas», del pueblo, y en esa reunión
se discutieron todos los problemas de la comunidad, llegando a la decisión
final de una manera extremadamente democrática. Después de la reunión
pregunté si había un hotel en el pueblo, y los indios me dijeron que el único
hotel estaba cerrado.

*Broad and alien is the world, also the title of a novel by Ciro Alegría of Peru.

—Pero el señor Rimac tiene una casa grande —me dijo uno de los indios viejos. —Usted puede pasar la noche allí, si quiere.

—¿Quién es el señor Rimac? —pregunté.

—Uno de los yayas —me respondió el indio. —Es el hombre más respetado de nuestro pueblo.

—¿Dónde está su casa?

—Al otro lado de la plaza, señor. Allí viene el señor Rimac ahora. Le presentaré. —Entonces dirigiéndose a uno de los indios más viejos que he visto en mi vida, mi amigo dijo: Señor Rimac, quiero presentarle a un señor extranjero que desea pasar la noche en nuestro pueblo.

—Tengo mucho gusto en conocerle, señor Rimac —dije— pero no quiero causarle ninguna molestia (*trouble*)...

—El gusto es mío, caballero —respondió el señor Rimac— y es un privilegio, no una molestia, ofrecerle mi pobre casa.

—Mil gracias, Señor Rimac. Usted es muy amable.

—De nada, señor, de nada.

Pasamos a una casa pobre de adobe que estaba al otro lado de la plaza central. Era más grande que las otras casas del pueblo, pero tenía solamente dos habitaciones, y dos ventanas muy pequeñas. Dentro estaba muy obscura. Me senté en una cama primitiva de pieles de llamas, y la hija del señor Rimac nos trajo la cena de carne, patatas y maíz. El señor Rimac se sentó sobre un montón (*pile*) de ponchos en el suelo. Después de cenar hablamos sobre los problemas de la comunidad, y el señor Rimac se expresó con mucha franqueza. Yo le hice mil preguntas.

—Necesitamos más escuelas, más médicos, mejores casas y varias otras cosas —dijo el señor Rimac— pero creo que lo más importante de todo es el respeto del hombre blanco. Sin el respeto mutuo las cosas materiales solamente causarían más fricción entre los dos grupos.

—Sí, señor, es verdad que el respeto mutuo no existe ahora —dije.

—Existe —respondió el señor Rimac— pero es la excepción y no la regla. Mire usted esta casa. Es tan primitiva como una casa de los tiempos de los incas. Después de cuatrocientos años no ha cambiado casi nada excepto que ahora somos los esclavos y no los dueños (*masters*) de esta buena tierra. ¿Ve usted a mis llamas allá detrás de la casa?

—Sí, señor. Veo a media docena de llamas.

—Pues mis llamas son el símbolo de la vida de mi pueblo.

—No le comprendo —dije.

—Pues esos animales son esclavos sumisos que trabajan para nosotros como nosotros por nuestra parte trabajamos para los blancos de la ciudad. La vida del indio sería imposible sin sus llamas. Mire usted esos ponchos.

—Son muy hermosos.

—Son de lana de llama. Mire usted toda esta ropa; es también de lana de llama. Mis llamas producen casi todo lo que mi familia necesita: ropa, sombreros, zapatos, ponchos, carne y transportación. También son nuestros mejores amigos.

—Ahora comprendo por qué ustedes aman tanto a sus llamas —dije.

—Sí, señor. Esos animales son los miembros más importantes de la familia. Por eso, cuando voy al Cuzco o a Huancayo siempre compro algo para mis llamas, una cinta (*ribbon*) brillante, unas campanillas (*little bells*) u otra cosa por el estilo (*similar*). Naturalmente, traigo regalos para la familia también —añadió el señor Rimac riendo.

—Pues en ese caso sus llamas no son exactamente esclavos —dije.

—No, señor. Tiene usted razón. Hay que recordar que ninguna comparación es perfecta. Los blancos de la ciudad nos tratan peor de lo que nosotros tratamos a nuestros pobres animales. Esta última semana, por ejemplo, una de mis llamas murió, y toda la familia lloró sin consolación por tres o cuatro días. No habríamos llorado más por uno de nuestros amigos más queridos.

En ese momento volví a oír la música de la orquesta del pueblo en la plaza. El señor Rimac continuó:

—Esta noche vamos a celebrar la danza de la mies (*harvest*). Si usted desea observar el espectáculo, puede ver cómo funciona la democracia de estas comunidades indias, porque esta noche van a repartir (*share*) todo el maíz, toda la quinoa y todas las papas del verano pasado.

—¿Repartirlo? —dije. —¿Qué quiere decir usted?

—Trabajamos la tierra todos juntos —respondió el viejo— y todos juntos repartimos lo que producimos. Damos a cada familia la porción que le corresponde.

—¿Cómo saben ustedes las porciones que deben dar? —pregunté.

—Damos más a las familias que tienen más niños o viejos o enfermos —respondió el señor Rimac.

—¿No dan más a los que trabajan más? —pregunté.

—No, señor, sería imposible decidir eso. Además, todos trabajamos lo que podemos (*as we can*). Es la costumbre. Nadie rehusa trabajar. La buena tierra da sus frutos a los que la aman, y nosotros la amamos con una adoración intensa. La tierra es grande, señor. Lo único malo es que ya no es nuestra. Para nosotros el mundo es ancho y ajeno.

Nos levantamos y salimos a la plaza, donde ya había empezado la danza. Yo no había admirado mucho a los pobres indios antes, pero la dignidad primitiva de este viejo me había impresionado profundamente. Otra vez escuché las melodías extrañas de la orquesta y luego observé la distribución de la mies. Dos de los yayas tomaron su posición en el centro y el padre de cada familia, al oír su nombre, avanzaba para recibir la porción que era suya. Algunos recibían mucho, otros poco, pero todos parecían completamente contentos porque a nadie la faltaba (*nobody went without*). Pensé en silencio: estos indios saben más de la democracia que muchos de nosotros. No saben leer ni escribir, pero comprenden los valores humanos, lo cual es aún más importante. El porvenir (*future*) de estas tierras seguramente depende en gran parte de sus millones de habitantes indios.

EJERCICIOS

A. Correcciones.   Each of the following sentences based on the reading contains one or more misstatements of fact. First, read the sentence as it stands, then read the corrected version in Spanish.

1. El profesor del cuento pasa la noche en un pueblo mexicano.   **2.** La orquesta local tocaba melodías españolas.   **3.** El señor Rimac vivía en una casa pequeña.   **4.** Era un señor muy joven.   **5.** No le respetaban en el pueblo porque era uno de los yayas.   **6.** El hijo del señor Rimac les trajo la cena de frutas y café.   **7.** El señor Rimac dijo que el respeto del hombre blanco no era muy importante.   **8.** Las llamas no son importantes en la vida del indio porque trabajan muy poco.   **9.** El gobierno del pueblo era autocrático.   **10.** Los indios celebraban la danza de las horas.   **11.** Las mujeres distribuían la mies entre las hijas de las varias familias.   **12.** Las familias más ricas recibían más.   **13.** El indio no ama la tierra porque es pobre.   **14.** No hay novelas importantes sobre el indio peruano.

B. Comentarios.   Comment briefly in Spanish on each of the following.

1. el pueblo de Rumi
2. los instrumentos primitivos
3. la música india
4. la oferta del señor Rimac
5. la casa del señor Rimac
6. los problemas de la comunidad
7. la excepción, y no la regla
8. el símbolo de la vida del pueblo
9. las llamas producen
10. las compras en Cuzco o Huancayo
11. la danza de la mies
12. las valores humanos

C. Expresiones útiles.   Use each of the following in an original sentence in Spanish.

1. al entrar en el pueblo   on entering the village
2. causar molestia   to cause trouble
3. hacer preguntas   to ask questions
4. lo más importante   the most important thing
5. no faltarle a nadie   for no one to lack
6. por el estilo   of that kind
7. todos juntos   all together
8. por nuestra parte   in our turn

D. Preguntas
1. ¿Quién hizo el viaje por los Andes?   **2.** ¿Quién era el señor Rimac?   **3.** ¿En qué clase de casa vivía el señor Rimac?   **4.** ¿Qué dijo el viejo que necesitaban los indios?   **5.** ¿Por qué son tan importantes las llamas de los indios?   **6.** ¿Qué instrumentos musicales usan los indios en sus orquestas?   **7.** ¿Qué clase de música tocan estas orquestas indias?   **8.** ¿Cómo dividían los indios la mies?   **9.** ¿Quiénes recibían más?   **10.** ¿Por qué admiraba el profesor al señor Rimac?   **11.** ¿Qué dijo el señor Rimac acerca de la tierra?   **12.** ¿Cómo tratan los indios a sus llamas?   **13.** ¿Qué dijo el indio viejo acerca de los blancos?   **14.** Después de la danza de la mies, ¿qué hacía el padre de cada familia?   **15.** ¿Por qué es muy importante el problema de los indios en el Perú?

E. Cambie al imperfecto. Change the verbs to the imperfect tense.

1. Nadie rehusa trabajar aquí. **2.** No dan más a los que trabajan más. **3.** ¿Cómo saben ustedes las porciones que deben dar? **4.** Mis llamas producen casi todo lo que mi familia necesita. **5.** Los indios van a recibir lo que es suyo. **6.** Deseo pasar la noche en el pueblo. **7.** Después de cenar hablamos de los problemas de la comunidad. **8.** Los indios trabajan para los españoles. **9.** Es una música muy melancólica. **10.** Empieza la danza y la observamos con gran interés. **11.** El viejo se sienta sobre un montón de ponchos. **12.** El indio se expresa con mucha franqueza. **13.** Estos indios saben ser democráticos y justos. **14.** No saben leer ni escribir. **15.** Me gusta mucho viajar pero los hoteles son caros. **16.** Tocan flautas y arpas. **17.** Esta tarde van a repartir el maíz. **18.** Necesitamos más escuelas y más médicos. **19.** El mundo es ancho y ajeno. **20.** Tiene usted razón, hay que recordarlo.

Diálogo

Preparen un diálogo basado en los datos siguientes.

Personajes

El viejo Rimac
Su hijo
Un profesor norteamericano

Un antropólogo peruano
La esposa y la hija de Rimac

Situación *Plaza de un pequeño pueblo peruano.* El profesor norteamericano y su amigo, el antropólogo peruano, están hablando con el viejo Rimac y su hijo. Hablan de la razón de la visita de aquéllos, cuyo propósito es estudiar la vida de un pequeño pueblo indio. Al principio los indios cuya cooperación piden los forasteros (*strangers*), parecen muy desconfiados (*suspicious*), pero por fin se dejan convencer y ofrecen su hospitalidad. Llegan la esposa y la hija de Rimac para dar la bienvenida.

Todos hablan del gran espíritu de unidad que existe en el pueblo, y luego mencionan algunos de los problemas. La comunidad no tiene escuela, médico, clínica, dentista, electricidad, agua potable, sistema sanitario. Rimac dice que estos indios quieren ser un segundo Vicos, cuya historia es famosa en estas regiones, pero necesitan la ayuda y cooperación del gobierno en Lima. Viven aislados de todo el progreso científico del siglo XX. Necesitan aprender cómo aumentar la producción de la quinoa y la papa, cómo mejorar la crianza (*breeding and raising*) de llamas, alpacas y vicuñas, cómo construir mejores casas y cómo vender en las ciudades y en el extranjero (*abroad*) los hermosos tejidos (*textiles*) hechos a mano por las mujeres del pueblo. El profesor y el antropólogo prometen ayudarles, y sugieren varios procedimientos (*procedures*). (Vea nota p. 127)

37

El rastreador*

La Argentina es un país de una gran originalidad donde hay varios tipos de personajes que no se encuentran en los otros países hispanoamericanos. El más conspicuo de estos tipos, y el más extraordinario, es el «rastreador». Todos los gauchos del interior son rastreadores. En la pampa tan inmensa, donde los caminos se cruzan en todas direcciones, es preciso saber seguir las huellas (*tracks*) de un animal y distinguirlas entre mil; saber si va despacio o ligero, suelto o tirado, cargado o vacío (*slowly or fast, loose or with a halter, loaded or unloaded*). Una vez iba yo por el camino hacia Buenos Aires, y el peón que me conducía echó la vista al suelo.

      —Aquí va —dijo— una mula negra, muy buena... es de la tropa (*herd*) de don Zapata... va ensillada (*saddled*)... ha pasado ayer.

*The tracker

Este hombre venía de la sierra de San Luis, la tropa volvía de Buenos Aires y hacía un año que él había visto por última vez la mula cuyo rastro (*track*) estaba confundido con el de toda una tropa en un sendero de dos pies de ancho. Esto, que parece increíble, es la ciencia vulgar (*common knowledge*) de esta gente.

El rastreador es una persona grave y circunspecta, cuyas afirmaciones hacen fe (*are legal evidence*) en los tribunales. Este respeto por el saber que posee le da cierta dignidad reservada y misteriosa. Todos le tratan con consideración: el pobre, porque puede hacerle mal, denunciándole; el propietario, porque su testimonio puede fallarle (*destroy his case*).

Ha habido un robo durante la noche; en seguida corren a buscar una pisada (*footprint*) del ladrón, y encontrada, se cubre con algo para que el viento no la disipe. Se llama en seguida al rastreador, que ve el rastro, y lo sigue sin mirar sino de vez en cuando el suelo, como si sus ojos vieran de relieve esta pisada, que para otro es imperceptible. Sigue el curso de las calles, pasa por los campos, entra en una casa y, señalando a un hombre que encuentra, dice fríamente: «¡Éste es!» El crimen está probado, y raro es el criminal que resiste a esta acusación. Para él, más que para el juez, la deposición del rastreador es la evidencia misma; negarla sería ridículo y absurdo. Se somete, pues, a su acusador, que considera como el dedo de Dios que le señala.

Yo mismo he conocido a Calíbar, que ha ejercido en una provincia su oficio durante cuarenta años consecutivos. Tiene ahora cerca de ochenta años; encorvado por la edad (*bent with age*), conserva, sin embargo, un aspecto venerable y lleno de dignidad. Cuando le hablan de su reputación fabulosa, contesta: «Ya no valgo nada; ahí están los niños.» Los niños son sus hijos, que han aprendido en la escuela de tan famoso maestro. Se cuenta de él que durante un viaje a Buenos Aires le robaron una vez su montura de gala (*dressy saddle*). Su mujer cubrió el rastro con un cesto (*basket*). Dos meses después, Calíbar regresó, vio el rastro, ya borrado e imperceptible para otros ojos, y no se habló más del caso. Año y medio después Calíbar marchaba por una calle de los suburbios, entra en una casa y encuentra su montura, casi inutilizada por el uso. ¡Había encontrado el rastro del ladrón después de dos años!

El año 1830 un criminal condenado a muerte se había escapado de la cárcel. Calíbar fue encargado de buscarlo. El infeliz, previendo que sería rastreado, había tomado todas las precauciones que la imagen del cadalso (*gallows*) le sugirió. ¡Precauciones inútiles! Acaso (*Perhaps*) sólo sirvieron para perderle; porque comprometido Calíbar en su reputación, el amor propio (*pride*) ofendido le hizo desempeñar una tarea (*to carry out a job*) que perdía a un hombre, pero que probaba su maravillosa vista. El escapado aprovechaba todas las desigualdades del suelo para no dejar huellas; grandes distancias había marchado pisando (*stepping*) con la punta del pie; cruzaba un sitio y volvía para atrás. Calíbar le seguía sin perder el rastro; si se extraviaba (*lost his way*) momentáneamente, al hallarlo de nuevo exclamaba: ¡Dónde te *mi-as-dir* (me has de ir, *you can't get away*)! Al fin llegó a una acequia (*ditch*) de irrigación en los suburbios, cuya corriente había seguido el escapado para extraviar al rastreador... ¡Inútil! Calíbar iba al lado, sin inquietud, sin vacilar. Al fin se detiene, examina unas hierbas, y dice: «Por aquí ha salido; no hay rastro, pero estas gotas de agua lo indican». Entra en una viña (*vineyard*). Calíbar examinó las tapias (*walls*) que la rodeaban, y dijo: «Adentro está.» La partida de soldados fue a buscarle pero volvió a decir que su busca había sido inútil. «No ha salido», fue la breve contestación que sin moverse, sin proceder a un nuevo examen, dio el rastreador. No había salido, en efecto, y al día siguiente fue ejecutado (*executed*). En 1830 algunos prisioneros políticos trataban de escaparse; todo estaba preparado, los auxiliares (*accomplices*) de afuera esperaban; en el momento de efectuar su escape, uno dijo: «¿Y Calíbar?» Y los otros contestaron con terror: «¿Cierto! ¡Calíbar!» Sus familias persuadieron a Calíbar que estuviese enfermo cuatro días consecutivos después del escape, y así pudo efectuarse sin inconveniente.

¿Qué misterio es éste del rastreador? ¿Qué poder microscópico hay en el órgano de la vista de estos hombres? ¡Qué sublime criatura (*creature*) es la que Dios hizo a su imagen y semejanza (*likeness*)!

From *Facundo* by Domingo Faustino Sarmiento, 1845

EJERCICIOS

A. Correcciones. Each of the following sentences based on the reading contains one or more misstatements of fact. First, read the sentence as it stands, then read the corrected version in Spanish.

1. El rastreador es un descamisado argentino. **2.** El gaucho es un campesino chileno. **3.** El rastreador es una persona cómica y superficial. **4.** Calíbar era un famoso rastreador del Perú. **5.** El juez nunca aceptaba la deposición del rastreador. **6.** Calíbar encontró su montura de gala después de seis meses. **7.** Calíbar ha ejercido su oficio durante viente años consecutivos. **8.** Los prisioneros políticos se escaparon porque Calíbar era el guardia. **9.** El autor de esta selección sobre el rastreador es Rubén Darío. **10.** La pampa argentina tiene muchos árboles altos y hermosos. **11.** Los gauchos del interior nunca son rastreadores. 12. Los argentinos no respetaban al rastreador. **13.** Calíbar es un gaucho contemporáneo. **14.** Sarmiento fue presidente de Chile.

B. Comentarios. Comment briefly in Spanish on each of the following.

1. el poder del rastreador
2. el rastreador y el juez
3. la montura de gala de Calíbar
4. los prisioneros políticos
5. el gaucho argentino
6. la pampa argentina
7. el carácter del rastreador
8. la reputación de Calíbar

C. Expresiones útiles. Use each of the following in an original sentence in Spanish.

1. **de vez en cuando** from time to time
2. **se cuenta de él** they tell of him
3. **de ancho** wide
4. **sin vacilar** without hesitating

5. hacerle mal a uno   to do one harm   **7. hacer fe**   to be legal evidence

6. comprometido en su reputación
his reputation at stake

D. Preguntas

1. ¿Qué es el rastreador argentino?   **2.** ¿Por qué le tratan con tanta consideración?   **3.** Cuando hay un robo, ¿qué hace el rastreador?   **4.** ¿Quién era Calíbar?   **5.** ¿Qué hizo Calíbar cuando robaron su montura de gala?   **6.** ¿Cómo lograron escapar los prisioneros políticos?   **7.** ¿Quién es el autor de esta selección sobre el rastreador argentino?   **8.** ¿Cuántos años ha ejercido Calíbar su oficio?   **9.** ¿Existe en México la figura del gaucho?   **10.** ¿Hemos tenido rastreadores en los Estados Unidos?   **11.** ¿Por qué había tantos gauchos en la Argentina?   **12.** ¿Hemos tenido gauchos en los Estados Unidos?   **13.** ¿Por qué tiene Sarmiento tanta importancia en la historia argentina?   **14.** ¿Qué significan las palabras «civilización y barbarie» que usa Sarmiento para caracterizar los países de Latinoamérica? (Véase Lección 5.)   **15.** ¿En qué época vivía Calíbar?

E. Frases incompletas.   Complete the following statements in Spanish.

1. El rastreador argentino podía seguir _____.   **2.** El carácter del rastreador era _____.   **3.** Cuando había un robo llamaban al rastreador, quien _____.   **4.** Calíbar era un rastreador de _____ años que había ejercido su oficio durante _____ años.   **5.** Cuando encontraba al criminal, el rastreador decía _____.   **6.** Cuando la gente le hablaba a Calíbar de su reputación fabulosa, él contestaba _____.   **7.** Una vez, en un viaje a Buenos Aires, le robaron _____.   **8.** Calíbar había encontrado el rastro del ladrón después de _____.   **9.** Calíbar examinó las tapias de la viña y dijo _____.
10. Cuando Calíbar supo que los prisioneros planeaban escaparse él _____.   **11.** Sarmiento idealiza al rastreador en estos términos _____.
12. En la Argentina los rastreadores de la primera mitad del siglo pasado generalmente trataban de _____.

F. ¿Indicativo o subjuntivo?   Put the infinitives in the sentences below in the subjunctive or in the indicative as required by the context.

1. Espere usted hasta que *llegar* el jefe.   **2.** Cuando el señor Fernández *telefonear,* mi hermana no querrá hablarle.   **3.** Te acompañaré mañana si *tener* el tiempo.   **4.** Le di el cheque para que *comprarse* un traje nuevo.   **5.** Cuando *venir* la profesora, tenga la bondad de decirle que no me siento bien.   **6.** Me quedé hasta que ellos *terminar.*   **7.** Si yo *estar* en su lugar no haría eso.   **8.** Si mis amigos *llegar* hoy podremos ir con ustedes.   **9.** Cuando usted la *ver*, dígale que me espere.   **10.** Dígale a José que no *ir* esta tarde.   **11.** Siento que ustedes *haber* estado enfermos.   **12.** Le dije a mi padre que me *escribir.*   **13.** Todas las enfermeras (*nurses*) se callan cuando el médico *entrar.*   **14.** Cuando yo *recibir* noticias de ellos, te escribiré.

Diálogo

Preparen un diálogo basado en los datos siguientes.

Personajes

Tres estudiantes argentinos   **El profesor de la clase**
Tres estudiantes norteamericanos

Situación   *La sala de clase.* El profesor pregunta si ha existido en los Estados Unidos un tipo como el rastreador. Un estudiante menciona *the pathfinder.* Otro dice *the trapper.* Otro *the frontiersman.* El profesor declara que éstos no eran rastreadores. Un estudiante argentino luego recuerda que Sarmiento, en su famoso libro *Facundo,* describe cuatro tipos gauchescos: (1) el rastreador, (2) el baquiano (*the pathfinder*), (3) el gaucho malo (*the outlaw*), (4) el gaucho cantor (*the minstrel*). Otro argentino explica que estos tipos pintorescos tenían un gran valor folklórico, pero que eran enemigos del progreso.

El tercer argentino dice que Sarmiento, que inmortalizó al gaucho, le odiaba porque veía en él la barbarie de la pampa. Para progresar, la Argentina necesitaba ciudades, escuelas, leyes, policía, civilización y no barbarie. Otro estudiante dice que a veces los que no saben leer ni escribir son los creadores espontáneos de una rica tradición oral. Inventan poesías populares, música, cuentos y creencias folklóricos, tradiciones, danzas. Un argentino pregunta si ha habido tales tipos en los Estados Unidos. Hay varias respuestas. Por fin el profesor pregunta si la escuela mata a ese espíritu creador. Algunos estudiantes dicen que sí, otros dicen que no. Todos concluyen que casi siempre glorificamos nuestro pasado, porque así iluminamos el tiempo presente.

38

La poesía gauchesca

La literatura popular de Latinoamérica es muy rica y variada, sobre todo la poesía. El folklore de esta región ha producido una infinidad de coplas y canciones populares que son exquisitas. Encontramos lo mismo en todas las artes del pueblo: la música, el tejido (*weaving*), la cerámica y la pintura de los indios siempre han sido, y son todavía, artes muy vigorosas en los países del sur. Parece que cuando hay en una región una gran proporción de personas que no saben ni leer ni escribir, tienden a expresarse más espontáneamente en las artes plásticas populares o en el folklore. Como no pueden expresarse con la palabra escrita, que no entienden, se inclinan más a la proyección de sus emociones de una manera completamente natural, en la forma, el ritmo y el color. Es decir, la hermosura es una parte íntegra de la vida diaria de esta gente. En efecto, encontramos en las distintas regiones de Latinoamérica ciertas clases de personas cuya historia les ha dotado (*has*

endowed them) especialmente para la expresión artística de esta naturaleza. El gaucho argentino es uno de los ejemplos más notables.*

¿Por qué en la Argentina? Hace más de ciento cuarenta años el gran escritor de aquel país, Sarmiento,† escribió:

> ¿Qué impresiones ha de dejar en el habitante de la República Argentina el simple acto de clavar los ojos en el horizonte, y ver... no ver nada? Porque cuanto más hunde (*fix*) los ojos en aquel horizonte incierto, vaporoso, indefinido, más se aleja, más lo fascina, lo confunde y lo sume (*draw into*) en la contemplación y la duda. ¿Dónde termina aquel mundo que quiere en vano penetrar? ¡No lo sabe! ¿Qué hay más allá de lo que ve? La soledad, el peligro, el salvaje, la muerte. He aquí ya la poesía. El hombre que se mueve en estas escenas se siente asaltado de temores e incertidumbres fantásticas, de sueños que le preocupan despierto. De aquí resulta que el pueblo argentino es poeta por carácter, por naturaleza. La poesía, para despertarse (porque la poesía es, como el sentimiento religioso, una facultad del espíritu humano), necesita el espectáculo de lo bello, del poder terrible, de la inmensidad, de la extensión, de lo vago, de lo incomprensible; porque sólo donde acaba lo palpable y vulgar, empiezan las mentiras de la imaginación, el mundo ideal.

El gaucho, o «cowboy», de la Argentina tuvo su origen en la vasta pampa, que se extiende por muchas millas en todas direcciones por este gran país. La palabra «gaucho» viene de dos palabras indias: «cauchu», que significa «vagabundo», y «cachu», que significa «amigo». Durante más de doscientos años el gaucho era el vagabundo de la pampa argentina. Generalmente, era de sangre española e india, y siempre hablaba español. Era inseparable de su caballo (que llamaba su «pingo» si era muy ligero) y se alimentaba de las vacas de la pampa. Comía su carne, se sentaba en sus esqueletos, vendía sus cueros y vivía en una pobre casa de adobe en medio de la pampa donde podía fácilmente cogerlas y matarlas.

El gaucho era el nómada perfecto de los tiempos modernos. Vivía solo con su familia y rara vez iba al pueblo. A veces grupos de gauchos se reunían en la pulpería, o tienda general, pero con más frecuencia se reunían delante de la pulpería sin desmontarse del caballo, quedándose montados durante varias horas seguidas. El gaucho casi siempre llevaba su guitarra y era un

---

*Argentina's wild horses and wild cattle made possible the gaucho and his way of life. When the first settlement at Buenos Aires was abandoned in 1541, after five terrible years, forty-four horses and mares were set free to roam on the pampas. When the colony was resettled (1580), these animals had multiplied into the thousands. Cattle that escaped from other settlements in Paraguay and northern Argentina also thrived on the pampas. By 1750 there were an estimated forty-four million wild horses and cattle. They constituted Argentina's natural wealth or public domain, just as gold and silver did in Peru and Mexico. In these wild animals the gaucho had a readily available food supply and means of locomotion. He slowly overcame the Indian and pushed the frontier toward the mountains, thus securing the pampas for the big corn and wheat planters who were to follow. When barbed wire was brought in around 1845 and the pampas began to be fenced in, the gaucho started to disappear.

†Domingo Faustino Sarmiento was president of Argentina from 1868 to 1874. Prior to this he had served as Argentine ambassador to the United States, a country for which he expressed unabashed admiration. Sarmiento, who once remarked that he had modeled his life on that of Benjamin Franklin, was one of Argentina's greatest writers.

músico folklorista natural. El aislamiento en que vivía, y la inmensidad de la pampa que le rodeaba le daban un profundo sentimiento poético, y le hacían profundamente triste. Este doble carácter aparece intensamente en las siguientes canciones tomadas de una colección argentina:

> Cuando a cantar me pongo
> no tengo cuándo acabar,
> de mi pecho salen coplas
> como agua de manantial (*spring*).

O si el gaucho se refería a su «china» (su amada), expresaba los mismos sentimientos, comparando sus emociones con los elementos que conocía:

> Dicen que los ríos crecen
> cuando acaba de llover,
> así crecen mis amores
> cuando no te puedo ver.
>
> Dicen que los afligidos
> se consuelan con llorar;
> yo soy afligido y lloro
> sin poderme consolar.
>
> De las peñas nace el agua,
> de los árboles, el viento,
> de mi triste corazón
> nacieron mis sentimientos.

Naturalmente, hay grandes variaciones de ritmos en las poesías amorosas del gaucho:

> En mi pobre rancho, vidalitá,*
> no existe la calma,
> desde que está ausente, vidalitá,
> el dueño de mi alma.

El gaucho continuó la tradición española en la escena americana. Bailaba, improvisaba poesías y tocaba canciones sobre la base española. El único instrumento que tocaba era la guitarra. En las pulperías o bajo el ombú (*huge tree native to the pampas*) y más tarde en la cocina de las grandes estancias, improvisaba y cantaba sus hermosas canciones.

El gaucho tomaba muchas de sus costumbres del indio de la pampa. Una de sus armas favoritas era «las boleadoras».[†] Con este arma podía enlazar una vaca o un caballo a una distancia de doscientos o trescientos pies, y en el combate podía matar a un hombre a la misma distancia. Uno de los juegos del gaucho era correr al ñandú (*ostrich*) de la pampa con sus bolas.

---

*__Vidalitá__ = *My dear little life*. Also written without the final accent. Without its diminutive ending the word is **vidala**, the final **-la** being from the Quechua sufix **-lla**, meaning *dear*. The **vidalitá** is one of the best-known types of Argentine folk songs and dances.

[†]The **boleadoras** is a three-pronged sling, the end of each arm bearing a heavy stone. One of these is grasped in the hand and the other two whirled around the head. When released, it flies many yards and wraps itself tightly around whatever it strikes.

La bebida que le gustaba más era la yerba mate, una especie de té verde hecho de las hojas de un árbol que crece en abundancia en el Paraguay y en la Argentina. El gaucho nunca comenzaba el día sin beber un «mate amargo» (*unsweetened*).

El enemigo mortal del gaucho era el indio salvaje, contra quien sostenía una batalla constante. El indio de la pampa montaba a caballo tan bien como el gaucho y manejaba las boleadoras con igual destreza. Cuando estos dos enemigos se encontraban, uno de los dos tenía que salir muerto. Muchas veces el indio atacaba durante la noche, y para protegerse de estos ataques, o «malones», el gaucho hacía una zanja (*ditch*) ancha alrededor de su casa que el caballo no podía pasar. El indio estaba tan acostumbrado a andar montado a caballo que temía desmontarse para cruzar tales zanjas, aun cuando no tenían más que dos pies de hondo (*depth*).

En 1872 un poeta argentino, José Hernández; publicó un poema épico titulado *El gaucho Martín Fierro*, que ha llegado a ser admirado por toda Latinoamérica. En este poema Hernández presenta una síntesis de toda la poesía gauchesca. Martín Fierro pasa por todas las posibles experiencias de un gaucho de aquellos días: el juez del pueblo le manda a la frontera para luchar contra los indios, vive allí tres años en la miseria, toma parte en varias batallas y por fin se escapa y vuelve sólo para encontrar las ruinas de su casa y sin poder hallar a su familia. Después vive con los indios por algún tiempo, y tiene otras experiencias típicas de aquellos días antes de volver a la civilización. Durante todo este tiempo recuerda constantemente a su «china», o mujer, y a sus hijos. Este poema, que muchos consideran como el poema épico de la literatura gauchesca, es el «canto de cisne» del gaucho argentino.

Martín Fierro comienza la historia de su vida con el verso siguiente:

> Aquí me pongo a cantar
> al compás de la vigüela (*guitar*),
> que el hombre que lo desvela
> una pena extraordinaria,
> como la ave solitaria
> con el cantar se consuela.*

Luego da un resumen histórico de la vida del gaucho argentino y por fin narra su propia historia:

> Tuve en mi pago (*home region*) en un tiempo
> hijos, hacienda y mujer,
> pero empecé a padecer,
> y me echaron a la frontera
> ¡y qué iba a hallar al volver!
> tan sólo hallé la tapera (*ruined home*).

---

*The North American poet Joseph Auslander translated a fragment of *Martín Fierro* for the Hispanic Society in 1922. His version of the above verse is: "Here I'll start singing / To the throb of my guitar, / For the man whose head is ringing / From night to morning star / With sleepless sorrow must ere long / Like the lone bird assuage his heavy heart with song."

> Sosegao (*in peace*) vivía en mi rancho
> como el pájaro en su nido.
> Allí mis hijos queridos
> iban creciendo a mi lao (lado, *side*)...
> Sólo queda al desgraciao (desgraciado, *unlucky*)
> lamentar el bien perdido.

Describe el carácter de los gauchos en estos versos:

> Su esperanza es el coraje
> su guardia es la precaución,
> su pingo es la salvación,
> y pasa uno en su desvelo
> sin más amparo (*shelter*) que el cielo
> ni otro amigo que el facón (*gaucho knife*).

> Es triste en medio del campo
> pasarse noches enteras
> contemplando en sus carreras
> las estrellas que Dios cría,
> sin tener más compañía
> que su soledá (soledad) y las fieras (*wild beasts*).

Acerca de la «china» del gaucho, Hernández escribe muchos hermosos versos, entre los cuales encontramos el siguiente:

> Era la águila (*eagle*) que a un árbol
> dende (desde, *from*) las nubes bajó,
> era más linda que el alba
> cuando va rayando el sol,
> era la flor deliciosa
> que entre el trebolar creció.

Hay también muchos versos de un sentimiento lírico, profundo y filosófico:

> Dios formó lindas las flores,
> delicadas como son,
> les dio toda perfección
> y cuanto él era capaz (*and all else that he could*),
> pero al hombre le dio más
> cuando le dio el corazón.

> Le dio claridá (claridad) a la luz,
> juerza (fuerza, *strength*) en su carrera al viento,
> le dio vida y movimiento
> dende la águila al gusano
> pero más le dio al cristiano
> al darle el entendimiento.

El poema *Martín Fierro* llegó a ser muy popular entre los gauchos argentinos, cuya historia describe y cuyos sentimientos expresa. En el año 1879 Hernández escribió una segunda parte que es tan hermosa como la primera.

El gaucho como símbolo no ha desaparecido de la escena argentina y todavía ocupa una posición importante en la historia, la cultura, la música, la literatura y el folklore de la nación. La mejor poesía argentina es la poesía gauchesca, el mejor pintor argentino pinta tipos gauchescos, la mejor novela* del país también trata del gaucho y la música argentina refleja los tristes ritmos de sus canciones.

EJERCICIOS

A. Correcciones. Each of the following sentences based on the reading contains one or more misstatements of fact. First, read the sentence as it stands, then read the corrected version in Spanish.

1. El folklore de Latinoamérica es rico en tradiciones pero hay muy poca poesía popular. **2.** La gente que no sabe ni leer ni escribir rara vez contribuye al folklore de su región. **3.** El gaucho argentino tuvo su origen en las montañas argentinas. **4.** La palabra «gaucho» significa «enemigo». **5.** La pulpería argentina es la casa en que viven los gauchos. **6.** El gaucho vivía en una casa de piedra. **7.** Casi todos los gauchos comienzan el día con una taza de café negro. **8.** El indio siempre atacaba al gaucho durante el día, y para protegerse el gaucho encendía un fuego (*lighted a fire*). **9.** Martín Fierro era un gaucho argentino que se hizo famoso en la guerra de la independencia. **10.** El famoso poema sobre Martín Fierro apareció en tres partes. **11.** Martín Fierro amaba poco a su mujer y a su familia. **12.** El gaucho no ha tenido mucha influencia en la cultura argentina. **13.** Al gaucho le gustaba tocar la quena. **14.** El gaucho era un pastor de ovejas.

B. Comentarios. Comment briefly in Spanish on each of the following.

1. las artes del pueblo
2. la expresión espontánea
3. la proyección de las emociones
4. una parte íntegra de la vida
5. el gaucho argentino
6. la palabra «gaucho»
7. el «pingo»
8. la vida del gaucho
9. el aislamiento y la pampa
10. la tradición española
11. las costumbres de los indios
12. el enemigo mortal del gaucho
13. el poema épico de la literatura gauchesca
14. la importancia de *Martín Fierro*
15. el gaucho hoy día

C. Expresiones útiles. Use each of the following in an original sentence in Spanish.

1. lo mismo the same
2. las artes plásticas the plastic arts
3. la palabra escrita the written word
4. inclinarse más a to incline more toward

---

*Don Segundo Sombra by Ricardo Güiraldes, translated into English by Harriet de Onís, and published by Farrar and Rinehart, New York, 1935. There are some beautiful reproductions in full color of gaucho paintings by Bernaldo de Quirós in the *National Geographic* magazine, October 1933, and a new article in the *National Geographic*, October 1980.

5. **alimentarse de** to feed on
6. **a mediados de** toward the middle of
7. **rara vez** seldom

8. **montar a caballo** to ride a horse
9. **con igual destreza** with equal skill
10. **tener que salir muerto** to be dead for sure

D. Preguntas

1. ¿Qué significa la palabra «gaucho»? 2. ¿Por qué hay tanta literatura folklórica en los países del sur? 3. ¿Dónde vivía el gaucho argentino? 4. ¿Era de sangre india el gaucho? 5. ¿Qué comía el gaucho? 6. ¿Qué clase de música cantaba, y qué instrumento tocaba? 7. Explique en español lo que es una pulpería. 8. ¿Bebía el gaucho mucho café? 9. ¿Qué hacía el gaucho para protegerse del indio de la pampa? 10. ¿Quién es el autor del poema *Martín Fierro*? 11. ¿Qué clase de vida lleva Martín Fierro? 12. ¿Qué posición ocupa el gaucho en la historia argentina? 13. ¿Hay verdaderos gauchos en la Argentina hoy día? 14. ¿Cuál es el aspecto más notable y más impresionante de la pampa, segun Sarmiento? 15. ¿Qué es lo que hizo posible el gaucho y su cultura? 16. ¿Cuántos caballos y vacas había en la pampa a mediados del siglo XVIII? 17. ¿Ha habido verdaderos gauchos en los Estados Unidos? 18. ¿Cuáles son algunas de las palabras españolas que usan nuestros «cowboys»? 19. ¿Sabe usted lo que es un «rodeo»? 20. ¿En qué parte de los Estados Unidos hay una región que se parece a la pampa argentina?

E. Frases incompletas. Complete the following statements in Spanish.

1. La poesía popular (folklórica) de Latinoamérica _____. 2. Todas las artes populares reflejan _____. 3. Algunas diferencias entre el gaucho argentino y nuestro «cowboy» son _____. 4. El gaucho vivía en _____. 5. El gaucho comía _____. 6. La pulpería argentina era _____. 7. Casi todos los gauchos tenían su «china», es decir _____. 18. El gaucho generalmente bebía _____. 9. Con sus boleadoras el gaucho cazaba al _____ y enlazaba a _____. 10. En la Argentina la palabra «malón» significa _____. 11. Para protegerse de estos «malones» el gaucho frecuentemente _____. 12. El poeta argentino José Hernández en *Martín Fierro* describe _____. 13. La mejor novela gauchesca se titula _____. 14. La música y los bailes populares de la Argentina reflejan _____. 15. _____ hacían posible la vida de los gauchos argentinos. 16. Sarmiento dice que el argentino es poeta porque _____.

Diálogo

Preparen un diálogo basado en los datos siguientes.

Personajes

Cuatro argentinos   Un norteamericano
Un profesor de historia

Situación   *Una estancia argentina.* El norteamericano le da las gracias al argentino que le ha invitado a su casa. Luego hace preguntas acerca del gaucho. El profesor, padre de uno de los argentinos, explica que el verdadero gaucho dejó de existir a mediados del siglo pasado. Los otros quieren saber por qué. Otro argentino da las razones. El norteamericano pregunta si el gaucho era un tipo como el «cowboy» de su país. Los argentinos explican que el gaucho tiene una historia única, completamente distinta de la del «cowboy». El gaucho era un tipo autosuficiente (*self-sufficient*) que no trabajaba para nadie. Los caballos y las vacas de la pampa no eran la propiedad privada de nadie. Eran suyos, del gaucho, quien era el nómada de la pampa. El gaucho era inseparable de su caballo, su guitarra, su yerba mate. Para dar ejemplos de su sensibilidad poética uno de los personajes recita una estrofa de *Martín Fierro* delante de la clase. Otros dos o tres recitan versos populares que aparecen en esta lección.

APÉNDICES

Review of
Frequently Used
Expressions

This is a list of some of the most common idioms in Spanish. All of them have been used in the reading materials in this book.

a: a los dos años (días)   after two years (days); **al poco tiempo (rato)**   after (within) a short while; **al ir (llegar)**   upon going (arriving), etc., *with any infinitive;* **al día**   a day, per day; **al día siguiente**   the next day; **al año**   a year, per year

acabar de   to have just; **acabo de llegar**   I have just arrived; **acabábamos de salir**   we had just left

acerca de   concerning, about

además: además (de)   besides, in addition to, moreover; **además de eso**   besides that

ahora: ahora mismo   right now, right away; **desde ahora**   from now on

antes (de)   before, beforehand, previously; **antes de terminarlo**   before finishing it

así   this way, like this (that); **así sucesivamente**   so on and so forth

bien: tan bien como   as well as

consiguiente: por consiguiente   consequently, therefore

dar: dar(se) cuenta de   to realize, notice; **se dio cuenta de que habían salido**   he (she) realized (noticed) they had left

de: a las diez de la noche   at ten at night; **de este modo**   in this way; **de ese modo**   in that way; **de esta (esa) manera**   in this (that) way, manner

debajo de   under

dejar de   to fail to, stop; **dejó de trabajar**   he (she) stopped working; **dejó de venir**   he (she) failed to come, he (she) stopped coming

delante (de)   in front of

demás: los (las, lo) demás   the rest (of it, them), the others, the remaining ones

dentro de   inside, within

depender de   to depend on

derecha: a la derecha   on (at, to) the right

desde: desde (que)   since; **desde que vino**   since he (she) came; **desde entonces**   from then on; **desde aquel tiempo**   from that time on

después (de)   after, afterward; **después de venderlo**   after selling it

detrás (de)   behind; **detrás de la casa**   behind the house

día: al día   a day, per day; **al día siguiente**   on the following day; **todos los días**   every day; **todo el día**   all day long; **hoy día**   nowadays, at present

donde: ¿a dónde va?   where are you (is he, she) going?

echar de menos   to miss; **la echo de menos**   I miss her

embargo: sin embargo   however, nevertheless, anyhow, anyway

en: en cambio   on the other hand; **en casa**   at home; **en aquel tiempo**   at that time; **en medio de**   in the middle of; **en efecto**   actually

estar a punto de   to be about to (on the verge of); **estar seguro de (que)**   to be certain that

éxito: tener éxito   to be successful

fin: al (por) fin   at last, finally; **a fines del mes**   toward the end of the month

gustarle a uno   to please (to like); **me gustan**   I like them; **nos gusta**   we like it

hacer: hacer calor (frío)   to be hot (cold) (*weather only*); **hace dos años**   two years ago (**hace dos años que vivimos aquí**   we have been living here for two years); **se hizo médico**   he (she) became a doctor; **hacerle falta a uno**   to need (**me hacen falta dos más**   I need two more); **hacer una pregunta**   to ask a question

hay que (*plus infinitive*)   to be necessary; **hay que estudiar más**   it is necessary to study more, one must study more

hora: ¿a qué hora llegamos?   what time do we arrive?

importar   to matter; **no importa**   it doesn't matter, it doesn't make any difference; **¿qué importa?**   what difference does it make? what does it matter?

ir: vamos a comer   let's eat; **vamos a trabajar**   let's work

izquierda: a la izquierda   to (at, on) the left

llamar(se)   to be named, to be called; **se llama Juan**   he is named John; **¿cómo se llama?**   what is it (he, she) called (named)?

mandar (*plus infinitive*)   to order (to have) a thing done; **mandé hacerlo**   I had it done; **mandó arreglarlos**   he (she) had them fixed

manera: de manera que   so, so that; **de esta manera**   in this way; **de todas maneras**   at any rate, in any case; **de ninguna manera**   by no means; **de otra manera**   otherwise

mayor: la mayor parte de   most of, the greater part (majority) of; **la mayor parte de los estudiantes fueron**   most of the students went

menos: al (por lo) menos   at least; **echar de menos**   to miss

modo: de modo que   so, so that; **de este modo**   in this way; **de todos modos**   at any rate, in any case; **de ningún modo**   by no means; **de otro modo**   otherwise

parte: en (por) todas partes   everywhere; **en ninguna parte**   nowhere, anywhere; **en cualquier parte**   anywhere

pensar en   to think about (*for one's mind to dwell on*)

pesar: a pesar de   in spite of

poder: no puedo menos de decírselo   I can't help telling you (him, her) about it; **no pude más**   I couldn't stand it anymore

poner(se)   to become (*in a physical sense*); **se puso enfermo**   he (she) became ill; **poner(se) a**   to begin (**me puse a cantar**   I began to sing)

por   during, on account of; **por la mañana (tarde)**   in the morning (afternoon); **por eso (consiguiente)**   consequently, therefore; **por haberlo hecho**   on account of having done it; **por el contrario**   on the contrary; **por supuesto**   of course

primero: en primer lugar   in the first place

principio   beginning; **al principio**   at first, in the beginning; **a principios del mes**   at the beginning of the month

se: se habla español   Spanish is spoken; **se venden libros**   books are sold; **eso se hace fácilmente**   that is easily done

seguir (*plus present participle*)   to keep on *plus* -ing; **seguía leyendo**   he (she) kept on reading

sin embargo   however, nevertheless, anyhow

tal: tal vez   perhaps; **¿qué tal?**   how goes it? **¿qué tal le gusta?**   how do you (does he, she) like it?

tener: tener que   to have to; **tener calor (frío)**   to be hot (cold) (*said of persons*); **tener prisa**   to be in a hurry; **tener cuidado**   to be careful; **tener hambre (sed, miedo, sueño)**   to be hungry (thirsty, afraid, sleepy); **tiene 40 pies de alto (ancho, largo)**   it is 40 feet high (wide, long); **tiene 40 años**   he (she) is forty years old; **tiene el cuello largo**   it has a long neck; **tiene los ojos azules**   he (she) has blue eyes (his [her] eyes are blue)

todo: todo el mundo   everyone; **todos los días**   every day; **todo el día**   all day long

tomar en serio   to take seriously

tratar de (*plus infinitive*)   to try to; **¿de qué se trata?**   what's the question (matter)?

valer: valer la pena   to be worthwhile, to be worth the trouble; **no vale nada**   it is not worth anything

vamos a (*plus infinitive*)   let's; **vamos a comer**   let's eat
venir: el mes que viene   next month; **la semana que viene**   next week
vez   time; **a veces**   at times, sometimes; **alguna vez**   sometimes; **de vez en cuando**
from time to time, occasionally; **a su vez**   in his (her) turn; **en vez de**   instead of; **otra vez**   again; **rara vez (rares veces)**   seldom; **a la vez**   at the same time; **cada vez más (menos)**   more and more (less and less)
volver a (*plus infinitive*)   to _____ again; **volví a verla**   I saw her again; **volvió a llamarla**   he (she) called her again

Spanish Proverbs

Memorizing proverbs is an excellent way to learn grammar. Can you give the English equivalents of the following Spanish proverbs?

1. No es oro todo lo que reluce.
2. A quien madruga, Dios le ayuda.
3. La práctica hace al maestro.
4. Es preciso bailar al son que se toca.
5. Más vale pájaro en mano, que ciento volando.
6. Más vale tarde que nunca.
7. Poco a poco se va lejos.
8. Haz el bien, y no mires a quien.
9. Al buen entendedor, pocas palabras.
10. Piedra movediza, nunca moho la cobija.
11. A lo hecho, pecho.
12. Quien no se aventura, no cruza la mar.
13. Antes que te cases, mira lo que haces.
14. Dime con quién andas, y te diré quién eres.
15. Aunque la mona se vista de seda, mona se queda.
16. Ojos que no ven, corazón que no siente.
17. Del árbol caído, todos hacen leña.
18. De lo dicho a lo hecho, hay un gran trecho.
19. Más ablanda el dinero, que palabras de caballero.
20. Los que van por lana, vuelven trasquilados.
21. No hay tal razón, como la del bastón.
22. Más cura la dieta, que la lanceta.
23. Donde las dan, las toman. (*As ye sow . . .*)
24. No seas bobo Juan, y no te lo llamarán.
25. De enamorado a loco, va muy poco.
26. El buey suelto bien se lame.
27. Amor es demencia, y su médico, la ausencia.
28. Entre más alto se sube, más fuerte es la caída.
29. El hábito no hace al monje.
30. Más moscas se cazan con miel, que con vinagre.
31. El hombre propone, y Dios dispone.
32. Cada gallo canta en su corral.
33. Quien vive para comer, no come para vivir.
34. Más vale mal por conocido que bien por conocer.
35. Del agua mansa me libre Dios, que de la brava me libraré yo. (*Hay que desconfiar de los silenciosos.*)
36. Quien tiene saber, sabe tener.
37. A la mejor cocinera se le va un tomate entero.
38. Si el gato sale de casa, de fiesta están los ratones.
39. En boca cerrada no entran moscas.
40. Quien todo lo quiere, todo lo pierde.
41. Si se da el pie, se toma la mano.
42. Poderoso caballero es don Dinero.

Try to match the Spanish proverbs with the following English versions.

1. A bird in hand is worth two in the bush. **2.** All that glitters is not gold. **3.** Practice makes perfect. **4.** In Rome do as the Romans do. **5.** The early bird catches the worm. **6.** A rolling stone gathers no moss. **7.** Haste makes waste. **8.** Clothes do not make the man. **9.** Look before you leap. **10.** The higher they fly, the harder they fall. **11.** Don't cry over spilled milk. **12.** Nothing ventured, nothing gained. **13.** As ye sow, so shall ye reap. **14.** Birds of a feather flock together. **15.** Better late than never. **16.** A word to the wise is sufficient. **17.** Out of sight, out of mind. **18.** You can't make a silk purse out of a sow's ear. **19.** From the word to the deed is far indeed. **20.** Do unto others as you would have others do unto you. **21.** You can catch more flies with honey than with vinegar. **22.** A man's home is his castle. **23.** When the cat's away, the mice will play. **24.** Too many cooks can spoil the broth. **25.** Still waters run deep. **26.** Man proposes, God disposes. **26.** Give him an inch and he'll take a mile. **27.** A known evil is preferable to an unknown good.

Other common Spanish phrases are: **Llamar al pan, pan, y al vino, vino** (*Call a spade a spade*). **Es harina de otro costal** (*It's a horse of a different color*). **De tal palo, tal astilla** (*A chip off the old block*).

Vocabulary Review

Here is a list of common words that offer special difficulty to students.

Se *means that the verb is often reflexive;* v = *verb;* n = *noun;* adj = *adjective;* adv = *adverb;* m = *masculine;* f = *feminine.*

acá *adv* here
acercar(se) *v* to approach; to bring near
además *adv* besides; moreover
alguien someone; somebody
ambos *adj* both
añadir *v* to add
apenas *adv* scarcely; hardly
atrever(se) *v* to dare
bello *adj* beautiful
buscar *v* to look for
caer(se) *v* to fall
callar(se) *v* to be silent
cara *n* face
coger *v* to catch; to seize
cualquiera *adj, n* any; anyone
deber *v* to owe; ought, should, must
dejar (de) *v* to leave; to let; to stop; to fail to
demás *adj, n* the rest (of)
dentro inside; within
derecho *adj, n* right; straight
despertar(se) *v* to awaken
digno *adj* worthy
dolor *m* pain; sorrow
dueño, -a *n* owner
echar(se) *v* to throw; to put on; to start
entregar(se) *v* to deliver; to give; to surrender
enviar *v* to send
escuchar *v* to listen
faltar *v* to be lacking; to be missing
fe *f* faith
fondo *n* bottom; background
fuego *n* fire
fuera outside
fuerza *n* strength, force

gozar *v* to enjoy
hacia toward
huir *v* to flee
jamás *adv* never
largo *adj* long
lejos *adv* far
lugar *m* place
llegar *v* to arrive
lleno *adj* full
llevar *v* to carry; to take; to wear
llorar *v* to weep
mandar *v* to order; to send
marido *n* husband
meter *v* to put
mozo *n* boy; young man; waiter
obra *n* work
pecho *n* chest
principio *n* beginning; principle
propio *adj* ones own; proper
propósito *n* purpose
quitar(se) *v* to take away; to take off
quizá *adv* perhaps
recoger(se) *v* to gather; to pick up; to withdraw
recordar *v* to remember; to remind
según according to
semejante *adj* similar
siglo *n* century
siguiente *adj* following
subir (a) *v* to go up; to get on
suceder *v* to happen
suelo *n* ground; floor
suerte *f* luck
tal vez *adv* perhaps
tocar *v* to touch; to play
único *adj* only
verdadero *adj* real, true

Vocabulario

A

a to, at, in, after; **al** + *inf* upon + —ing (*example:* **al ir** upon going); **a los dos años** after two years

abajo below, down below; **de abajo** below

abandonar to abandon

abarcar to include, embrace

abeja bee

abierto, -a (*from* **abrir**) opened

Abisinia Abyssinia

abismo abyss, chasm, gulf

ablandar to soften

abogado, -a *n* lawyer

abrigo overcoat

abril *m* April

abrir to open; **abrir(se) paso** to cut a passage

abrupto, -a steep; rugged, abrupt

absolutamente absolutely

absolutismo absolutism

absoluto, -a absolute

absorto, -a absorbed in thought

absurdo, -a absurd

abundancia abundance

acá here

acabar to finish; **acabar de** + *inf* to have just (*example:* **acabo de llegar** I have just arrived; **acababa de llegar** I had just arrived)

académico, -a academic

accesible *adj, m and f* accessible, easy to reach

acceso access

accidente *m* accident

acción *f* action

aceite *m* oil

acento accent

aceptar to accept

acera sidewalk

acerca de concerning, about, with regard to

acercar(se) a to draw near to, approach

acertar (ie) to guess right, hit the nail on the head

aclarar to clear up

acompañar to accompany

aconsejar to advise

acordar (ue) to agree; **acordar(se) de** to remember

acortar to cut back, curtail

acostar(se) (ue) to lie down, go to bed

acostumbrado, -a accustomed

acostumbrar(se) a to become accustomed to, used to

acre *m* acre

actitud *f* attitude

activo, -a active

acto act

actor *m* actor

actriz *f* actress

actual *adj, m and f* present; of the present time

actualidad *f* present; **en la actualidad** at present

actualmente at present

acudir (a) to assist; to run to, go to
acueducto aqueduct
acuerdo agreement; **estar de acuerdo** to agree
acusar to accuse
además besides
adentro inside
administrador, -a *n* administrator
admiración *f* admiration
admirado, -a admired
admirador, -a *n* admirer
admirar to admire
admitir to admit
adobe *n, m; adj, m and f* adobe, of bricks made of adobe soil, water, and straw
adoctrinar to indoctrinate
¿adónde? where?
adoptar to adopt
adoración *f* adoration, worship
adornado, -a adorned
adornar to adorn
adorno adornment
adquiere (*from* **adquirir**) he, she, it acquires; you acquire
adquirir (ie) to acquire
adversario, -a *n* adversary
advertir (ie) to warn
aéreo, -a *adj* air; by air, aerial
aeronáutica aeronautics
aeroplano airplane
aeropuerto airport
afectar to affect
afición *f* liking; **aficionado, -a** *n* fan
afiliar(se) to join
afirmar to affirm, assent, state
afligidos, -as *n* those in distress, afflicted
afortunadamente fortunately
africano, -a *n, adj* African
afrontar to face, confront
agente *m* agent; **agente viajero** traveling salesperson
ágil *adj, m and f* agile
agitar to shake, agitate
agonía agony
agosto August
agradable *adj, m and f* pleasant, agreeable
agradecer to be grateful for
agresivo, -a aggressive

agrícola *adj, m and f* agricultural
agricultor *m* agriculturalist
agricultura agriculture
agrietar(se) to crack
agua water
águila eagle
ahora now; **ahora mismo** right now
ahorro savings, capital
aire *m* wind, air; **al aire libre** in the open
aislamiento isolation
ajedrecista *m, f* chess player
ajedrez *m* chess
ajeno, -a alien, foreign
ajuste *m* adjustment
al at the, to the; **al día** a day, per day; **al año** per year, a year; **al poco tiempo** after a short time; **al** + *inf* upon + —ing (*example;* **al llegar** upon arriving)
alarma alarm
alba dawn
alcanzar to overtake, reach
aldea village
alegría joy
Alejandro Alexander of Macedonia
alejar(se) to move away
alemán, -a *n, adj* German
Alemania Germany
alentado, -a spirited, courageous
alerto, -a alert
alfabeto alphabet
alfiler *m* pin
algo something, anything; rather, somewhat, quite
algodón cotton
alguien someone, somebody
alguno, -a some, any; *pl* a few, several
aliado, -a *n, adj* ally; allied
alimentación *f* food, meals; **mala alimentación** malnutrition
alimentar(se) to feed (oneself)
alimento food
alma soul, spirit; heart
almorzar (ue) to lunch, eat lunch
alpaca alpaca; fabric made from this animal's wool
alrededor (de) around, about
altar *m* altar
alternativa alternative

altísimo, -a very high, very tall

alto, -a loud, high, tall; **de alto** in height; **tiene 40 pies de alto** it's 40 feet high; **en alta voz** in a loud voice; **los altos** "the highlands"

altura altitude, height

alumno, -a *n* student

alza rise

alzado, -a (*from* **alzar**) raised on high

alzar to raise, lift

allá there; **más allá** further on, beyond; **más allá de** beyond

allí there; **allí mismo** right there

amable *adj, m and f* charming, friendly, hospitable

amar to love

amargo, -a bitter, unsweetened

amarillo, -a yellow

Amazonas: el Amazonas the Amazon

ambición *f* ambition

ambiente *m* scene, landscape; atmosphere

ambos, -as both

amenazar to threaten

América America

americano, -a *n, adj* American

amigo, -a *n* friend

amistad *f* friendship

amnistía amnesty

amnistiar to grant amnesty to

amo, -a *n* master, owner

amor *m* love

amoroso, -a amorous, love

amparo shelter; refuge

anales *m pl* annals

anciano, -a *adj, n* elderly person; ancient

ancho, -a wide, broad; **de ancho** in width, wide; **tiene 40 millas de ancho** it's 40 miles wide

Andalucía Andalusia (*a province in Spain*)

andando el tiempo with the passage of time

andar to walk, go

Andes: los Andes the Andes

anécdota anecdote

animación *f* animation, spirit

animal *m* animal

animoso, -a brave, spirited

anónimo anonymous

anotar to note

ansioso, -a anxious

antártico, -a antarctic

ante before

antecesor, -a *n* predecessor; *m* forefather; *pl* ancestors

anterior *adj, m and f* previous

antes (de) before, beforehand, previously

anticipación *f* anticipation; **con anticipación** in advance

anticuado, -a antiquated, old, out of date

antiguo, -a ancient, old

Antillas: las Antillas the Antilles, West Indies

antropólogo anthropologist

anual *adj, m and f* annual

anualmente annually

anunciar to announce; to advertise

añadir to add

año year; **al año** a year, per year; **todo el año** the whole year; **todos los años** every year; **en los últimos años** in recent years

aparato apparatus; **aparatos eléctricos** electrical appliances

aparecer to appear

apariencia appearance

apelar to appeal, have recourse to

apenas scarcely, hardly

aplaudir to cheer, applaud

aplicación *f* application

aplicar to apply

apoderar(se) to take possession

apoyar to support

apoyo support

apreciar to appreciate

aprender to learn

aprensión apprehension

aprisionar to imprison

aprobar to approve

aprovechamiento making use of

aprovechar to take advantage of

aproximadamente approximately

aquel (aquella, aquellos, aquellas) *adj* that, those

aquél (aquélla, *etc.***)** *pron* that one, the former, that, those

aquí here

árabe *n and adj, m and f* Arab; Arabic, Arabian

Araucana: «La araucana» "The Araucanian" (*an epic poem by Ercilla*)

Araucania Araucania, land of the Araucanians

araucano, -a *n* Araucanian Indian (*native of southern Chile*)

árbol *m* tree

Argentina: la Argentina Argentina (*South American republic*)

argentino, -a *n, adj* Argentinian; Argentine

argumentativo, -a argumentative

argumento argument

aridez *f* aridity, barrenness

árido, -a arid

aristocracia aristocracy

aristocrático, -a aristocratic

arma weapon, arm; **arma de fuego** firearm

armadillo armadillo

armadura armor

armar to arm

armonía harmony

arpa harp (*musical*)

arqueólogo archeologist

arquitecto architect

arquitectura architecture

arte *m in sing, f in pl* art

artículo article; plea

artista *n, m and f* artist

artístico, -a artistic

arrebato sudden burst or attack

arreglar to fix, arrange

arreglos arrangements

arriba up, above; upstairs; **de arriba** above

arroz *m* rice

arruinar to ruin

asado, -a roasted

asaltar to assault

asalto assault

ascender (ie) to go up; to ascend

ascensor *m* elevator

asegurar to assure, ensure

asesinar to assassinate, murder

asesinato assassination

así thus, consequently; **así como** just as; **así que** as soon as

asiento seat

asilo asylum

asisten (*from* **asistir**) they attend; **asistir a** to be present at, attend

asombrar to amaze, surprise; **asombrar(se)** to be amazed

aspecto aspect, appearance

aspirina aspirin

astronómico, -a astronomical

astuto, -a astute, keen, smart

Asunción *capital of Paraguay*

asunto matter, subject; **asuntos indios** Indian affairs

atacar to attack

ataque *m* attack; **ataque al corazón** heart attack

Atenas Athens

atención *f* attention

aterrizar to land (*an airplane*)

atestado, -a crowded, packed

atlántico, -a *adj* Atlantic

atmosférico, -a atmospheric

atraer to attract

atrás backward

atrasado, -a poor; backward; short of means

atrever(se) (a) to dare (to)

atrevido, -a valiant, bold, daring

atribuir (y) to attribute

aumentar to increase

aumento increase

aun still, even

aún yet

aunque although

ausencia absence

ausente *adj, m and f* absent

austeridad *f* austerity

auto auto, car

automáticamente automatically

automóvil *m* automobile

autonomía autonomy, self-rule

autor, -a *n* author

autoridad *f* authority

autorizar to authorize

auxiliar to aid

auxilio aid

avalancha avalanche

avanzado, -a advanced

avanzar to advance; to come forward

ave *f* bird

avenida avenue

aventura adventure

aventurero, -a *n* adventurer

avión *m* airplane; **por avión** by air, by airplane

avisar to advise, notify

avocado (aguacate *m***)**   a tropical fruit
ayer   yesterday
ayllu *m*   clan, Indian community of the
 Andean region
aymará *n, m and f*   Aymara Indian
 (*found mainly in Bolivia*)
ayuda   aid
ayudar   to help
azteca *n, m and f*   Aztec (*member of
 Indian culture group in valley of
 Mexico before Spanish conquest*)
azúcar *m*   sugar
azul *adj, m and f*   blue
azulejo   (*ceramic*) tile

B

bahía   bay, harbor
bailar   to dance
baile *m*   dance
baja   fall, decline
bajar   to go down, come down
bajo *adv, prep*   under, underneath
bajo, -a   low
balcón *m*   balcony
balsa   a native boat or raft of reeds
 used in Bolivia; balsa wood
bambú *m*   bamboo
bancario, -a   banking
bancarrota   bankruptcy
banco   bank; bench
banda   band
bandera   banner; flag
banquero   banker
banquete *m*   banquet
baño   bath
barato, -a   cheap
barba   beard
barbarie *f*   barbarism
bárbaro, -a   barbarous
barco, -a *n*   boat, barge
barriada   shantytown
barrio   neighborhood
barroco, -a   baroque; architecture of
 florid ornamentation
basado, -a   based
basar   to base
base *f*   base, basis
básico, -a   basic
bastante   quite, rather, enough, fairly;
 bastantes   quite a few
bastecido, -a   fruitful

bastón *m*   staff, cane
basura   garbage
batalla   battle
batallar   to battle; **batallar contra**   to
 fight against
baúl *m*   trunk, chest
beber   to drink
bebida   drink
bebiendo (*from* **beber**)   drinking
bélico, -a   warlike
beligerancia   belligerence
bello, -a   beautiful
benificio   benefit
benigno, -a   mild; benign
bergantín *m*   ship; brigantine
bestia   beast; **bestia de carga**   beast
 of burden
biblioteca   library
bien *m*   good thing
bien   well; **está bien**   all right
bienvenida   welcome
billón *m*   billion
bizantino,-a   Byzantine (*with reference
 to the Byzantine Empire, whose art
 and architecture flourished in the 5th
 and 6th centuries*)
blanco   target
blanco, -a   white; *m pl*   white people,
 white men
bloque   block
blusa   blouse
boca   mouth
Bogotá   *capital of Colombia*
bogotano, -a *n, adj*   citizen of Bogota;
 of Bogota
boleadoras *f pl*   bolas, stone-tipped
 lasso
Bolívar, Simón (1783–1830)   *the great
 "Liberator" of five South American
 nations*
Bolivia   *South American republic*
boliviano, -a *n, adj*   Bolivian
bolsillo   pocket
bomba   bomb
bondad *f*   kindness
bonito, -a   pretty
Borbón   Bourbon (*European dynasty*)
bordado, -a   embroidered
borde *m*   edge
bordeado, -a   bordered, lined
borracho, -a   drunk
borrar   to erase

bosque *m*   grove; forest
botella   bottle
botón *m*   button
botones *m*   bellboy
brasa   live coal, ember
brasil *m*   brazilwood; brazil (*dye*);
  rouge; **palo brasil** brazilwood; **el
  Brasil** *South American republic*
brasileño, -a *n, adj*   Brazilian
brazo   arm
breve *adj, m and f*   brief, short
brillante *adj, m and f*   brilliant, bright
brillar   to shine
brisa   breeze
bucanero *m*   buccaneer
bueno, -a   good, kind; **¡bueno!** fine,
  very well!
Buenos Aires   *capital of Argentina*
buey *m*   ox
bulto   bundle; bulk
buque *m*   ship; **buque de guerra**
  warship
burocracia   bureaucracy
burócrata *n, m and f*   bureaucrat
burro   burro
busca   search; prospecting expedition
buscador, -a *n, m and f*   hunter,
  searcher; **buscador de oro** gold
  prospector
buscar   to look for, seek

c

caballero   gentleman; knight, cavalier
caballo   horse; knight; **de tres caballos**
  three-horsepower
cabeza   head; **cabezas de ganado**
  head of cattle
cabo: llevar a cabo   to carry out
cacao   cocoa, chocolate; cocoa tree
cada   each, every; **cada vez más**
  more and more
cae (*from* **caer**)   he, she, it falls; you fall
caer(se)   to fall (down)
café *m*   coffee; café
cafetero, -a *n, adj*   coffee grower;
  coffee
cafeto   coffee tree
caída   fall; downfall
caídas: medio caídas   half in ruins
caimán *m*   alligator

caja   box; case
cajetilla   package (*of cigarettes*)
calamidad   calamity
calcular   to calculate
calendario   calendar
calentar (ie)   to heat, warm
calidad *f*   quality
cálido, -a   warm, hot
caliente *adj, m and f*   hot
calor *m*   heat
caluroso, -a   warm, hot
callar(se)   to be silent
calle *f*   street
cama   bed
camarón *m*   shrimp
cambiar   to change; **cambiar de tren**
  to change trains
cambio   change; exchange; **en cambio**
  on the other hand
caminar   to go, travel (*as a car*)
camino   road; **camino de** on the
  way to
camisa   shirt
campamento   camp; encampment
campana   bell
campanilla (*dimin of* **campana**)   little
  bell
campaña   campaign
campesino, -a *n*   farmer, country
  person
campo   field; country, countryside
canal *m*   canal
Canarias: Islas Canarias   Canary
  Islands
cancelar   to cancel
canción *f*   song, ballad, lay
candidato   candidate
caníbal *m*   cannibal, man-eater
canoa   canoe
cansado, -a   tired
cantar *v; n, m*   to sing; the singing
cantemos   let's sing
cantidad *f*   quantity, amount, sum
canto   song; **canto de cisne** swan
  song
cantor, -a *n*   singer
caña   cane; **caña de azúcar**
  sugarcane
capacidad   capacity
capaz (*pl* **capaces**)(**de**)   capable (of)
capital *f*   capital (*city*)

capital *m*   money, capital
capitán *m*   captain
capitular(se)   to surrender
capítulo   chapter
captor *m*   captor
capturar   to capture
cara   face
Caracas   *capital of Venezuela*
carácter *m*   character
característica *n*   characteristic
característico, -a *adj*   characteristic
caracterizado, -a   characterized
caracterizar   to characterize
carbón *m*   coal
cárcel *f*   jail, prison
carecer(de)   to lack
carga   load, burden
cargar   to load
carismático, -a   charismatic
carnaval *m*   carnival
carne *f*   meat
caro, -a   dear, expensive
carta   letter
carrera   career; course
carreta   wagon; large two-wheeled cart
carretera   highway
carrito   (little) car
carro   car (*Mexican*)
casa   house, home; **en casa**   at home;
   casas de departamentos   apartment
   houses; **casas de familia**   private
   homes
casado,-a   married; **los casados**
   those who are married
casar   to marry; **casar(se) con**   to
   marry, get married to
cascada   falls, cascade
cáscara   bark (*of a tree*)
casi *adv*   almost, nearly
casita   little house, cabin
caso   case, instance; **hacer caso**   to
   pay attention, notice
castillo   castle; **castillo interior**   inner
   sanctum
casucha   hovel, shack
catalogado, -a   indexed, catalogued
catástrofe *f*   catastrophe
catedral *f*   cathedral
categoría   category, class
católico, -a   Catholic
catorce   fourteen

cauchero, -a *n, adj*   rubber worker;
   rubber
caucho *n*   rubber
caudillo   leader, dictator
causa   cause; **a causa de**   because of
causar   to cause
cautiverio   captivity
cazar   to chase, hunt
celebración *f*   celebration
celebrar   to celebrate; to hold
célebre *adj, m and f*   famous, renowned
celosamente   zealously, carefully
cementerio   cemetery
cemento   cement, mortar
cena   supper
cenar   to have or eat supper
centavo   cent
centenar *m*   hundred; *pl* **centenares**
   hundreds
central *adj, m and f*   central
centralización *f*   centralization
centralizar   to centralize
centro   center
Centroamérica   Central America
cerámica   ceramic art, ceramics, pottery
   making
cerca   fence; hedge
cerca (de)   near, close to
cereal *m*   cereal
ceremonia   ceremony
ceremonial *adj, m and f*   ceremonial
cerveza   beer
cerviz *f*   neck; cervix
cerrar (ie)   to shut
cerro   hill
César   Caesar
cesta   basket
cielo   sky
cien   a hundred
ciencia   science
cien(to)   a hundred; **por ciento**   percent
cierto, -a   certain, a certain
cifra   amount; figure
cigarrillo   cigarette
cigarro   cigar
cinco   five
cincuenta   fifty
cinta   ribbon
círculo   circle; club
cisne *m*   swan; **canto de cisne**   swan
   song

citar to quote
ciudad f city; **ciudad universitaria** university city, campus
ciudadano,-a n citizen
civilización f civilization; **civilización madre** mother culture
civilizar to civilize
claridá (*for* **claridad**) f brightness, splendor
claro, -a clear; **¡claro!** of course!, sure!
clase f kind; class
clásico, -a classic; architecture characteristic of the Greeks and Romans
clavar to focus; to pin
clima m climate
climático, -a climatic
clínica clinic
club m club
cobijar to cover
cobre m copper
coca coca (*a plant from which cocaine is produced*)
cocaína cocaine
cocer (ue) to cook
cocina kitchen
cocinar to cook
coco coconut
coche m coach; car
coger(se) (de) to grab, seize; to catch
cohesión f cohesion
cola tail
colección f collection
colectar to collect
colectivo, -a collective
colina hill
colocar to place
Colombia *South American republic*
colombiano, -a n, adj Colombian
Colón Columbus
colonia colony, settlement; colonial period
colonial adj, m and f colonial
colonización f colonization
colonizador, -a n colonizer
colonizar to colonize
color m color; **gente de color** people of some race other than white
colorado, -a red; ruddy; m pl red men
coloso colossus

columna column
comarcano, -a neighboring
combate m combat; fight
combatir to combat
combatividad f combativeness
combinación f combination
combustible m fuel
comenzar (ie) to begin, commence
comer to eat
comercial adj, m and f commercial
comerciante n, m and f trader; merchant
comercio commerce, trade
comestible adj, m and f edible; n, m food, foodstuff
cometer to commit; to perpetrate
comida meal, dinner, food
comiendo (*from* **comer**) eating
comité committee
como as, like, as if, about
¿cómo? how? what? how's that? what do you mean?
comodidad f convenience, comfort
cómodo, -a comfortable
compañero, -a n companion
compañía society; company
comparación f comparison; **en comparación** by comparison
comparado, -a compared
comparar to compare
compás m sound, measure, beat; **al compás de** to the beat of
compatriota n, m and f compatriot
complejo complex
completamente completely
completo, -a complete
complicar to complicate
cómplice accomplice
componer(se) de to consist of
composición f composition, makeup
comprar to buy
comprender to understand; to consist of
comprensión f understanding
comprometido, -a at stake
compuesto,-a composed
computadora computer
común adj, m and f common
comunal adj, m and f communal; common
comunicación f communication

comunidad *f* community
comunismo communism
comunista *n and adj, m and f*
  communist
con with; **con tal de que** provided
  that
concentración *f* concentration
concesión *f* grant, concession
concluir (y) to conclude
conclusión *f* conclusion
concreto, -a concrete
conde *m* count
condesa countess
condición *f* condition
conducir to lead, conduct; to drive
confiscar to confiscate
conflicto conflict
confort *m* comfort
congreso congress
conmigo with me
conocer to know, be acquainted with
conocido, -a known
conquista conquest
conquistado, -a conquered
conquistador, -a *n* conqueror;
  conquistador
conquistar to conquer
consecuencia consequence; issue
conseguir (i) (de) to obtain (for);
  to achieve, attain; to manage to,
  succeed in
consejo advice
conservador, -a *n* conservative (*pol*)
conservar to preserve
considerable *adj, m and f* considerable
considerar to consider
consigo with him, her, you, them
consiguiente: por consiguiente
  consequently
consistir (de) to consist (of)
consolación *f* consolation; **sin
  consolación** unconsolably
consolar(se) (ue) to console (oneself)
consolidar to consolidate
constante *adj, m and f* constant
constantemente constantly
constar de to consist of
constitución *f* constitution
constituir (y) to constitute
constituye (*from* **constituir**) he, she, it
  constitutes; you constitute

constituyen (*from* **constituir**) they,
  you constitute
construcción *f* construction, building
constructor, -a *n* builder
construído, -a constructed, built
construir (y) to build, construct
cónsul *m* consul
consulado consulate
consultar to talk over, consult
consumir to consume
consumo consumption
consunsión *f* consumption
contacto contact
contagioso, -a contagious
contar (ue) to tell; to count
contemplar to contemplate, gaze at
contemporáneo, -a *n, adj*
  contemporary
contener (ie) to contain
contentar a to gratify, please
contento, -a happy, satisfied
contestar to answer
contigo with you
continental *adj, m and f* continental
continente *m* continent
continuación *f* continuation
continuar to continue
continuo, -a continuous
contra against; **en contra de** against
  (+ *object*)
contrario, -a contrary; **al contrario** on
  the contrary, on the other hand
contraste *m* contrast
contribución *f* contribution
contribuir (y) to contribute
control *m* control
controlar to control
convencer to convince
convento convent
conversación *f* conversation
conversar to converse
convertir (ie) to convert; **convertir(se)**
  to be converted
convicción *f* conviction, certainty
cooperar to cooperate
cooperativo, -a cooperative
copa cup, glass of wine
copiar to copy
copiosamente copiously
copla couplet; popular song
coraje *m* courage

corazón *m* heart; **ataque al corazón** heart attack
cordialidad *f* cordiality
cordialmente cordially
cortar to cut
corte *f* court; *m* cut
Cortés Cortez (*conqueror of Mexico*)
cortesía courtesy
corredor *m* corridor
corregir to correct
correr to run; to chase
corresponder to correspond; to be one's share or due; **corresponden al maíz** they are turned over to (are devoted to) corn
corriente *adj, m and f* running; current
corrompido, -a corrupt
corrupción *f* corruption
corrupto, -a corrupt
cosa thing
cosecha harvest
cosmopolita *adj, m and f* cosmopolitan
costa coast, shore; cost
costar (ue) to cost
costarricense *n and adj, m and f* Costa Rican
costo cost
costumbre *f* custom, habit
creador, -a *n, adj* creator; creative
crear to create
crecer to grow
crecido, -a well-developed, tall, large
crecimiento growth
crédito credit
creer to believe, think; **ya lo creo** I think so; **¡ya lo creo!** I should say so!
cría raising
criado, -a *n* servant
criar to create; to rear, nurture
criatura creature
cristianizar to Christianize
cristiano, -a Christian, person
Cristo Christ
Cristóbal Christopher
crítica criticism; censure
criticar to criticize
cronológicamente chronologically
crucificado, -a crucified
cruel *adj, m and f* cruel
crueldad *f* cruelty
cruzar to cross

cuadrado *n* square
cuadro picture, painting
cual which; **el (la) cual** the one which, who; **los (las) cuales** the ones which, who
¿cuál? which one? what?
cualquier, -a any; **cualquiera** anyone
cuando when
cuanto, -a how much; all that; **¿cuántos, -as?** how many?
cuarenta forty
cuartel *m* armed camp; barracks
cuatro four
cuatrocientos, -as four hundred
cubano, -a *n, adj* Cuban
cubierto, -a (de) covered (with)
cubrir(se) to cover (oneself)
cucaracha cockroach
cuello neck; throat
cuenta bill; **dar(se) cuenta de** to realize
cuentista *n, m and f* short-story writer
cuento short story
cuerno horn
cuero hide, pelt; leather; rawhide
cuerpo body
cuesta (*from* **costar**) it costs
cuestión *f* question, matter, subject
cuidado care; **tener cuidado** to be careful; **¡cuidado!** look out!
cuidar to take care of
culpa blame; **tener la culpa** to be at fault
culpable *adj, m and f* guilty, culpable
cultivado, -a cultivated
cultivar to cultivate, till
cultivo cultivation; crop, harvest
culto, -a highly educated, cultured, refined
cultura culture
cultural *adj, m and f* cultural
cumplir to fulfill, comply, keep (*a promise*)
cuna cradle; source
cura *m* priest; *f* cure
curar to cure; **curar(se)** to be cured, recover, cure oneself
curiosidad *f* curiosity; souvenir
curso course
cuyo, -a whose
Cuzco: el Cuzco Cuzco (*capital of the Inca Empire*)

Ch

chaqueta   coat, jacket
charlar   to chat
chicle *m*   gum, chicle
chiclero   chicle worker, the person who extracts the chicle, or gum
chico, -a *n, adj*   boy, girl; small
Chichén Itza   *ancient Mayan ceremonial center in Yucatan*
Chile   *South American republic*
chileno, -a *n, adj*   Chilean
china   sweetheart, "girl"
chirimoya   a tropical fruit
chocar   to crash into, collide against, run into
chocolate *m*   chocolate

D

dado a conocer   made known
danza   dance
danzar   to dance, perform a dance
daño   harm; damage
dar   to give; **dar fin a**   to end, finish; **dar de comer**   to feed, give food to; **dar(se) cuenta de**   to notice, realize; **dar vergüenza**   to be shameful; **dar un paseo**   to take a walk
Darío, Rubén (1867–1916)   *Latin America's most famous poet*
datar   to date (from); to take origin
datos *m, pl*   data
de   of, from, than, to, in, on, by
debajo (de)   under, underneath
deber   ought, must, should; to owe; *noun*   duty
debido, -a   due; **debido a**   due to, on account of, owing to
débil *adj, m and f*   weak
debilitar(se)   to get weak
década   decade
decaer   to decline
decaimiento   decline
decidir   to decide
decir (i)   to say, tell; **es decir**   that is to say
decisión *f*   decision
decisivo, -a   decisive
declarar   to declare; **declarar la guerra contra**   to declare war against

decoración *f*   decoration
decorar   to decorate, adorn
decorativo, -a   decorative
dedicado, -a   given over to, devoted
dedicar   to devote, dedicate
dedo   finger
defender (ie)   to defend, protect
defensa   defense
definidamente   definitely
definido, -a   definite
dejar   to let, allow, leave, permit; to let alone; **dejar de**   to stop, fail, set aside
del   of the, from the
delante (de)   in front of, before
delicado, -a   delicate
delicioso, -a   delicious; fragile; exquisite
delimitar   to demark, mark the boundaries of; to demarcate
demanda   demand
demandar   to demand
demás: los (las) demás   the rest, others, remaining
demasiado *adv*   too, too much; **demasiado, -a** *adj*   too much; **demasiados, -as**   too many
democracia   democracy
democrático, -a   democratic
demográfico, -a   concerning population
demostración *f*   demonstration
dende (*for* **desde**)   from, since
dentro   inside, within; **dentro de**   within, inside of, in the course of
denunciar   to denounce
departamento   apartment; department; **casas de departamentos**   apartment houses
depender (de)   to depend (on)
deporte *m*   sport
depósito   deposit
depresión *f*   depression
deprimir   to depress
derecha   right (*pol*)
derecho, -a   right; straight; **a la derecha**   to the right
derechos *m, pl*   rights
derribar   to overthrow
derrocar   to overthrow
derrota   defeat
derruídas: medio derruídas   half in ruins
desafortunadamente   unfortunately

desagradable *adj, m and f*
disagreeable, unpleasant
desagradecido, -a ungrateful
desaparecer to disappear
desaparición *f* disappearance
desarmado, -a unarmed
desarrollar to develop
desarrollo development, growth
desastre *m* disaster
desastroso, -a disastrous
desbarbado beardless
descansar to rest
descanso rest
descendencia descent
descender (ie) to descend
descenso decline
desconfianza distrust
desconocido, -a unknown
descontento, -a discontented
describir to describe
descripción *f* description
descubierto, -a discovered
descubridor, -a *n* discoverer
descubrimiento discovery
descubrir to discover, find out, learn
desde (que) from since; **desde aquel
tiempo** from that time on; **desde
entonces** from then on
desear to desire, want, wish
desembarcar to disembark
desempleado, -a *n* unemployed person
desempleo unemployment
desenvuelto, -a free; graceful
deseo desire
desertar (ie) to desert, abandon
desesperación *f* desperation
desesperado desperate
desfile *m* parade
desgracia misfortune; **por desgracia**
unfortunately
desgraciadamente unfortunately
desgraciao (*for* **desgraciado**) person
in distress
desierto desert
desierto, -a deserted, lonely
desilusión *f* disillusion
desilusionado, -a disillusioned
desintegrar to disintegrate
desmontar(se) to dismount
desnudo, -a nude, bared
desorganizado, -a (*from* **desorganizar**)
disorganized

despacio slowly
despedir (i) to fire, dismiss
despegar to take off (*airplane*)
despertar(se) (ie) to wake up; to
awaken
despierto, -a awake
desplomar to collapse
despojar to despoil, rob
después (de) after, afterward; next
destino destiny
destreza skill; dexterity
destrozado, -a (*from* **destrozar**)
destroyed
destrozar to destroy
destructivo, -a destructive
destruído, -a destroyed
destruir (y) to destroy
destruye (*from* **destruir**) he, she, it
destroys; you destroy
desunión *f* disunion; discord
desvelar to keep awake
desvelo sleepless hours
detallado, -a detailed
detalle *m* detail
detener(se) (ie) to stop, detain; to
arrest
detenido, -a arrested
determinar to decide, determine
detrás (de) behind, back of
deuda debt
devorar to devour, swallow up
día *m* day; **hoy día** at present,
nowadays; **al día siguiente** on the
following day; **al día** a day, per day
diamante *m* diamond
diario, -a daily
diciembre *m* December
dictador *m* dictator
dictadura dictatorship
dicho, -a said; **mejor dicho** rather
diecinueve nineteen
dieciocho eighteen
dieciséis sixteen
diecisiete seventeen
diente *m* tooth
dieron (*from* **dar**) they, you gave
diez ten; **diez y seis** sixteen; **diez y
siete** seventeen; **diez y ocho**
eighteen; **diez y nueve** nineteen
diferencia difference
diferenciar to differentiate
difícil *adj, m and f* difficult

dificultad *f* difficulty
dignidad *f* dignity
digno, -a worthy
dilema dilemma
diligencia stagecoach
dimensión *f* dimension; magnitude
dinámico, -a dynamic
dinamismo dynamism
dinero money
dio (*from* **dar**) he, she, it, you gave
Dios *m* God
diplomático, -a diplomatic
diputado member of Congress
dirección *f* direction; address
directamente directly
directo, -a direct
dirigir to direct; **dirigir(se) a** to head for, go to; to address; to manage
discutiendo discussing
discutir to discuss; to argue
disensión *f* dissension, strife
disentería dysentery
diseño design
disolución *f* dissolution, breakup
disparidad *f* disparity; inequality
disputa dispute
disputar to argue, dispute
distancia distance
distinguido, -a distinguished
distinguir to distinguish, recognize
distinto, -a different, distinct, definite
distribución *f* distribution; division
distribuir (y) to distribute
distribuyen (*from* **distribuir**) they, you distribute
distribuyó (*from* **distribuir**) he, she, it, you distributed
distrito district, region
divertir (ie) to amuse, entertain; **divertir(se)** to enjoy oneself, have a good time
dividir to divide
divinidad *f* divinity, god
divino, -a divine
divorcio divorce
doble *adj, m and f* double
doblemente doubly
doce twelve
docena dozen
dócil *adj, m and f* docile
documento document
dólar *m* dollar

dolor *m* pain; **dolor de cabeza** headache
Dom = Don Mr. (*Portuguese*)
doméstico, -a domestic
dominar to dominate
dominio domination, dominion, rule
don, Don Mr.
donde where; **en donde** where
Dorado: El Dorado the man of gold, the land of gold
dorado, -a golden
dormir (ue) to sleep; **dormir(se)** to go to sleep
dos two; **los (las) dos** both of them, both
doscientos, -as two hundred
dosis *f, sing and pl* dose
dotado, -a (de) endowed (with), gifted (with)
dotar to endow
dote *n, m and f* dowry
dramático, -a dramatic
droga drug
duda doubt
dudar to doubt
dudoso, -a doubtful
dueño, -a *n* owner, master, mistress
dulce *adj, m and f* sweet
duplicado, -a duplicated
durante during, for
durar to last
durmiente *m* railroad crosstie
duro, -a hard

E

e and (*before words beginning with* **i** *or* **hi** *but not* **hie**)
economía economy
económicamente economically, financially
económico, -a economic
Ecuador: el Ecuador *South American republic*
ecuatoriano, -a *n, adj* Ecuadorian
echar to throw, send off, cast; **echar abajo** to overthrow; **echar mano a** to grab, grasp; **echar de menos** to miss; **echar la vista** to take a look; **echar a perder** to ruin
edad *f* age; **Edad Media** Middle Ages
edificar to erect, build

edificio building; **edificios de oficinas** office buildings
editor *m* editor
educación *f* education
educar to educate
efecto effect; **en efecto** in fact, indeed
efectuar to effect, carry out; to do
eficaz *adj, m and f* efficient
Egipto Egypt
ejecución *f* execution
ejecutar to execute
ejemplo example; **por ejemplo** for example
ejercer to exercise; to manifest
ejército army
ejido public commons, public land
él (ella, ellos, ellas) he (she, they), it, him (her, them)
el (la, los, las) *def art* the; that, those; **el (la, los, las) que** the one (ones) who
elástico, -a elastic
elección *f* election
electo, -a elected, elect
eléctrico, -a electric, electrical
elegir to elect
elemental *adj, m and f* elementary
elemento element
elevación *f* elevation, altitude
elevar to elevate, raise
elogiar to praise
ella she, it, her
ello it, this
ellos, -as they, them
embajada embassy
embajador *m* ambassador
embarcar(se) to embark
embargo: sin embargo however, nevertheless
emblema *m* emblem, symbol
emoción *f* emotion
empeorar(se) to get worse
emperador *m* emperor
empezar (ie) to begin
empleado, -a *n* employee
emplear to use, employ
empleo job, employment
empresa business, enterprise
empresario entrepreneur
empujar to push, shove

emulsión *f* emulsion
enamorar(se) (de) to fall in love (with)
encantador, -a charming, lovely
encarcelamiento imprisonment
encarcelar to put in jail
encargar to charge with
encender (ie) to light
encerrar (ie) to enclose, shut in, imprison
encima (de) over, above, on
enclavado, -a perched high
encomendar to turn over to
encontramos (*from* **encontrar**) we find
encontrar (ue) to find, meet, encounter
encuentra (*from* **encontrar**) he, she, it finds; you find
enemigo, -a enemy
energía energy
enero January
enfadar(se) to get angry
enfermedad *f* sickness, disease
enfermo, -a sick, ill; **poner(se) enfermo** to get sick, become ill
enfrentamiento confrontation
enfrentar to confront
engañar to deceive
enlazar to rope, snare; to bind, link
enorme *adj, m and f* enormous, immense
enredar to entangle; to involve in difficulties
enriquecer to enrich; **enriquecer(se)** to become rich
ensalada salad
ensayista *n, m and f* essayist
ensayo essay
enseñar to teach, show
entender (ie) to understand
entendimiento understanding; intellect; mind
enteramente entirely
entero, -a entire
enterrado, -a buried
enterrar to bury
entonces then, next; **desde entonces** from then on
entrada entrance
entrante *adj, m and f* following, coming
entrañas bowels; (*figurative*) heart
entrar to enter, come in, get in
entre between, among

entregar   to deliver, give to
entrelazar   to intertwine
entretanto   meanwhile
entretener (ie)   to entertain
entrevista   interview
entusiasmado, -a   enthusiastic
entusiasmo   enthusiasm
entusiasta *adj, m and f*   enthusiastic
enviado, -a   sent
enviar   to send
épico, -a   epic
epífita   epiphyte, plant that lives off the air
episodio   episode, event
época   epoch, era
equitativamente   equitably, fairly
era (*imperf tense of* **ser**)   he, she, it was; you were
erguido, -a   erect, unbowed
erupción *f*   eruption
erradicación *f*   eradication
error *m*   error, mistake
es (*from* **ser**): **es decir**   that is to say, that is
esa   that (**ésa**   that one)
escala   scale; **hacer escala**   to make a stop
escapar(se)   to escape, get away
escena   scene
escenario   scene
esclavitud *f*   slavery
esclavo, -a *n*   slave
escoger   to select, choose
escribir   to write
escrito, -a   written
escritor, -a *n*   writer
escritura   handwriting
escuchar   to listen to
escuela   school; **escuela de verano**   summer school
escultura   sculpture, sculpturing; carved work
ese (esa, esos, esas)   that, those
ése (ésa, ésos, ésas)   that one, those
esencial *adj, m and f*   essential
esfuerzo   effort; courage; spirit
esmeralda   emerald
eso   that; **por eso**   therefore, consequently
esos, -as   those
espacio   space

espada   sword
espalda   back; **dar la espalda**   to turn one's back on
España   Spain
español, -a *n, adj*   Spaniard; Spanish
esparcir   to scatter
espárrago   asparagus
especial *adj, m and f*   special
especialista *n, m and f*   specialist
especializar(se)   to specialize, major in
especialmente   especially
especie *f*   kind; sort; class
específico, -a   specific
espectáculo   spectacle; show; pageant
espectador, -a *n*   spectator
esperanza   hope
esperar   to wait for, hope, expect; **cuando menos lo espera**   when he, she least expects (you least expect) it
espeso, -a   thick, dense
espíritu *m*   spirit
espiritual *adj, m and f*   spiritual
esplendor *m*   splendor
espontáneamente   spontaneously
espontáneo, -a   spontaneous
esposo, -a   husband, wife, spouse
esqueleto   skeleton
esquimal *adj and n, m and f*   Eskimo
esquina   corner
esta   this
ésta   this, this one; the latter
está (*from* **estar**)   he, she, it is; you are
estable *adj, m and f*   stable
establecer   to establish
establecimiento   establishment
estación *f*   station; season (*of the year*)
estado   state; **los Estados Unidos (de Norteamérica)**   United States; **estado de sitio**   martial law
estallido   loud report (*as of a firearm*)
estampilla   stamp
estancia *Arg*   country estate
estanciero *Arg*   estate owner; farmer; rancher
estaño   tin
estar   to be; **estar a punto de**   to be on the point of
estas   these
estatal   of the state
estatua   statue
este *m*   East

este (esta, estos, estas) *dem adj* this, these

éste (ésta, éstos, éstas) *dem pron* this one, these; the latter (ones)

estilo style; **por el estilo** of the same kind, of a similar nature

estimulante *adj, m and f* stimulating

estimular to stimulate

estímulo stimulus

estío summer; **en pleno estío** in the middle of summer, in midsummer

esto this

estorbar to hinder, block, obstruct

estos these

estraordinario (*for* **extraordinario**) extraordinary

estratégico, -a strategic

estrecho, -a narrow

estrella star

estrofa verse

estudiante *n, m and f* student

estudiar to study

estudio study

estúpido, -a stupid

estuvo (*pret tense of* **estar**) he, she, it was; you were

etcétera etc., etcetera

eterno, -a eternal

Europa Europe

europeo, -a *n, adj* European

evidente *adj, m and f* evident

evitar to avoid

evocar to call forth, evoke

exactamente exactly

exacto, -a exact, accurate

exageración *f* exaggeration

exagerar to exaggerate

exaltar to exalt; to praise, elevate

examinar to examine

exceder (a) to exceed

excelente *adj, m and f* excellent

excéntrico, -a eccentric, odd, queer

excepción *f* exception

excepto except

excesivo, -a excessive

exclamar to exclaim

excluir (y) to exclude

exento, -a free

exigir to demand, require

exilar to exile

exilio exile

existir to exist

éxito success

éxodo exodus

exorbitante *adj, m and f* exorbitant

expedición *f* expedition

experiencia experience

experimentar to experiment

experto, -a *n, adj* expert

explicación *f* explanation

explicar to explain

explorador, -a *n* explorer

explorar to explore

explotación *f* exploitation

explotador, -a *n* exploiter

explotar to explode; to exploit

exponer to expose

exportación *f* export

exportado, -a exported

exportar to export

expresar to express

expresión *f* expression

expulsar to expel

exquisito, -a exquisite, beautiful

extender(se) (ie) to extend, spread

extensamente extensively

extensión *f* expanse; extent; parcel; extension; capacity

extenso, -a extensive

exterior *n, m* exterior; *adj, m and f* foreign

exteriormente externally

externo, -a foreign; external

extiende (*from* **extender**) he, she, it extends; you extend

extraer to extract

extranjero, -a *n, adj* foreigner; stranger; foreign; **en el extranjero** abroad

extraño, -a strange, odd

extraordinario, -a extraordinary

extravagante *adj, m and f* extravagant

extraviarse to get lost, go astray, get off the track

extremadamente extremely

extremo *n* extreme

F

fábrica factory

fabricación *f* manufacture

fabricar to make, manufacture

fábula fable
fabuloso, -a fabulous
fácil *adj, m and f* easy
facilitar to facilitate; to furnish
fácilmente easily
facón *m* gaucho knife
factor *m* factor
facultad *f* faculty
fachada facade
falda skirt
falta lack; **hacerle falta a uno** to need, lack
faltar to lack; to be lacking; **faltarle a uno** to need, lack
fallar to ruin
fama fame; reputation
familia family
familiar *adj, m and f* familiar; of or pertaining to the family (**la vida familiar** family life)
famoso, -a famous
fanáticamente fanatically
fantástico, -a fantastic, incredible
farmacia pharmacy
fatiga fatigue
fatigado, -a tired
favorito, -a favorite
fazenda (*Portuguese*) country estate or **hacienda**
fe *f* faith; evidence
febrero February
febrilmente in a frenzy, feverishly
fecha date
feliz *adj, m and f* happy
felizmente happily, fortunately
femenino, -a feminine, female
fenómeno phenomenon (*pl* phenomena)
feo, -a ugly
feria fair
fértil *adj, m and f* fertile
ferrocarril *m* railway
fetiche *m* fetish
feudal *adj, m and f* feudal
ficción *f* fiction
fiebre *f* fever
fiera wild beast
fiesta fiesta, fair, celebration
figura figure
filibustero filibuster; soldier of fortune
filosofía philosophy
filosófico, -a philosophic, philosophical

fin *m* end; **por fin** finally, at last; **en fin** in short; **al fin y al cabo** in the long run; **a fines de** at the end of
finalmente finally
finca farm
firmar to sign
firme *adj, m and f* firm
firmemente firmly
físico, -a physical
flamenco flamingo
flauta flute; **flauta de caña** reed flute
flexible *adj, m and f* flexible
flor *f* flower
florecer to bloom, flourish
foco focus; seed
folklore *m* folklore
folklorista *n, m and f* folklorist
fomentar to promote, encourage, foster
fondo bottom; *pl* funds; **al fondo** in the background
fonéticamente phonetically
fonético, -a phonetic
forma form, manner
formación *f* formation
formar to form, make, create
formidable *adj, m and f* formidable
fornido, -a lusty, strong
fortaleza fortress
fortuna fortune
forzar (ue) to force
fotingo jalopy, rattletrap
fotografía photograph
francamente frankly
francés, -a *n, adj* Frenchman, Frenchwoman; French
Francia France
franciscano, -a *n, adj* Franciscan
franco, -a frank; *n, m* franc
franqueza frankness
fraternidad *f* brotherly love, fraternity
frecuencia frequency; **con frecuencia** frequently
frecuentemente frequently
fresco, -a cool, fresh; *n, m* fresco (*a painting on freshly spread plaster*)
fricción *f* friction
frigorífico meat-packing plant
frijol *m* bean
frío, -a cold; **tener frío** to be cold (*people*); **hacer frío** to be cold (*weather only*)

frito, -a   fried
frontera   frontier, border, boundary
fruta   fruit
frutal *adj, m and f*   fruit-bearing; *n, m*
   fruit tree
fruto   fruit
fue (*pret tense of* **ser**)   he, she, it was;
   you were
fuego   fire; **Tierra del Fuego**   *see*
   tierra
fuente *f*   fountain
fuera   outside
fuerte *adj, m and f*   strong
fuerza   force, strength
fumar   to smoke
función *f*   function; performance
funcionar   to work, function
funcionario *n*   official
fundación *f*   founding, establishment
fundamental *adj, m and f*   fundamental
fundamentalmente   fundamentally
fundar   to found
fundo (*Chilean*)   country estate *or*
   hacienda
funerales *m, pl*   funeral services,
   funeral
furia   fury
furioso, -a   furious
furtivo, -a   furtive
fusil *m*   rifle, gun
fusilar   to shoot, execute by shooting
fútbol *m*   football, soccer
futuro   future

G

galeón *m*   galleon (*nautical*)
gallina   chicken
ganadería   cattle raising
ganado   livestock, cattle; **cabezas de**
   ganado   head of cattle
ganancia   profit
ganar   to earn, win, gain, make;
   ganar(se) la vida   to earn a living
garantizar   to guarantee
gasolina   gasoline
gastar   to spend, expend
gasto   expense
gauchesco, -a   gauchesque, of the
   gauchos, relating to gauchos
gaucho, -a (*Arg*)   gaucho, cowboy

gendarme *m*   gendarme, policeman;
   soldier
generación *f*   generation
general *m*   general; **por lo general**
   generally
generalmente   generally
género   genus; kind; **género humano**
   human race
genio   genius
gente *f*   people; race; **gente de color**
   people of some race other than white
geografía   geography
geográficamente   geographically
geográfico,-a   geographic
geógrafo *n, m and f*   geographer
gesto   face, countenance, visage
globo   balloon, globe; **sin globo**   with
   no balloon bag
gloria   glory, fame
glorificar   to glorify
gobernador, -a *n*   governor
gobernante   person governing
gobernar (ie)   to govern
gobierno   government
golpe *m*   blow; coup
goma   gum; **goma de mascar**
   chewing gum
gordo, -a   fat
gota   drop of water
gótico, -a   Gothic
gozar   to enjoy
gracia   grace; **gracias**   thanks
grado   degree
gradualmente   gradually
graduar(se)   to graduate, take a degree
gran *adj* (*used only before m and f sing*
   nouns)   great, large
grande *adj, m and f*   great, big; **más**
   grande   larger, largest
grandeza   grandeur; greatness
grandilocuente *adj, m and f*
   grandiloquent
grano   grain
grave *adj, m and f*   grave, serious
gravemente   gravely, seriously
Grecia   Greece
griego, -a   Greek
gritar   to shout
grito   shout
grotesco, -a   grotesque
grupo   group

guanábana a tropical fruit

guanaco wild animal belonging to the llama family

guano guano, fertilizer, bird droppings

guardar to keep; to guard, watch

guardia protection; guard

Guatemala *Central American republic; the capital city bears the same name*

guatemalteco, -a *n adj* Guatemalan

guerra war

guerrero, -a *n* fighter, warrior

guía *m* guide

guiar to pilot (*a plane*); to guide; to manage

guitarra guitar

gusano worm

gustar to please; **no me gustan nada** I don't like them at all

gusto taste; pleasure; **tengo mucho gusto en conocerle** I'm glad to know you

H

ha (*from* **haber**) he, she, it has; you have; **ha (han) habido** there has (have) been

Habana: La Habana Havana (*capital of Cuba*)

haber to have (*as auxiliary*); **hay que** + *inf* one must, it is necessary; **haber de** to be to, must

habido: ha habido there has (have) been

habilidad *f* skill, ability

habitación *f* room

habitáculo dwelling

habitado, -a inhabited

habitante *m* inhabitant; native

habitar to inhabit

hábito habit

hablar to speak

hace ago (*in expressions of time*)

hacendado big landowner; rancher

hacer to make, do; **hacer calor (frío)** to be hot (cold) (*said of the weather*); **hacer caso** to pay attention to; **hace dos años** two years ago; **hacer fe** to be legal evidence; **hacer(se)** to become

hacia *prep, adv* toward, about, around

hacienda hacienda, country estate; (*gaucho term*) cattle

hallar to find

hambre *f* hunger; **tener hambre** to be hungry

haraposo, -a ragged

hasta down to, until, as far as, up to; even

hato (*Venezuelan*) country estate

hay (*from* **haber**) there is, there are; **¿qué hay?** what's the matter?; **hay que** it is necessary, one must

he aquí here is

hectárea hectare (*2.471 acres*)

hecho fact

helénico, -a *n, adj* Hellenic

Helvetia Switzerland

hemisferio hemisphere

heno hay

herencia heritage, inheritance

herir (ie) to wound

hermano, -a *n* brother; sister

hermoso, -a beautiful

hermosura beauty

héroe *m* hero

heroico, -a heroic

hervir (ie) to boil

hierba weed

hierbabuena mint, peppermint

hierro iron

higiene hygiene

hijito, -a (*dimin of* **hijo, -a**) little child; little son; little daughter

hijo, -a *n* son; daughter; *m, pl* children

hilar to spin thread

hinchado, -a bruised, swollen

hinchar to swell, bruise

hispano, -a *n, adj* Hispanic, Spanish

Hispanoamérica Hispanic America

historia history; story

historiador, -a *n* historian

histórico, -a historical

hogar home; **sin hogar** homeless

hoja leaf

hombre *m* man

homogéneo, -a homogeneous; of one race or blood

hondo, -a deep; **de hondo** in depth (**tiene once pies de hondo** it is eleven feet deep)

hondureño, -a *n, adj*   Honduran
honor *m*   honor
honorario, -a   honorary
honrado, -a   honest, honorable
honrar   to honor
hora   hour, time; **por hora**   per hour
horizonte *m*   horizon
horrible *adj, m and f*   horrible
horror *m*   horror
horrorizar   to appal
hospital *m*   hospital
hostilidad *f*   hostility
hotel *m*   hotel
hoy   today; **hoy día**   at present; **hoy mismo**   this very day
huaso   Chilean cowboy
hubo (*pret tense of* **haber**)   there was, there were
huelga   strike
huésped *m*   guest
huevo   egg
huipil *m*   huipil (*a blouse, usually with fancy embroidery work; Guatemala*)
huir (y)   to flee
humanidad *f*   humanity
humano, -a   human
húmedo, -a   humid
humilde *adj, m and f*   humble, poor
humo   smoke
hundir(se)   to sink, submerge

I

Iberoamérica   Latin America
iberoamericano, -a *n, adj*   Latin American
idea   idea
ideal *m*   ideal
idealista *n and adj, m and f*   idealist; idealistic
idéntico, -a   identical
identificar(se)   to identify oneself
ideológico, -a   ideological
idiota *n and adj, m and f*   idiot; idiotic
iglesia   church
ignorancia   ignorance
ignorante *adj, m and f*   ignorant
ignorar   not to know; to be unaware of
igual *adj, m and f*   equal
igualar   to equal
igualdad *f*   equality

igualmente   equally
ilimitable *adj, m and f*   limitless, boundless
ilusión *f*   illusion
imaginación *f*   imagination
imaginario, -a   imaginary
imbécil *n and adj, m and f*   fool, imbecile; foolish, imbecilic
imitar   to imitate
impacientar(se)   to vex; to become impatient
impaciente *adj, m and f*   impatient
impecable *adj, m and f*   impeccable, faultless
impedir (i)   to impede; **impedir el paso**   to block the passage
imperialista *n, m and f*   imperialist
imperio   empire
imperioso   imperious
impersonalidad *f*   impersonality, impersonal quality
imponente *adj, m and f*   imposing
imponer   to impose
importación *f*   import
importado, -a   imported
importador *m*   importer
importancia   importance
importante *adj, m and f*   important
importar   to matter; to import; **no importa**   it doesn't matter, it doesn't make any difference
imposible *adj, m and f*   impossible
impresión *f*   impression
impresionar   to impress
improvisar   to improvise, extemporize
impuestos *m, pl*   taxes
inauguración *f*   inauguration
inaugurar   to inaugurate
inca *n, m and f*   Inca (*member of ancient Indian culture group of the Andes*)
incapacidad   incapacity
incapaz (*pl* **incapaces**) *adj, m and f*   incapable
incendiaro   incendiary
incertidumbre *f*   uncertainty
incierto, -a   uncertain
incipiente *adj, m and f*   incipient
inclinar(se) a   to be inclined to
incluir (y)   to include
incluso   including

incluye (*from* **incluir**)   he, she, it includes; you include
incomparablemente   incomparably
inconfundible *adj, m and f* unmistakable
incorporado, -a   incorporated
increíble *adj, m and f*   incredible
incursión *f*   foray, attack, raid
indefinido, -a   vague, indefinite
independencia   independence
independiente *adj, m and f* independent
indicar   to indicate, point to
indígena *adj and n, m and f* indigenous, native
indigenista *adj, m and f*   indigenous, native
indio, -a *n, adj*   Indian
indirectamente   indirectly
individual *adj, m and f*   individual, personal
individuo, -a *n*   individual
indocumentado, -a   undocumented
indómito, -a   indomitable, untamed
inducir   to induce
indudablemente   indubitably, undoubtedly
indumentaria   dress, clothes
industria   industry
industrial *adj, m and f*   industrial
industrialización *f*   industrialization
industrializado, -a   industrialized
infeliz *adj, m and f*   unhappy
infértil *adj m and f*   arid, infertile, barren
influencia   influence
influyente *adj, m and f*   influential
informar   to inform, keep informed
informe *m*   report (*pl* information)
inglés, inglesa *n, adj*   English
ingreso   income; entry
iniciar   to begin, initiate
injusticia   injustice
injusto, -a   unjust
inmediatamente   immediately
inmediato, -a   immediate
inmensidad *f*   immensity, vastness
inmenso, -a   immense
inmigrante *n, m and f*   immigrant
innumerable *adj, m and f*   innumerable
inocente *adj, m and f*   innocent
inquietar   to disturb, make uneasy

inquisición *f*   inquisition
insaciable *adj, m and f*   insatiable, greedy
insecto   insect
insensible *adj, m and f*   insensitive
inseparable *adj, m and f*   inseparable
insertar   to insert
insignificante *adj, m and f*   insignificant
insistir (en)   to insist (on)
inspiración *f*   inspiration
inspirado, -a   inspired
instabilidad *f*   instability
instalar   to install
instante *m*   instant; **al instante**   at once
institución *f*   institution
instrumento   instrument
insufrible *adj, m and f*   unbearable, intolerable
insultar   to insult
intacto, -a   intact, untouched
íntegro, -a   integral, essential
intelectual *adj, m and f*   intellectual
inteligente *adj, m and f*   intelligent
intensamente   intensely
intensidad *f*   intensity
intenso, -a   intense
intento   intent
intercambio   exchange
interés *m*   interest
interesante *adj, m and f*   interesting
interesar   to interest
ínterin *m*   interim; meanwhile
interior *n, m; adj, m and f*   interior
interminable *adj, m and f*   interminable, endless
interno, -a   internal
interpretación *f*   interpretation
intérprete *n, m and f*   interpreter
intervenir (ie)   to intervene
interrogar   to question, interrogate
interrumpir   to interrupt
íntimo, -a   intimate
intolerante *adj, m and f*   intolerant
introducción *f*   introduction
introducir   to introduce
inundación *f*   flood, inundation
inundar   to flood
inútil *adj, m and f*   futile, useless
inutilizado, -a   made useless
invadir   to invade

inventar to invent
inventor, -a *n* inventor
inversión *f* investment
invertir to invest
investigar to investigate
invierno winter
ir to go; **ir(se)** to go, go away; **vamos** let's go; **vamos a** + *inf* let's + *inf*; **ir de mal en peor** to get worse and worse, go from bad to worse
ira ire, wrath, anger
Irlanda Ireland
irlandés, irlandesa *n, adj* person from Ireland; Irish
irónico, -a ironic
irrigación *f* irrigation
irrigar to irrigate
irritado, -a irritated
isla island
istmo isthmus
Italia Italy
italiano, -a *n, adj* Italian
izquierdo, -a left; **a la izquierda** to the left

J

jabón *m* soap
jactar(se) to boast, brag
jaguar *m* jaguar
jamás ever, never
jardin *m* garden
jefe, -a chieftain, chief; **jefe de la familia** head of the family
jeroglífico, -a hieroglyphic
Jesucristo Jesus Christ
jesuita *n, m; adj, m and f* Jesuit
Jesús Jesus; **la Compañía de Jesús** the Society of Jesus
joven *adj and n, m and f* young; young man, young lady
joya jewel
juego game
juerza (*for* **fuerza**) strength
juez *m* judge
jugar (ue) to play
julio July
junio June
junta military clique, junta
junto, -a together, united

jurisdicción *f* jurisdiction
justicia justice
justificar to justify
justo, -a fair, just
juventud *f* youth
juzgar to judge; to render judgment on

K

kilo kilogram (*2.2 lbs.*)
kilómetro kilometer (*1,000 meters, or ⅝ mile*)

L

la the, the one, her; **la de** that of; **la que** the one who
labio lip
lado side; **al otro lado** on the other side
ladrillo brick
ladrón, ladrona *n* robber, thief
lagarto lizard
lago lake
lágrima tear
lamentable *adj, m and f* deplorable, lamentable
lamentación *f* lamentation, wail
lamentar to lament, grieve, mourn, bemoan
lana wool, fur
lanceta surgical lancet, knife
lanza spear, lance
lao (*for* **lado**) side
largo, -a long; **de largo** in length (**tiene tres pies de largo** it is three feet long); **a lo largo de** along, through
las the, the ones, them; **las de** those of, these of
lástima pity; **es lástima** it is a pity
lata can
latino, -a *n, adj* Latin
Latinoamérica Latin America
latinoamericano, -a *n, adj* Latin American
lavar to wash
le him, her, you; to him, to her, to you
lección *f* lesson
lector, -a *n* reader

lectura reading
lechuga lettuce
leer to read
legal *adj, m and f* legal
legalizar to legalize
legislatura legislature
legumbres *f pl* vegetables
lejos far, far off; **a lo lejos** in the distance
lengua language; tongue
leña firewood
letra letter; words (*of a song*)
levantar to raise, build; **levantar(se)** to get up
ley *f* law
leyenda legend
leyendo (*from* **leer**) reading
leyó (*from* **leer**) he, she, it read; you read
liberal *n, m and f* liberal (*pol*)
liberar to free
libertad *f* liberty, freedom
libertador, -a *n* liberator
libertar to liberate, free
libra pound
librar to set free
libre *adj, m and f* free; **libremente** freely
libro book
licenciado, -a *n* lawyer
líder *m* political leader
ligero, -a swift, light, active
limeño, -a *n, adj* person from Lima; from Lima
limitado, -a restricted, limited
limpio, -a clean, neat
lindo, -a beautiful, pretty
línea line
lingote *m* ingot
lingüista *n, m and f* linguist
lírico, -a lyric
literario, -a literary
literatura literature
lo the, him, it, you; **lo de** the affair of; **lo que** what; **todo lo que** all that
loco, -a *n, adj* crazy person; crazy
locomotora locomotive, railroad engine
lograr to achieve, manage
lotería lottery
lucha struggle, fight

luchar to fight, struggle
luego next then; **luego que** as soon as
lugar *m* place; **en primer lugar** in the first place
luna moon
luz *f* light

Ll

llama *f* llama (*South American animal of the sheep family*)
llamar to call; **llamar(se)** to be named, be called; **¿Cómo se llama... ?** What is the name of . . . ?
llanero, -a *n* plainsman; plainswoman
llano plain
llegada arrival
llegar to reach, arrive (at); **llegar a ser** to become, get to be
llenar to fill
lleno, -a full
llevar to wear; to lead, carry, bear, take; **llevar(se)** to carry off
llorar to weep, cry
llover (ue) to rain
lluvia rain

M

Macedonia Macedonia (*birthplace of Alexander the Great*)
machete *m* machete
machismo male dominance
madera wood; **maderas** timbers
madre *f* mother; **madre patria** mother country
Madrid *capital of Spain*
maestro, -a *n* teacher; master
mágico, -a magic
magnate *m* magnate
magnífico, -a magnificent
maguey *m* the century plant
Mahoma Mohammed
maíz *m* corn, maize
malaria malaria
maleta valise, suitcase
malo, -a bad, sick, mean, evil, poor
malón *m* sudden attack by Indians

Malvinas: las islas Malvinas, las Malvinas   the Falkland Islands
manantial *m*   spring; source; stream
Manaos   *city in Brazil, especially famous about 1900 as world center of rubber tree growth*
mandar   to order; to send
mandioca   manioc
manejador *m*   manager
manejar   to manage
manera   manner, way; **a la manera de** in the manner of; **de esta manera**   in this way, manner; **de ninguna manera** by no means; **de otra manera** otherwise; **de manera que**   so, so that; **de todas maneras**   at any rate, anyhow
mango   a tropical fruit
mano *f*   hand; **a mano**   by hand
manta   blanket
mantener (ie)   to keep up, maintain
mantequilla   butter
manufacturado, -a   manufactured
manufacturero, -a   manufacturing
manuscrito   manuscript
manzana   apple
mañana   morning; tomorrow; **por la mañana**   in the morning
mapa *m*   map
máquina   machine
mar *m or f*   sea
maravilloso, -a   marvelous
marca   mark; trademark
marcapaso   pacemaker
marcar   to mark, mark off
marcha   progress; march; course; **poner en marcha**   to get moving ahead
margarita   daisy
margen *m or f*   bank, edge, margin
marido   husband
mariguana   marijuana (*a plant containing an opiate*)
marinero, -a *adj*   marine; sea, nautical; *n, m*   sailor
mármol *m*   marble
mártir *m*   martyr
más   more, most; **más altas**   higher; **más de**   more than; **más grande** largest; **más tarde**   later on
masa   mass

mascar   to chew
masculino, -a   masculine, male
masivo, -a   massive
matar   to kill, slay
mate: yerba mate   green Paraguayan tea
matemáticas *f pl*   mathematics
materia   matter, stuff; **materia vegetal** vegetable matter
material *n, m; adj, m and f*   material
materialismo   materialism
materialista *n and adj, m and f* materialist; materialistic
matricular(se)   to register, matriculate, enroll
máximo, -a   maximum
maya *adj and n, m and f*   Mayan (*ancient Indian culture of Central America and Yucatan; member of this culture group*)
mayor *adj, m and f*   greater, larger, older; **mayor parte**   majority, greater part, most of
mayoría   majority
mayormente   mainly
me   me, to me, myself
mecánico, -a *adj*   mechanical; *n, m* mechanic
mediados: hasta mediados de   until the middle of; **a mediados de**   toward the middle of
mediante   by means of, by, through
medicina   medicine
médico, -a *n*   doctor
medio   middle; means; **por medio de** through, by means of; **en medio de** in the middle of
medio, -a   middle, half; **a medias**   fifty-fifty; **Edad Media**   Middle Ages
mejor *adj, m and f*   better, best; **mejor dicho**   rather
mejorar   to improve
melancolía   melancholy, sadness
melodía   melody, melodiousness
melodioso, -a   melodious
melón *m*   melon
memoria   memory; **de memoria**   by heart; **libro de memorias**   book of memoirs or recollections
mencionar   to mention
mendigo, -a *n*   beggar
menonita *n and adj, m and f*   Mennonite

menor *adj, m and f* slightest; lesser, younger, smaller
menos less, least; except; **al menos** at least; **por lo menos** at least; **echar de menos** to miss; **no poder menos de** not to be able to help
mensajero, -a *n* messenger
mentalidad *f* mentality
mentira lie, deception; illusion
menudo, -a small; **a menudo** often, frequently
mercado market
mercancías *f pl* merchandise, wares, goods
merecer to deserve, be worthy of
mérito merit
mermelada marmalade
mero, -a mere, simple
mes *m* month; **al mes** a month, per month; **todos los meses** every month
mesa table, desk
mesero waiter
mestizo, -a *n* mestizo (*person of mixed Indian and white blood*)
metal *m* metal
meter to put in; to get into
método method
metrópoli *f* metropolis
mexicano, -a *n, adj* Mexican
México *Latin American republic*
mezclado, -a mixed
mi my
mí me
miedo fear; **tener miedo** to be afraid
miembro member
mientras (que) while
mies *f* harvest; *pl* cornfield
mil *m* a thousand
Milano Milan (*city in northern Italy*)
militar *adj, m and f* military
milla mile
millar thousand
millón *f* million
mimbre *m* liana, heavy vine
mina mine
mineral *m* mineral
minería mining
miniatura miniature (*art*)
mínimo, -a minimum
ministro cabinet minister, secretary (*government*)

minoría minority
minuto minute
mirar to look (at)
mire (*from* **mirar**) look!
misa mass (*religious service*)
miserable *adj, m and f* miserable
miseria misery, wretchedness
misión *f* mission
mismo, -a same, very; **a sí mismos** to themselves, by themselves; **él (ella) mismo, -a** he (she) himself (herself); **yo mismo** I myself
mitad *f* one-half, half
modelo model
modernidad *f* modernity
modernista *adj, m and f* modernistic
moderno, -a modern
modo means; **de otro modo** otherwise; **de modo que** so, so that, **de ningún modo** by no means, not at all; **de todos modos** at any rate, anyhow
moho moss
molestado, -a annoyed
molestia trouble
momento moment, time
monarca *m* monarch
monasterio monastery
moneda coin
monje, -a *n* monk; nun
mono monkey
monótono, -a monotonous
montado, -a mounted; **montado a caballo** on horseback
montaña mountain
montañoso, -a mountainous
montar to mount, ride; **montar a caballo** to ride a horse
Montevideo *capital of Uruguay*
montón *m* pile, heap
monumento monument
moral *f* morality; morals; moral
morir(se) (ue) to die
mortal *adj, m and f* mortal, deadly
mosaico mosaic (*a pattern of small designs or pictures*)
mosca fly
mostrar (ue) to show
motivo motive; motif
motor *m* motor
mover (ue) to move; **mover(se)** to move, stir

movimiento movement
mozo, -a *n* boy; girl; *m* waiter
muchacho, -a *n* boy; girl
muchísimo, -a (*superlative of* **mucho, -a**) very much
mucho, -a much, a lot, great, a great deal
mudéjar *adj, m and f* Moorish (*under Christian rule*)
muebles *m pl* furniture
muere (*from* **morir**) he, she, it dies; you die
muerte *f* death
muerto, -a dead
muestra sample
mujer *f* woman, wife
mula mule
multiplicar(se) to multiply
mundial *adj, m and f* world; **Guerra Mundial** World War
mundo *n* world; **todo el mundo** everybody
municipal *adj, m and f* municipal; **palacio municipal** city hall
mural *adj, m and f* mural (*of or pertaining to a wall*)
muralla *n* wall
murió (murieron) (*from* **morir**) he, she, it, you died (they, you died)
murmuración *f* complaint; murmur
murmurar to whisper, mutter, murmur
muro wall; rampart
música music
músico, -a *n* musician
musulmán, musulmana *adj, n* Moslem
mutuo, -a mutual, reciprocal
muy very

N

nacer to be born
nación *f* nation
nacional *adj, m and f* national
nacionalidad *f* nationality
nada nothing; anything
nadie no one, nobody; anyone
Nahua *Mexican culture group*
naranja orange
naranjo orange tree
narcótico, -a narcotic
narcotráfico drug traffic

nariz *f* nose
narrar to narrate, relate
nativo, -a *adj* native
natural *n and adj, m and f* native, inhabitant; natural
naturaleza nature
naturalmente naturally
naufragado, -a shipwrecked
naufragar to be shipwrecked, be wrecked
náusea nausea
navegable *adj, m and f* navigable
navegar to navigate
nebuloso, -a nebulous
necesario, -a necessary
necesidad *f* necessity
necesitar to need
negar (ie) to deny; **negar(se) a** to refuse to
negociar to negotiate
negocio busness; affair; *pl* business; **hombre de negocios** businessman
negro, -a *adj, n* black; black person
nervio nerve; energy; muscle
neto, -a net
ni neither, nor, not even; **ni... ni** neither . . . nor
nicaragüense *n and adj, m and f* Nicaraguan
nido nest
nieto, -a *n* grandchild
nieve *f* snow
ninguno, -a any, not any, none; neither one
niño, -a *n* child
nitrato nitrate
nivel *m* level; standard
nivelar to level
noble *adj, m and f* noble
nocturno, -a night
noche *f* night
nómada *n and adj, m and f* nomad; nomadic
nombrar to name, appoint
nombre *m* name
nordeste *m* Northeast
normal *adj, m and f* normal
noroeste *m* Northwest
norte *m* North
norteamericano, -a *n, adj* North American

nos us, to us, ourselves
nosotros, -as we, us
nota grade (*scholastic*)
notable *adj, m and f* notable, outstanding
notar to notice; **se nota** he, she, it appears, stands out, is noticed; you appear, stand out, are noticed
noticia, noticias news
notificar to notify
novecientos, -as nine hundred
novela novel
noventa ninety
nube *f* cloud
nuestro, -a our, ours; **el (la) nuestro, -a** ours
nueve nine
nuevo, -a new; **Nuevo Mundo** New World; **de nuevo** again, anew
número number
numeroso, -a numerous
nunca never

Ñ

ñandú *m* (*South American*) ostrich

O

o or, either
objetar to object to
objeto object; **objeto de cerámica** piece of pottery
obra work
obrar to work
obrero, -a *n* worker
obscuro, -a dark (*see* **oscuro**)
observar to observe, notice
observatorio observatory
obstáculo obstacle
obstinación *f* obstinacy
obtener (ie) to get, obtain
obtiene (*from* **obtener**) he, she, it obtains; you obtain
ocarina ocarina, whistling pot
ocasión *f* occasion; opportunity
occidental *adj, m and f* western, occidental
oceánico, -a *adj* oceanic, ocean
océano *n* ocean
octubre October

ocultar to hide
ocupar to occupy
ocurrir to occur
ochenta eighty
ocho eighty
ochocientos, -as eight hundred
odiado, -a hated
odiar to hate
odio hatred
oeste *m* West
ofensiva offensive
oferta offer
oficial *m* official
oficina office; **edificio de oficinas** office building
oficio office (*position*); job, profession
ofrecer to offer
oír to hear
ojo eye
oleoducto pipeline
olor *m* smell, scent, fragrance; **oloroso, -a** fragrant
olvidar to forget; **olvidar(se) de** to forget about
olla pot, pan, olla, large vessel of pottery or porcelain
ombú *m* *a huge gnarled tree native to the pampas*
once eleven
ópera opera
operación *f* operation
oportunista *n, m and f* opportunist (*pol*)
oposición *f* opposition
opositor, -a *n* opponent
opresión *f* oppression
optar por to opt for, choose
opuesto, -a opposite; facing
orden *n, m and f* order
ordinariamente ordinarily
ordinario, -a ordinary
organización *f* organization
organizador, -a *n* organizer
organizar to organize
orgullo pride
oriental *adj, m and f* oriental; **Indias Orientales** East Indies
oriente *m* East
origen *m* origin
original *adj, m and f* original
ornamentación *f* ornamentation

ornamentado, -a ornamented, decorated
ornamento ornament
oro gold
orquesta orchestra
orquídea orchid
osar to dare
oscuro, -a dark, dim
otoño autumn
otro, -a other, another
oveja sheep
oxígeno oxygen
oyeron (*from* **oír**) they, you heard

P

paciencia patience
pacificar to paficy
Pacífico Pacific
padecer to suffer
padre *m* father; *pl* parents
pagar to pay
página page
pago pay; home region; **justo pago** fair payment
país *m* country
paisaje *m* landscape
paja straw; thatch
pájaro bird
palabra word; speech
palacio palace; **palacio municipal** city hall
Palestina Palestine
palma palm
Palos *port in Spain*
pampa pampas, prairie, plain
pan *m* bread; **pan dulce** sweet roll
panadero, -a *n* baker
panorama *m* background, panorama
pantalones *m pl* pants, trousers
paño cloth
papa potato
papaya *a tropical fruit*
papel *m* paper; **hacer un papel** to play a part, cut a figure
paquete *m* package, packet
par *m* pair; couple; **de par en par** wide open
para in order to, for, by
paradoja paradox

Paraguay: el Paraguay *South American republic*
paraguayo, -a *n, adj* citizen of Paraguay; Paraguayan
paralelo, -a parallel; similar
parálisis *n, f* (**sing and pl**) paralysis
paralizar to paralyze
Paraná *river in Paraguay and Argentina*
parasítico, -a parasitic
parcialmente partially, partly
parecer to appear; to look like; to seem; **le parece al latino** it seems to the Latin (to be); **parecer(se) a** to resemble; **al parecer** apparently
pared *f* wall
parlamento parliament
parque *m* park, garden; **parque zoológico** zoo, zoological garden
parte *f* part; **en (de, por) todas partes** everywhere; **la mayor parte** the majority, most of, the greater part; **en ninguna parte** nowhere, anywhere; **en muchas partes** in many places; **de parte de** on the part of
participar to participate, take part; **participan poco** they, you take little part
particular *adj, m and f* private; **estancia particular** private estate
partida game; departure
partido party (*pol*)
pasado past
pasajero, -a *n* passenger
pasar to pass, go, spend (*time*); to pass away, leave; **¿qué pasa?** what's the matter? what's going on?
paso passage; step, **abrir(se) paso** to cut a passage
pastilla cake, piece; **pastilla de jabón** cake of soap
patata potato
paternalista *adj, m and f* paternalistic
patio patio, interior courtyard
patológico, -a pathological, morbid
patria native country; fatherland
patrimonio patrimony; inheritance
patriota *n, m and f* patriot
patrón, patrona *n* patron; boss
paulista paulist, *inhabitant of São Paulo*

pausa pause, freeze
paz *f* peace
Paz: La Paz *capital of Bolivia*
pecado sin
pecho breast, chest
pedazo piece
pedir (i) to ask for, demand; to order
pegajoso, -a sticky
película film, movie
peligro danger
peligrosamente dangerously
peligroso, -a dangerous
pelota ball; baseball
pena pain, grief, sorrow; penalty; **vale la pena** it's worth the trouble, it's worthwhile
penetrante *adj, m and f* penetrating
penetrar to penetrate
península peninsula
peninsular *adj, m and f* peninsular
penoso, -a trying, painful
pensador, -a *n* thinker
pensamiento thought
pensar (ie) to think, believe, intend; **pensar en** to think of, intend to
pensión *f* pension; boarding house
pensionado, -a pensioned
pensionista retiree
peña cliff, rock
peón *m* peon, farm worker, day laborer
pequeño, -a small
pera pear
perder (ie) to lose; to miss
pérdida loss
perdonar to pardon, forgive
peregrino, -a *n* pilgrim
perfección *f* perfection
perfeccionamiento perfection
perfectamente perfectly
perfecto, -a perfect
periódico newspaper, periodical
periodista *n, m and f* journalist
período period, time, epoch
permanente *adj, m and f* permanent
permitir to permit, allow
pero but
perpetuo, -a perpetual
persa *n and adj, m and f* Persian
persistir to persist
persona person, individual

personaje *m* character
personal *adj, m and f* personal
personalidad *f* personality
personalmente personally
persuadir to persuade
pertenecer (a) to belong (to)
Perú: el Perú Peru (*South American republic*)
peruano, -a *n, adj* native of Peru; Peruvian
perverso, -a perverse; stubborn; wicked
perro dog
pesar *m* grief
pesar to weigh; **a pesar de** in spite of
pescar to fish; to catch a fish
pestañear to wink, blink
petróleo oil, petroleum
pico peak
pictórico, -a pictorial
pie *m* foot; bottom; **a pie** on foot; **al pie de** at the bottom (foot) of; **de pie** standing; **poner(se) de pie** to stand up
piedra stone
piel *f* hide, skin
piloto pilot
pingo courser, horse, good horse
pino pine
pintado, -a painted
pintar to paint
pintor, -a *n* painter
pintoresco, -a picturesque
pintura painting
pirámide *f* pyramid
pirata *m* pirate
piratería piracy
pisada footstep; the invader's footstep
pisado, -a trampled on, trod upon
pisar to tread, trample on
piso floor
pistola pistol
plan *m* plan, design
planchado, -a ironed, pressed
planchar to iron, press
planear to plan
planta plant
plantación *f* plantation
plantador, -a *n* planter
plantar to plant

plástico, -a   plastic

plata   silver

plátano   banana; *in some countries, the large banana, which is usually baked or cooked and not eaten raw*

plateresco, -a   plateresque; *architecture resembling silver plate—that is, heavily ornate*

platino   platinum

plato   dish

plaza   plaza, square

pleito   legal proceedings, litigation, lawsuit

pluma   pen; plume, feather

plumaje *m*   plumage

pluralismo   system (*pol*) characterized by many parties

población *f*   population; people

poblar   to populate, colonize

pobre *adj, m and f*   poor

pobreza   poverty

poco, -a   little; **poco a poco**   little by little, gradually, slowly

pocos   few

poder *m*   power

poder (ue)   to be able, can; **no poder más**   not to be able to endure more; **no se puede**   one cannot

poderoso, -a   powerful

poema *m*   poem

poesía   poetry; *pl* poems, poetical works

poeta *m*   poet

poético, -a   poetic

polarizar   to polarize

policía *m*   police officer; *f* police force

policíaco, -a   police

política   policy; politics; **política del buen vecino**   good-neighbor policy

político, -a   political

Polonia   Poland

polvo   dust; powder; **polvo medicinal**   medicinal powder

polvorizar   to pulverize

pompa   pomp, ceremony

Pompeyo   Pompey

poncho   poncho (*large South American blanket and wrap, with hole in center for the head*)

poner(se)   to put (on); to become; **poner(se) de pie**   to stand up; **poner(se) a**   to begin

popular *adj, m and f*   popular

popularidad *f*   popularity

populoso, -a   populous, thickly populated

por   through, throughout, in, for, by, on account of; **por eso**   therefore, consequently; **por avión**   by airplane; **por la mañana (tarde)**   in the morning (afternoon)

porción *f*   portion, share, part

porque   because; so that

por qué   why

porteño, -a *n*   inhabitant of "the port" of Buenos Aires

portugués, portuguesa *n, adj*   Portuguese

porvenir *m*   future

posibilidad *f*   possibility

posible *adj, m and f*   possible

posiblemente   possibly

posición *f*   position

postre *m*   dessert

potable *adj, m and f*   drinkable

potencialmente   potentially

pozo   well

práctica   practice

practico, -a   practical

precarlo, -a   precarious

precaución *f*   precaution, caution

precio   price

precioso, -a   precious, darling

precipitoso, -a   precipitous, steep

preciso, -a   precise, exact; necessary

predominante *adj, m and f*   predominant

predominar   to predominate

preferido, -a   favorite; preferred

preferir (ie)   to prefer

pregunta   question; **hacer una pregunta**   to ask a question

preguntar   to ask

premio   prize

prenda   article of clothing

prensa   press

preocupación *f*   preoccupation

preocupar   to preoccupy

preparar   to prepare; **hizo preparar**   he, she, it, you had (ordered) prepared

presa   dam, bit; ditch

presencia   presence

presenciar   to witness, see; to attend

presentar   to present

presente *n, m; adj, m and f*   present (*time*)
presidencia   presidency
presidente *m*   president
presión   pressure
presionar   to pressure
preso, -a *n*   prisoner, one imprisoned
préstamo   loan
prestar   to lend
presunción *f*   presumption, presumptuousness
presupuesto   budget
primario, -a   primary
primavera   spring, springtime
primero, -a   first
primitivo, -a   primitive
princesa   princess
principal *adj, m and f*   principal (one)
principalmente   mainly; principally
principio   beginning; principle; **al principio**   at first, in the beginning
prisa   haste, hurry; **tener prisa**   to be in a hurry; **con mucha prisa**   in a great hurry
prisión *f*   prison
prisionero, -a *n*   prisoner (*military*)
privado, -a   private
privilegiado, -a   privileged
privilegio   privilege
probabilidad *f*   probability
probablemente   probably
probar   to prove
probidad *f*   integrity, probity
procesión *f*   procession, parade
proceso   process
proclamar   to proclaim, name
procurar   to try
producción *f*   production
producir   to produce
productivo, -a   productive
producto   product
produjo (*pret tense of* **producir**)   he, she, it, you produced
profecía   prophecy
profesional *adj, m and f*   professional
profesor, -a *n*   professor, college teacher
profundamente   profoundly; a great deal
profundidad *f*   depth
profundo, -a   deep, profound
progresar   to progress, make progress

progresista *adj, m and f*   progressive
progresivo, -a *adj*   progressive
progreso   progress
prohibición *f*   prohibition
prohibir   to forbid, prohibit
promesa   promise
prometer   to promise
promisión: tierra de promisión   promised land
promulgar   to announce, promulgate
pronto   soon, quickly; **de pronto**   suddenly
pronunciación *f*   pronunciation
pronunciar   to pronounce
propaganda   propaganda
propicio, -a   propitious
propiedad *f*   property; ownership
propietario, -a *n*   owner
propio, -a   own; one's own; self; proper
proponer   to propose
proporción *f*   proportion
proposición *f*   proposition
propósito   purpose, intention
propuesta   proposition, offer, proposal
prosa   prose
prosaico, -a   prosaic
prosperar   to prosper
prosperidad *f*   prosperity
próspero, -a   prosperous
proteccionista   protecionist
proteger(se)   to protect (oneself)
protegido, -a   protected; subsidized
proveer   to provide
provincia   province; **de provincia** provincial; **pueblos de provincia** provincial towns
provocar   to provoke
próximo, -a   next; near
proyección *f*   projection
proyectar   to plan, design
proyecto   project
prueba   proof
publicación *f*   publication
publicar   to publish
público, -a   public; common; **a la vista del público**   in public, in public view
pueblo   people, folk; village, town; **pueblos de provincia**   provincial towns
puente *m*   bridge
puerta   door
puerto   port

pues   well, then
puesta   setting; **puesta del sol**   sunset
pulpería (*Arg*)   general store
pulque *m*   Mexican alcoholic beverage
punta   tip of the foot
punto   point, place; **punto de vista**
point of view
puñadito (*dimin of* **puñado**)   small
handful
puñado   handful
puro, -a   pure
púrpura *n*   purple
purpúreo, -a *adj*   purple

Q

que   that, which, who, what; **el (la) que**
the one who; **los (las) que**   those
who; **lo que**   what
¿qué?   what? how's that?
¡qué... !   what . . . ! what a . . . !
quebracho   quebracho tree; quebracho
bark
quedar   to remain; to be left;
quedar(se)   to remain, stay
quemar   to burn; **un sol que quema**   a
burning sun
quena   reed flute
quenua   native Andean cereal
resembling wild rice
querer (ie)   to want, wish; to love;
querer decir   to mean
querido, -a   dear
quetzal *m*   Central American bird of
vivid plumage and long tail (*the
national emblem of Guatemala; the
quetzal is also impressed on all
Guatemalan coins*)
quetzal-serpiente *m*   quetzal bird-
serpent *or* feathered serpent
quiebra   bankruptcy
quien   who, whom
química   chemistry
quince   fifteen
quinientos, -as   five hundred
quinina   quinine
quinoa   an Andean grain resembling
wild rice
quitar(se)   to take away (from)
Quito   *capital of Ecuador*
quizá(s)   perhaps

R

racial *adj, m and f*   racial
racimo   bunch, cluster
radicalismo   radicalism
radio *m or f*   radio
radio   radius
rama   branch
ranchero   rancher, small farmer
rancho   farm; estate
rápidamente   rapidly
rápido, -a   rapid
raro, -a   strange, unusual, queer;
infrequent, rare; **rara vez**   seldom
rascacielos *m* (*s and pl*)   skyscraper
rata   rat
rato   time, short time
rayar   to break out (*as the sun or light*)
raza   race
razón *f*   reason; **tener razón**   to be right
reacción   reaction
real *adj, m and f*   royal
realidad *f*   truth, sincerity
realizar   to realize; to achieve
reaparecer   to reappear
rebelar(se)   to revolt, rebel
rebelde *n, m and f*   rebel
recepción *f*   reception
recibir   to receive
recién: el recién llegado   the recent
arrival
reciente   recent
recientemente   recently
recio, -a   strong, vigorous
reclamar   to claim
recoger   to gather, pick (up), collect
recomendación *f*   recommendation
recomendar (ie)   to recommend
recompensa   recompense,
compensation
recompensar   to recompense,
compensate
reconocer   to recognize
reconstruir (y)   to reconstruct; to rebuild
record *m*   record
recordar (ue)   to recall, remember; to
bring to mind
recorrer   to check; to go over
rector, -a *n*   president (*of a university*)
recuerdan (*from* **recordar**)   they, you
recall, remember

recuperación *f* recovery
recurso resource; recourse
rechazar to reject
redimir to redeem, liberate
reducción *f* reduction; mission
reducido, -a reduced, confined
reducir to reduce
reelegir to reelect
reemplazar to replace
referirse (ie) a to refer to
refinado, -a refined, artful, fine
refinamiento refinement
refinería refinery
reflejar to reflect
reforma reform; modernization
refrigerador, -a *adj* refrigerating; *n, m*
  refrigerator
refugiado, -a *n* refugee
refugio refuge, shelter
regalo gift
régimen *m* regime
región *f* region; zone
regla rule
regresar to return
regreso return; **viaje de regreso**
  return trip
regularmente regularly
rehusar to refuse, decline
reina queen
reinar to rule, reign
reino realm, kingdom
reír (i) to laugh
relación *f* story; relation
relativamente relatively
relieve: de relieve clearly
religión *f* religion
religiosidad *f* religiousness, religious
  feeling
religioso, -a religious
remediar to help; to avoid
remedio help, remedy; **no hay**
  remedio there's no other way out
  of it
remoto, -a remote
Renacimiento Renaissance
rendición *f* surrender
renegociar to renegotiate
renombre *m* renown
renovación *f* reform; change;
  renovation
renunciar to resign

reparación *f* repair
repartir to divide, distribute
repente *m* sudden movement; **de**
  repente suddenly
repetición *f* repetition
repetir (i) to repeat
representación *f* performance (*theater*)
representante *m* representative
representar to represent
represivo, -a repressive
reproducción *f* reproduction
reproducido, -a reproduced
reproducir to reproduce
república republic
republicano, -a republican
repudio repudiation
reputación *f* reputation
requerir (ie) to require
requisito requisite
resentimiento resentment
reserva reserve
residencia residence
residencial *adj, m and f* residential
residir to reside
resignar to resign
resistencia resistance
resistir to stand, resist
resolución *f* resolution
resoluto, -a resolute, determined,
  stubborn
resolver to resolve
resonar (ue) to resound, reverberate
respecto (respeto) respect; **con**
  respecto a (de) concerning
respetado, -a respected
respetar to respect
respetuosamente respectfully
respiración *f* breathing
respirar to breathe
responder to answer
responsable *adj, m and f* responsible
respuesta reply
restablecer to reestablish
restablecimiento reestablishment
restauración *f* restoration
restaurar to restore
resto rest, remainder
restricción *f* restriction
resultado result; **como resultado de**
  as a result of
resultar to turn out, result in

resumen *m*   résumé; summary
retirar(se)   to retire, withdraw
retorno   return
retribución *f*   retribution
reunión *f*   convention; meeting
reunir   to get together, assemble;
  reunir(se) (con)   to join (with), unite
  (with); to meet
revelar   to reveal
revocado, -a   recalled; countermanded
revocar   to countermand; to recall
revolución *f*   revolution
revolucionario, -a   revolutionary
rey *m*   king
rezar   to pray; **se rezaba**   prayers were
  said
ricamente   richly
rico, -a   rich
ridículo, -a   ridiculous
riesgo   risk
rifle *m*   rifle (*artil*)
río   river
riguroso, -a   rigorous
riqueza   wealth
riquísimo, -a   very rich
rítmico, -a   rhythmic
ritmo   rhythm
rival *m*   rival
rivalidad *f*   rivalry
robar   to steal, rob
robo   robbery, theft
robusto, -a   robust, vigorous
roca   rock; cliff
rodeado, -a (de)   surrounded, encircled
  (by *or* with)
rodear (de)   to surround (with)
rodeo   rodeo, roundup
rojo, -a   red
Roma   Rome
románico, -a   Romanesque; *style of
  architecture that represents a
  continuation of the early Christian style*
romano, -a   Roman
romántico, -a   romantic
romper   to break, tear
ropa   clothes
rosa   rose
rueda   wheel
ruido   noise
ruina   ruin
ruinoso, -a   ruinous, disastrous

Rusia   Russia
rústico, -a   rustic, rural; simple
ruta   route, passage

S

sabana   savannah, grassy plain
saber   to know, know how to; **saber de
  memoria**   to know by heart
sabor *m*   flavor
sacar   to take, get, pull out, take out,
  draw out
Sacramento   *city in Uruguay, now
  known as Colonia*
sacrificio   sacrifice
sal *f*   salt; grace, wit
sala de recibo   reception room
salida   way out, solution
salino, -a   saline, salt
salir   to leave, go out, come out
salón *m*   hall; room
salsa   dressing, sauce
salud *f*   health
saludable *adj, m and f*   healthful
salvación *f*   salvation
salvadoreño, -a *n, adj*   Salvadorean; of
  or from El Salvador
salvaje *adj, m and f*   savage; wild
salvar(se)   to save (oneself)
salvo   except for
sancionar   to sanction
sangre *f*   blood; **de sangre**   by blood
sangriento, -a   bloody
Santiago   *capital of Chile*
santo, -a *n*   saint
São Paulo   Saint Paul (*major Brazilian
  city*)
sapodilla   sapodilla (*tree that produces
  chicle sap used in making chewing
  gum*)
sarape *m*   serape (*a colored Mexican
  blanket*)
sargento   sergeant
satisfecho, -a   satisfied
saudita *n and adj, m and f*   Saudi
  (Arabian)
savia   sap
se   itself, oneself, himself, herself,
  themselves
secar   to dry
sección *f*   section

seco, -a dry
secretario, -a *n* secretary
secreto secret
secta sect
sed *f* thirst; **tener sed** to be thirsty
seguida: en seguida at once,
  immediately
seguido, -a successive
seguir (i) to follow, keep on
según according to
segundo, -a second
seguramente surely
seguridad *f* security; certainty
seguro, -a sure, certain
seis six
seiscientos, -as six hundred
selecto, -a select
selva jungle, forest
semana week; **una vez a la semana**
  once a week
sembrar (ie) to sow
semejante *adj, m and f* similar
semilla seed
sencillo, -a simple
sendero path
sentar (ie) to seat; **sentar(se)** to be
  seated, sit down
sentido sense; feeling; **no tiene**
  sentido it makes no sense
sentimiento sentiment; feeling
sentir(se) (ie) to feel; to be sorry
señalar to point out
señor, -a man, lady; sir, madam
señorita young lady; Miss
separación *f* separation
separado, -a separated
separar to separate; **separar(se)** to
  withdraw
septiembre *m* September
ser to be
serie *f* series
serio, -a serious; **tomar en serio** to
  take seriously
serpiente *f* serpent
servicio service; **al servicio de** in the
  service of
servir (ie) to serve; **servir de** to serve
  as
sesenta sixty
setecientos, -as seven hundred
setenta seventy

severamente severely
si if, whether, why, indeed
sí yes, indeed, certainly
sí oneself, himself, herself, themselves
siempre always
sierra mountain range
siete seven
siglo century
significado meaning
significar to mean
sigue (*from* **seguir**): **como sigue** as
  follows
siguiente *adj, m and f* following; **al día**
  siguiente on the following day
silencio silence
silo silo, grain tower
silueta silhouette
silvestre *adj, m and f* wild; **naranjo**
  silvestre wild orange tree
silla chair
simbólico, -a symbolic
símbolo symbol
simpático, -a friendly, congenial
simple *adj, m and f* simple, plain
simplemente simply
sin without; **sin que** without; **sin**
  embargo however
sinceridad *f* sincerity
sincero, -a sincere
sinfonía symphony
sino (que) but, except, unless; **no**
  deseo sino I only wish to; **no sólo...**
  sino que not only . . . but also
síntesis *f* synthesis
sintético, -a synthetic
sintetizar to synthesize; to sum up
siquiera even; **ni siquiera** not even
sirviente *m* servant, waiter
sismo quake
sistema *m* system
sistemático, -a systematic
sitio location, place; **de sitio en sitio**
  from place to place; **estado de sitio**
  martial law
situación *f* situation, circumstances
situado, -a situated, located
soberanía sovereignty
soberbio, -a superb; proud, arrogant,
  haughty
sobre on, concerning; above; **sobre**
  todo above all, especially

sobrepoblado, -a overpopulated

sobretodo overcoat

social *adj, m and f* social

sociedad *f* society

sociología sociology

sol *m* sun; **al sol** in the sun

solamente only, solely

soldado soldier

soledá (*for* **soledad**) *f* loneliness, solitude

soledad *f* solitude

solícito, -a solicitous

solidaridad *f* solidarity

sólido, -a firm; solid, strong

solitario, -a solitary

solo, -a single, sole; alone, lonely

sólo only; **no sólo... sino que** not only . . . but also

soltero, -a single (*not married*)

sombra shade, shadow; **a la sombra** in the shade

sombrero hat

someter to submit

son (*from* **ser**) they, you are

sonar (ue) to ring (out); to sound

sonreír (i) to smile

sonrisa smile

soñar (ue) to dream; **soñar con** to dream about

sopa soup

soroche *m* mountain sickness; altitude sickness

sorprendente *adj, m and f* surprising, amazing

sorprender to surprise

sosegao (*for* **sosegado**) in peace, rested, quieted

sostener (ie) to maintain, uphold, sustain

su your, her, his, its, their

suave *adj, m and f* soft

subalterno, -a *adj; n, m* subordinate; subaltern

subdesarrollado, -a underdeveloped

subdesarrollo underdevelopment

subir to go up, come up, rise, climb; to get into

súbito: de súbito suddenly

subsidiado, -a subsidized

substituto (*also* **sustituto**) substitute

suceder to happen

sucesión *f* succession

sucesivamente successively; **y así sucesivamente** and so forth

sucio, -a dirty, filthy

Sudamérica South America

sudamericano, -a *n, adj* South American

sueldo salary

suelo ground; floor

suelto, -a loose, free

sueña (*from* **soñar**) he, she dreams; you dream

sueño dream

suerte *f* fate, luck

suficiente *adj, m and f* sufficient

suficientemente sufficiently

sufridor, -a *n, adj* sufferer; long-suffering

sufrimiento suffering

sufrir to suffer, bear, endure

sugerir to suggest

suicidarse to commit suicide

Suiza Switzerland

suizo, -a *n, adj* Swiss

sujetar to subject; to subdue

sultán, sultana *n* sultan

suma sum

sumamente exceedingly, very, chiefly, extremely

sumiso, -a submissive, humble

superficial *adj, m and f* superficial

superior *adj, m and f* superior

superioridad *f* superiority

supermercado supermarket

superpoblación *f* overpopulation

suponer to suppose

supremo, -a supreme; **el Supremo** His Supreme Highness

suprimir to suppress

supuesto: por supuesto of course

sur *m* South

sureste *m* Southeast

surgir to arise; appear

sustancia substance

susto fright; scare; **el susto no les pasó** the fright didn't leave them

suyo, -a his, her, yours, theirs; **el (la) suyo** his, hers, yours, *etc.*

T

tabaco tobacco

tagua vegetable ivory

tal such; **tal vez** perhaps; **¿qué tal?** how goes it?

talento talent

tamaño size

también also, too

tampoco neither, either

tan so, as; **tan bien como** as well as; **tan sólo** only

tanque *m* tank; **tanque de oxígeno** oxygen tank

tanto, -a so much, as much; *pl* so many, as many

tapera ruined farm *or* house

tardar to be late; **tardar en** to take (*so much time in*)

tarde *adj, m and f* late; **más tarde** later

tarde *f* afternoon

tarea task

tarjeta card; **tarjeta postal** postcard

taza cup

té *m* tea

teatro theater

techo roof; **techo de paja** thatched roof

teja (*roof*) tile

tejido weaving; woven fabric

tela fabric; woven goods

teléfono telephone

telegráfico, -a telegraphic

tema *m* theme, subject

temblor *m* quake

temer to fear

temido, -a feared, fearsome

temor *m* fear, dread

temperatura temperature

templado, -a moderate, mild, temperate

templo temple

temprano, -a early

tendencia tendency

tender (ie) to tend, have a tendency

tener (ie) to have; **tener que** to have to; **tener 40 años** to be 40 years old; **tener calor (frío)** to be hot (cold) (*said of people*)

tenis *m* tennis

tentación *f* temptation

tenue *adj, m and f* shaky, tenuous

tercero, -a third

terminar to finish, end, terminate

término end, limit; frontier; territory

tertulia a regularly attended, intimate social gathering for conversation and recreation (*characteristic of Spain and Spanish America*)

terremoto earthquake

terreno land

terrible *adj, m and f* terrible

terriblemente terribly

territorio territory

tesorero, -a *n* treasurer

tesoro treasure; treasury

textiles: fábrica de textiles textile mill

tiempo time; weather; **hacer buen (mal) tiempo** to be good (bad) weather; **al poco tiempo** after a short time; **andando el tiempo** as time passed

tienda store; tent

tierra land; earth, soil; **Tierra del Fuego** *literally,* "Land of Fire"—*a group of islands at the southern tip of South America; those to the west are Chilean, those to the east, Argentinian*

tinta ink

tinte *m* dye

típico, -a typical

tipo type; **tipos de interés** high interest rates

tirado, -a on a leash

tiranía tyranny

tiránico, -a tyrannical

tirano, -a *n, adj* tyrant; tyrannical

tirar to throw away

titulado, -a entitled

título title

tocar to play; to touch

todavía yet, still, even; **todavía no** not yet

toditos: toditos lados everywhere, "any old place"

todo, -a all, every, all the; **todo el año** the whole year; **todo el mundo** everyone; **todos los días** every day

tolteca *n and adj, m and f* Toltec (*member of ancient Indian culture group of central Mexico*)

tomar to take

tomate *m* tomato

tonelada ton

tónico tonic

tono tone

toquilla hatband; small headdress

tormenta storm

torneo tourney; contest

toro bull; *pl* bullfight

tórrido, -a torrid

total *adj, m and f; n, m* total
totalitario, -a totalitarian
trabajador, -a *n* worker
trabajar to work
trabajo work
tractor *m* tractor
tradición *f* tradition
tradicional *adj, m and f* traditional
traducir to translate
traer to bring
traficante *n, m and f* dealer
tráfico traffic; commerce
tragedia tragedy
tragicomedia tragicomedy
traidor, -a *n* traitor
traje *m* suit, outfit
trajeron (*pret tense of* **traer**) they, you brought
trajo (*pret tense of* **traer**) he, she, it, you brought
tranquilamente peacefully, tranquilly, calmly
tranquilidad *f* peace, calm, tranquility
tranquilo, -a peaceful, tranquil
transportación *f* transportation
transportar to transport; to carry
transporte *m* transportation
trasero, -a rear
trasladar(se) a to move to
trasquilar to shear
tratamiento treatment
tratar to treat; **tratar de** to try to; **tratar(se) de** to be a question of
trato treatment
través: a través de across, over, through
trebolar *m* clover; field of clover
trece thirteen
treinta thirty
tremendo, -a tremendous
tren *m* train; **cambiar de tren** to change trains
tres three
trescientos, -as three hundred
tribu *f* tribe
tribunal *m* tribunal; court of justice
trigo wheat
triste *adj, m and f* sad
tristemente sadly
triunfalmente triumphantly
tronco trunk
tropa troop; herd
tropezar (ie) (con) to stumble (upon)

tropical *adj, m and f* tropical
trópicos tropics
tu your
tú you
tubo tube
tumba tomb
túnel *m* tunnel
turbulento, -a turbulent
turista *n, m and f* tourist
turístico, -a *adj* tourist
turno turn
Turquía Turkey

U

últimamente lastly, finally
último, -a last, latest; **por último** finally, last of all; **en los últimos años** in recent years
ultrabarroco, -a ultrabaroque (*see* **barroco**)
único, -a only; alone; unique
unidad *f* unity
unido, -a united; **los Estados Unidos** United States
unificar to unify
universal *adj, m and f* universal
universidad *f* university
universitario, -a *adj* university
uno, -a one, a, an; **uno tras otro** one after another
unos, -as some, a few, several; **unos cuantos** a few, several
untar to cover; to grease
urbano, -a urban, of the city
urgente *adj, m and f* urgent
Uruguay: el Uruguay *South American republic*
uruguayo, -a *n, adj* Uruguayan
urutaú *m* *a native Paraguayan bird*
usar to use
uso use
usted *pron, m and f* you
útil *adj, m and f* useful
utilizar to use, utilize

V

vaca cow (*pl* cattle)
vacaciones *f pl* vacation; **estar de vacaciones** to be on vacation (*generally found in plural in Spanish*)

vacío, -a *adj* empty; *n, m* emptiness

vagabundo, -a *n* vagabond, wanderer, roamer

vago, -a vague

vainilla vanilla

Valdivia *city in southern Chile*

valer to be worth; **valer la pena** to be worth the trouble, worthwhile

valiente *adj, m and f* valiant, brave

valioso, -a valuable

valor *m* value; valor, courage

Valparaíso *seaport in Chile*

valle *m* valley

vamos (*from* **ir**) **a** + *inf* let's + *inf*

vano, -a vain; **en vano** in vain

vapor *m* steamship, steamer; steam

vaporoso, -a vague, misty, dim

variación *f* variation

variado, -a varied

variar to vary

variedad *f* variety

varios, -as several, various

vasto, -a vast

ve (*from* **ver**) he, she, it sees; you see

vea (*from* **ver**) see!

veces (*pl of* **vez**) times; **a veces** at times, sometimes, occasionally; **muchas veces** often

vecindad *f* neighborhood

vecino, -a *n* neighbor

vegetación *f* vegetation

vegetal *adj, m and f* vegetable

vehículo vehicle

veinte twenty; **veintiuno** twenty-one; **veintidós** twenty-two; **veintitrés** twenty-three; **veinticuatro** twenty-four; **veinticinco** twenty-five; **veintiséis** twenty-six; **veintisiete** twenty-seven; **veintiocho** twenty-eight; **veintinueve** twenty-nine

vejez *f* old age

velocidad *f* speed

vemos (*from* **ver**) we see

vena vein; blood vessel

vencer to overcome, conquer

vendedor, -a *n* vendor, seller

vender to sell

Venecia Venice

venezolano, -a *n, adj* Venezuelan

Venezuela *South American republic*

venganza vengeance

venir (ie) to come, arrive

venta sale

ventana window

ventanilla window (*on train or plane*)

ver to see

verano summer; **escuela de verano** summer school

verdad *f* truth; **¿verdad?** isn't that so? true?; **es verdad** that's so, that's true

verdaderamente really, truly

verdadero, -a real, true

verde *adj, m and f* green

vergüenza shame; **da vergüenza** it is shameful

versión *f* version; translation

verso line (*of poetry*); stanza; *pl* poems

vértigo dizziness

vestido dress

vestimenta dress

vestir(se) (i) to dress, get dressed

veterano veteran

vez *f* time; **tal vez** perhaps; **rara vez** seldom; *pl* **veces** times; **a veces** occasionally, sometimes; **de vez en cuando** from time to time; **en vez de** instead of; **a la vez** at the same time; **muchas veces** often; **raras veces** seldom; **otra vez** again; **una vez a la semana** once a week; **cada vez más** more and more

vía: por vía de by way of

viajar to travel

viaje *m* trip; **viaje de regreso** return trip

viajero, -a *n* traveler

vicioso, -a vicious

víctima victim

vicuña *South American mammal related to llama but smaller, valuable for hide and wool*

vida life

vidalitá little life; *song of Gauchos*

viejo, -a *adj, n* old; old person

viene (*from* **venir**): **el verano que viene** this coming summer

viento wind

vigilando watching

vigilar to watch over

vigoroso, -a vigorous, strong

vigüela (*also spelled* **vihuela**) guitar

villa city, town

vine (*pret tense of* **venir**) I came
vino wine
viña vineyard
viñeta sketch, vignette
violencia violence
violento, -a violent
violín *m* violin
virgen *n, f; adj, m and f* virgin; virginal
virreinato viceroyalty
virrey *m* viceroy
visitar to visit
vista sight, view; **vista nocturna** night
view; **a la vista del público** in (view
of the) public
visto, -a seen
vitalizar to revitalize
¡viva... ! hurrah for . . . ! long live . . . !
vivienda housing, dwelling, shelter
vivir to live; **viven del maíz** they, you
live on corn
vivo, -a lively; alive; brilliant, vivid
volando (*from* **volar**) flying
volar (ue) to fly
volcán *m* volcano
volcánico, -a volcanic
volumen *m* volume
voluntad *f* will
volver (ue) to return; **volver a** + *inf*
to . . . again (*example:* **vuelven a
tener esperanza** they have hope again)

votar to vote
voz *f* voice; **en voz alta** in a loud
voice; **en voz baja** in a low voice
vuelo flight
vuelta return
vuelven (*from* **volver**) they, you return

Y

y and
ya already; **¡ya!** now! ready! all
together!; **ya no** no longer; **ya en**
back in; **ya lo creo** I should say so;
ya que now that
yatay *m* yatay tree
yaya *m* elder (*Peruvian*)
yerba (*also spelled* **hierba**) grass;
yerba mate Paraguayan green tea
yo I
Yucatán Yucatan (*peninsula on east
coast of Mexico*)
yugoeslavo, -a *n, adj* Yugoslav

Z

zanja ditch, trench
zapato shoe
zona zone

Photo Credits